U0453798

培智美术课程设计与教学

PEIZHI MEISHU KECHENG
SHEJI YU JIAOXUE

王东生　著

重庆大学出版社

图书在版编目（CIP）数据

培智美术课程设计与教学 / 王东生著. -- 重庆：
重庆大学出版社, 2025.1. -- ISBN 978-7-5689-4896-8

Ⅰ. G764

中国国家版本馆CIP数据核字第2024P6L748号

培智美术课程设计与教学

王东生　著

策划编辑：陈　曦

责任编辑：傅珏铭　版式设计：张　晗
责任校对：王　倩　责任印制：张　策

*

重庆大学出版社出版发行

出版人：陈晓阳

社址：重庆市沙坪坝区大学城西路21号

邮编：401331

电话：（023）88617190　88617185（中小学）

传真：（023）88617186　88617166

网址：http://www.cqup.com.cn

邮箱：fxk@cqup.com.cn（营销中心）

全国新华书店经销

重庆升光电力印务有限公司印刷

*

开本：787mm×1092mm　1/16　印张：17.5　字数：286千

2025年1月第1版　2025年1月第1次印刷

ISBN 978-7-5689-4896-8　定价：68.00元

本书如有印刷、装订等质量问题，本社负责调换

**版权所有，请勿擅自翻印和用本书
制作各类出版物及配套用书，违者必究**

前言

本书虽然论述十分"全面"，从目录来看，貌似具有权威性的教材，但实际上很多内容是个人长期从事智力障碍美术教育的经验和理论总结，具有明显的个人特点。但是，仅把它当作一本个人观点的专著也不太适合，因为它毕竟"比较全面"。我写这本书的目的，是因为自己已经从事了二十多年的智力障碍美术教育工作，需要总结经验、厘清思路，方便重新出发。

我在从事美术教育的早期，所教的学生以轻度智力障碍学生为主，现在以中重度智力障碍学生为主。二十多年看似漫长，但是在我们这个充满变化与变革的社会，又是短短的一瞬间。不仅仅是教学方法在不断发展，美术教育理念也在发生着巨大的变化。近些年来艺术治疗方法、大美术观思潮的普及，更是让我们的美术教育面临着革命性的变化。与此同时，教师越来越忙于完成各种文书工作，很难深入思考复杂的教育问题。但是，现在智力障碍教育进入了快速发展阶段，如果我们不进行深入的思考，各种问题就会快速积累起来，降低我们的效率，耽误对学生的教育与康复训练。

对于智力障碍教育，我认为教师一定要有"大特教"的观念，即要认识到无论是智力障碍儿童、普通儿童，还是超常儿童，每一个人都是特殊的个体。智力障碍儿童和普通儿童、超常儿童，都处在一个连续统上，他们的区别可能仅在于大脑结构、神经元连接、神经递质等的数量、质量方面。我们需要用一种动态的思维来看待人类的智力状态。如果用正确的、科学的方式来教育这些孩子，我们就会发现对智力障碍孩子有效的方法也可以用来改善普通孩子的教育。比如，在胎教、早期教育领域所使用的方法，就是更多地训练孩子的感觉、知觉，帮助孩子通过动作促进思维，这种方法在智力障碍教育中被证明是一种十分有效的方法，它同样适用于培养超常儿童。这种方法之所以具有通用性，就是因为它是建立在科学的基础之上，遵循人的大脑神经发展进程，也遵循人的发展阶段理论。

一般的孩子，在三岁之前的发展变化令人应接不暇，短短几个月，甚至几天，快到大家都来不及注意，某个重要的功能发展阶段就过去了。而智力障碍孩子却可能会长期滞留在某个功能发展阶段，不断地重复某个奇怪的动作——其实，这个功能在正常婴幼儿身上很快就发展成熟。智力障碍孩子由于没能继续顺利发展下去，所以一直滞留在那个阶段。

由于家长没有经验，或者监护人忙不过来，普通孩子在某个阶段的训练不充分，导致了孩子"天生"就具备了很多不完美的地方，但这些"不完美"不影响普通孩子的基本生活。但对智力障碍的孩子来说，由于先天生理上的不足，"不完美"就成了明显的"缺陷"，给生活带来了诸多不便，甚至造成生存困难。但是，在智力障碍教育的过程中，我们可以看到很多在普通孩子身上看不清楚的细节。就像婴幼儿阶段的某个时期被做了一个极慢速放映处理一样，我们可以看清细节。对这些细节的准确把握，就是我们教育的入口。

美国学者赫莱伯威茨在《学校课程设计》（*Designing the School Curriculum*）一书中认为，课程设计包括三个要素：学习者的特征、社会目标与价值、知识和学科内容。所以本书第一章就学习者的特征进行论述。第二章介绍的是社会目标与价值，即我国对美术学科所规定的教学目标。这里我之所以使用普通学生的教学目标进行对照，是因为把特殊学生与普通儿童对比，才更能看清他们与普通学生虽然有着明显的区别，但也有着很多的共同点。这在对比相同智力年龄的普通孩子和智力障碍孩子时尤为明显，也是给教师的教学提供方向的地方。第三章阐述的是美术学科的教学内容。第四章介绍的是具体的课程设计方法，是对前面章节知识的综合应用。第五章到第七章论述教学，包括了教学特点、原则、方法、手段，以及评价。第八章的内容是艺术治疗，之所以有这一章，并非是为了求全，而是因为艺术治疗的手段已经融入美术教育，影响日益加大。智力障碍教育对艺术治疗的需求更为迫切，所以教师们有必要进行了解。实际上，在前面各部分的论述中，很多都已经融入了艺术治疗的内容，如重视媒材的选择使用、发展学生的触觉能力等，都是艺术治疗向普通教育渗透的主要方面。最后，我提供了一些自己的教学课例，供大家参考。系统的课程，需要教师根据学生的情况自行设计。我认为，从事培智教育的教师最好早点打消拿着一套教材教几年的念头。面对智力障碍学生间的巨大差异，任何固定的教材都只有普适性的方法，教师只有学会自己设计课程才能保证教学能随机应变，适应学生。

作为一名普通教师，在这本书的写作过程中，我获得了很多人的帮助，最早是平莉老师帮我建构了整体框架，我用这个框架写出了最初的草稿。当时我并不满意，正巧遇上于佩懿老师来介绍艺术治疗，她独特的授课方法及耐心的讲解让我茅塞顿开。同时，我通过网络认识了黄小鱼童年美术馆的黄卫老师，他无私地分享关于少儿美术课程体系方面的经验给了我很多启发。与朋友圈二百多位来自全国各地的少儿美术教师交流碰撞，让我厘清了思路，将本书写到了基本满意的程度。再往后，受益于生物心理学和教育神经学方面的知识，我终于有种把过去的所有经验、理论串联起来的感觉。虽然本书还有瑕疵，但它还是具备了在现阶段指导我们开展培智美术教学的价值。现在，每过一段时间，我就会产生一些想法，就会发现过去的论述中有不少需要说明得更深入、透彻的地方。本书出版以后，我还会逐渐地修改、完善，也希望大家在使用的过程中提出自己的意见和建议，并能有更多的教师分享自己的教学案例，以启发新的教师。

目录

第一章

儿童绘画心理发展阶段

来到培智学校，我们常常会看到一些个子高高，却用婴幼儿般简短的语句进行表达的孩子。他们看起来年龄不小，但是手上还拿着幼儿玩的玩具小汽车。你还会看到有的孩子像道闪电一般出现在你的眼前，大喝一声和你打招呼，吓得你不知所措，他却又瞬间跑得远远的，似乎从来就没看见你。还有的孩子老远就热情地朝你走来，像见到老朋友一样和你握手。当他们拿着自己亲手画的画骄傲地来到你的面前请你欣赏时，你看到的常常是一些不知何意的色块，或者几个同样不知何意的没有封闭的圆形。但孩子会指着一个个图案很满足地说：这是汽车，那是大象，中间的那个是他的妈妈。

他们就是智力障碍孩子。他们的情况是人类防不胜防的遗传变异、让人心惊胆战的疾病侵袭以及无奈而痛苦的意外事故造成的。虽然我们这些从事特殊教育的教师每天都要和他们在一起，和他们开着友好的玩笑，但我们依然常常被他们闹得焦头烂额、束手无策，更不用说第一次和他们接触的人。

不要被他们表面的年龄所迷惑。我们要像侦探一样，找出他们真实的心智年龄，而不仅仅根据他们的出生年月来算出他们的年龄。

如果我们不进行理性的分析，就只能依赖别的专业教师或医生进行测评，来获取对他们进行教学的依据和建议。实际上，每个正常孩子的生理、智力是有一个发展顺序的，对智力障碍孩子来说也是如此，只不过是他们的发展状况比较复杂而已。他们有的功能发展得相对正常一些，有的功能发展得慢一些，有的功能则几乎很少发展，还有的功能似乎彻底被忽略掉了。但无论这些状况如何复杂，也是按照顺序来的。所以，教师首先需要搞清的是孩子发展到了哪个阶段。

对正常孩子来说，这个顺序与年龄是呈高度相关的。就是说正常孩子到了哪个年龄就会具备哪个年龄所特有的生理特征、智力特征和心理特征，偏差不会太大。但是，对智力障碍孩子来说，由于各种原因导致了智力发育迟滞，到了某个年龄后，他们的智力、心理并没有发展到相应的年龄阶段，还停留在较低的年龄阶段。这时，孩子的实际年龄就成为一种迷惑人的表象，智力障碍的孩子并不会随着年龄的增长而表现出该年龄的智力特征和心理特征。

当孩子语言能力、计算能力、绘画能力等处于某一个较低的年龄水平时，就说明孩子的大脑发育可能只达到那个年龄阶段，他们思维、心理的大多数特征都符合那个水平。这虽有偏差，但相差不会太多。比如，一个 10 岁的孩子，他的语言、计算能力只相当于一个 4 岁的孩子，就意味着这个孩子的大脑发育水平可能仅达到 4 岁左右。那么，教师在教育这个孩子的时候，就要着重考虑运用教育 4 岁孩子的方法手段进行教育，而不能使用教育 10 岁孩子的方法进行教育。

那么我们又如何知道一个人的发展要经历一些什么阶段呢？

对于美术学科，我们必须了解的是皮亚杰的认知发展阶段理论和罗恩菲尔德的绘画发展阶段理论，他们开辟了发展心理学的道路。每一个孩子都是顺着这些阶段进行发展的。后人在这方面的研究成果，基本上是在他们的研究基础上进行的。现代脑科学的发展，很大程度上也证明了发展心理学的合理性。

通过了解皮亚杰和罗恩菲尔德的研究成果，我们就可以获得人在成年之前的这段时间经历了一个怎样的发展过程。顺着这个过程，我们可以相对准确地定位智力障碍孩子当下所处的发展阶段。

一、皮亚杰认知发展阶段理论

识破年龄的陷阱后，我们面对的将是孩子的发展阶段问题，即孩子是按什么阶段顺序发展的，我们如何准确地判断孩子处于哪个阶段。

在这方面，瑞士心理学家皮亚杰最先提出儿童的发展阶段学说。国外对儿童的发展阶段理论极其看重，一切教育都从此出发。在我国，虽然教师们都学习过皮亚杰的理论，但是现代的教育侧重的是以学科为中心的课程体系，形成了以应试为目标的实际评价机制，与以学生为中心的课程体系很难兼容。所以，我们对皮亚杰理论的应用没有给予足够的重视，或者是虽然重视，但到了实际层面就很难灵活而充分地应用。

皮亚杰的研究注重儿童的生物属性方面的发展，对儿童社会属性方面的研究次之，但是智力障碍学生的特点恰恰是受社会的影响相对较小，其生物发展方面的特征比较明显。所以，从事智力障碍儿童教育，不重视皮亚杰的儿童发展心理学，就很难对智力障碍孩子的实际能力发展水平进行判断。而不了解学生，教学就容易走入迷途。

皮亚杰通过长期观察，把儿童的认知发展分成四个阶段：感觉运动阶段、前运算阶段、具体运算阶段和形式运算阶段。下面就分别从这四个阶段详细阐述。

（一）感觉运动阶段（0～2岁）

这个阶段，孩子通过感觉、运动来接触、认识世界，适应外部环境。进一步说，他们依靠触觉、嗅觉、听觉、视觉、平衡觉等感觉获取经验，用触摸、品尝、听、看、移动等方式来"思考"。这一阶段的婴幼儿形成了以动作的模仿和感觉在大脑中再现外界的认知结构，即他们虽然感觉到了外物的存在，但由于所知甚少，无法对感觉到的信息进行概括、分类，其所知仅是外形、表面上的感觉，还是一种潜意识层面上的知觉。

儿童通过各种感觉，在大脑各个区域建立最基本的神经元连接，将感觉信息在大脑里固定下来。随着信息量的增加，各区域之间产生连接，也就是信息的对比、归类，这些大脑区域间的连接导致了概念的产生。概念是各种语言词汇的重要组成部分，这种词汇不但在口语、书面语中存在，也存在于图像、图形之中。

可见，我们也可以通过智力障碍孩子语言的复杂程度来判断孩子的思维水平。

皮亚杰根据不同特点将感觉运动阶段再分为六个阶段。从刚出生时婴儿仅有的诸如吸吮、哭叫、视听等反射性动作开始，随着大脑及机体的成熟，在与环境的相互作用中，不断得到发展。到此阶段结束时，孩子渐渐形成了有意识的、有组织的活动。

这个阶段孩子获得的主要能力是：第一，发展出"客体永久性"概念，即意识到当一个物体出现之后，物体虽然被隐藏了起来，但这个物体是存在的。第二，出现了有逻辑的目的性行为。即为了达到目的，儿童会进行有步骤的行动。第三，学会反向动作，是儿童在感知运动阶段最基本的成就。如把容器倒过来，将里面的水倒出来，然后将容器正过来，装进水。也就是说，感觉运动期结束的时候，最早期的潜意识的感觉进入了显意识层面，孩子能够通过行为表现出他们具备了最初步的组织、处理信息的能力。

对智力障碍孩子来说，他们无法将信息进行整合，完整地处理各类信息，他们表现出来的行为总是有所欠缺。教师就要仔细观察，看他们各方面的感觉能力是否缺陷。一旦发现感觉方面的缺陷，就意味着他将来在这方面的能力较弱，需要尽可能早地进行相应的补偿训练。感觉方面的缺陷是最为基础的缺陷，它大多起源于大脑，与器官的缺陷相比，它的功能难以获得补偿。比如海伦·凯勒，虽然她的视觉器官有缺陷，但她的大脑是正常的，于是她可以通过触觉、听觉、味觉等来进行补偿，进行认知活动。但智力障碍孩子的问题是大脑缺陷，就较难进行补偿。因为大脑一旦存在缺陷，就很难通过各种感觉经验来建立复杂的神经元连接，无法进一步建立基础的认知概念；没有基础的认知概念，就难以进行复杂的逻辑思维推理。所以智力障碍孩子的逻辑思维能力受其大脑缺陷的影响最大。一些中度智力障碍孩子在经过训练后，感觉、运动能力都明显加强，看上去接近常人，但是一遇到哪怕是最简单的数学题，也会马上陷入困境。这就是因为他们的大脑皮层之间的连接过少，导致无法对信息进行综合全面的处理，完成逻辑推理。

有些程度非常严重的智力障碍孩子，教师通过观察会发现，他们在前面所说的这三个方面，表现都十分模糊，或者明显就不具备，这说明他们的发展程度很低。

这个阶段结束时，儿童的思维能力和具体的身体动作建立相互关联的关系，但还不具备回忆过去、理解信息和做出计划的能力，这些能力需要更多的经验信息储备。

（二）前运算阶段（2 ~ 7 岁）

这个阶段，儿童概括出关于外界的一些基本概念，能够进行简单的推理。他们对物体永久性的意识巩固了，动作大量内化为思维符号。从 2 岁至 4 岁，儿童的词汇量可以从 200 个扩充到 2000 个，而词汇作为一种使用便捷、用途广泛的符号，为他们的思维活动奠定了基础。儿童越来越多地借助语言文字与图画等符号来代替外界事物，重现外部活动。儿童开始从具体动作中摆脱出来，凭借象征格式在头脑里进行"表象性思维"，所以这一阶段又称为表象思维阶段。在这一阶段，儿童具有一种自我中心的倾向，他们常常认为别人的感觉、反应和看法与自己是一样的。

从这一阶段开始，儿童明显具有了向外探索的欲望，但这种探索的欲望表现得比较谨慎，并且在探索过程中容易受挫。所以，对于这个阶段的孩子，美国教育心理学家安妮塔·伍尔福克给出的教学建议是：尽可能地使用具体的道具和视觉上的帮助；指示要相对简短，不要一次讲太多的步骤，要边说边示范；帮助学生形成站在他人的角度看世界的能力；学生可能对相同的词有不同的理解，要对此保持敏感；让儿童进行大量的基本技能练习，为将来掌握更为复杂的技能奠定基础；为儿童提供广泛的实际经验，为其概念的学习和语言发展打下良好的基础。

（三）具体运算阶段（7～11岁）

这个阶段儿童的特征是对物理世界逻辑稳定性有了一定的认知，能够进行复杂的归纳、演绎、推理。

他们获得了较系统的逻辑思维能力，包括思维的可逆性与守恒性，分类、按顺序排列及对应能力，数的概念（在运算水平上掌握），以及自我中心观削弱等。其中最重要的表现是获得了守恒性和可逆性的概念。守恒性包括质量守恒、数量守恒、面积守恒、体积守恒、长度守恒等。当然，这个阶段的儿童并不是同时获得这些守恒概念的，而是随着年龄的增长，先是在7～8岁获得质量守恒概念，之后是重量守恒（9～10岁）、体积守恒（11～12岁）。这种守恒概念获得的顺序在许多国家对儿童进行的反复实验中都得到了验证，几乎没有例外。这也说明人智力中的某些关键因素遵循固定的发展顺序。

对于这个阶段的孩子，安妮塔·伍尔福克给出的建议是：继续使用具体的道具和视觉上的帮助，在处理复杂问题上更是如此；继续给予学生动手操作和检验物品的机会；保证你的讲解和你提供给学生们的阅读材料都是简短且结构性强的；用熟悉的事例来解释复杂的观点；给学生提供机会，对逐渐复杂的物体或观念进行分组或归类；提出一些需要逻辑分析、系统思考的问题。

（四）形式运算阶段（12 ~ 15 岁）

这一阶段，儿童的思维已超越了对具体的可感知的事物的依赖，使形式从内容中解脱出来，儿童能够根据逻辑推理、归纳或演绎的方式来解决问题；他们能够提出和检验假设，能监控和内省自己的思维活动，能在头脑中设想出许多内容，而这些内容可能与他们自身的经验无关。这说明，他们的思维发展水平已接近成人。

对于这个阶段的孩子，安妮塔·伍尔福克给出的建议是：继续使用具体运算阶段使用的教学策略和教具；给学生探究假设性问题的机会；给学生提供解决问题和作出科学推理的机会；尽可能地借助与学生生活密切相关的材料和观念，教学生一些一般性的概念，而不要只是告诉他们一些具体事实。

皮亚杰关于儿童发展阶段的理论建立在大量细致观察的基础上，经过经验和推理进行了系统化整理，现在逐渐得到发展神经心理学的支持，未来还会有越来越多的这方面的研究成果出现。从事物发展的规律来说，每件事物的发展都是分阶段的，大脑的发育应该也是如此。所以，我们应该对此理论有足够的重视，认真学习正常儿童每个阶段的心理行为特征，理解并应用它。这是我们了解智力障碍孩子最关键的钥匙，是基础中的基础，也是教育智力障碍儿童的重要途径。

二、罗恩菲尔德绘画发展阶段理论

与儿童智力发展阶段相类似，美国美术教育家罗恩菲尔德提出了儿童美术发展阶段理论，为儿童美术教育打下了基础。虽然这个理论似乎是针对正常儿童的，但实际上罗恩菲尔德曾经从事过特殊儿童的教育，他的理论与特殊儿童有着密不可分的关系。这个理论是从事智力障碍儿童美术教育的基础理论，同时，它也是进行艺术治疗的基础理论。

在罗恩菲尔德之后，还有很多心理学家对此理论进行了深入的研究与发展，但都是在他的研究基础上再进行的深入研究。罗恩菲尔德的理论认为，儿童的绘画发展经历了六个阶段：涂鸦期、前样式化期、样式化期、写实萌芽期、拟似写实期、自决期。

（一）涂鸦期（2～4岁）

涂鸦是幼儿视觉经验与身体、手指肌肉的协作活动，可以看作类似于幼儿哭笑的一种本能活动。这一时期是儿童自我表现的开端，它又由近乎本能的随意涂鸦期，经过控制涂鸦期，最后到命名涂鸦期，共经历三个阶段。其中，孩子控制肩、肘、手腕等关节部位的能力可以作为观察指标。通过这些观察，可以判断孩子所处的发展阶段。在整个过程中，人的意识所起的作用也随之逐渐增强。

随意涂鸦是一种无控制的本能的涂抹，既没有控制，也没有意图。儿童在此活动中享受由肢体运动带来的快感，纸上的线条是由手臂运动产生的，儿童在涂抹的过程中获得动觉经验。它在生理上的标志是，孩子能够控制住肩关节、肘关节，但腕关节的控制显得十分僵硬。

图1-1这幅作品的作者基本上没有绘画的意识，她看到别的孩子在绘画，于是也要来画。但是，她只是拿着笔随便在纸上动了几下，也不知道自己是否画出什么东西，然后注意力就转移了。就连纸被她的手扫到地上，她也没有看一眼。她有绘画的意愿，但她感兴趣的并非绘画成果，而是绘画这种行为，画出来的东西只是她一连串的动作留下的痕迹。

控制涂鸦表现为重复画线或涂抹出长线和圆圈。这一阶段的涂鸦虽然还是本能行为，但是幼儿的控制能力已开始发展。他们最终会从画大圆圈的粗放动作转

图1-1 女（智力障碍）6岁 随意涂鸦作品

化为画小圆圈的细腻动作，当圈数越来越少时，表明他们在手部运动的兴趣之外，出现了认知的萌芽，即将进入下一个阶段——命名涂鸦期。届时，那些小圆圈就会被命名，被赋予某个名称，以代表某件事物。

图 1-2 中，由于学生年龄已有 10 岁，手部有力，控制能力较强，但是由于智力因素，难以画出可以辨认的形象，仅满足于这种来来回回运动手关节的活动。可以想象，他感知到的各种信息到达大脑后，并没有得到有效处理，所以只能以手部运动的方式进行涂鸦绘画活动。而之所以没能得到有效处理，可能是因为他各方面的感知能力还没有分化；或者进入大脑的神经通道有障碍；或者大脑虽然获得信息，但并没有足够的信息建立概念；或者即使有了一定的概念，但概念之间也尚未形成连接，最终导致无法成功地处理信息。但由于手部有力，可以做一些"知觉－动作"训练，或与生活适应相关的粗大动作和精细动作训练。对这类学生进行美术学科教学几乎没有必要，美术只是一个训练孩子生活适应能力的平台和工具。在正常儿童的发展过程中三四岁的孩子也会这么涂鸦，但不会这么有力量，再大一点的孩子就很难满足于这种长时间的"无聊"运动。

命名涂鸦则是儿童将涂鸦所获的图形与某个事物联系起来，并用该事物的名称来给自己的涂鸦之作命名。这意味着幼儿的大脑功能得到了进一步的发展，对外界产生了一定的认知，于是，他们为自己随意画出的涂鸦痕迹命名。由于他们

图 1-2　男（智力障碍）10 岁 控制涂鸦期作品

的兴趣在于认知而非涂鸦，所以常常会随性地改变图形的名称，同一个图形，今天说是轮子，明天可能就说成是妈妈。

图1-3中，孩子画出了一些圆形，画的时候说这是妈妈，但到了下一节课问起来，他说是汽车；当他听说别的孩子说他画的是小鸡时，他又说他画的是小鸡。可见，他的画面主题是随他的认知意愿而转移的。

从以上作品中可以看出，正常孩子达到涂鸦期的年龄是2～4岁，而智力障碍孩子达到涂鸦期的年龄却是不确定的，差距有时是很大的，这与智力障碍孩子的智商有关。所以，我们在教学中不能根据智力障碍孩子的年龄确定教学内容和手段，而得根据孩子所具有的绘画水平来确定。

涂鸦作品虽然看上去没有什么艺术可视性，但由于它反映了孩子早期的大脑中枢、周围神经、肌肉的协调发展，在儿童绘画发展中有着十分重要的作用，主要体现在以下方面：①促进感觉统合，刺激智力的成长；②反映及促进语言的成长；③影响人格的形成；④训练直觉认知，扩充表现的语言。

涂鸦期孩子的作品虽然看上去不容易理解，但由于它对孩子一生发展的重要性，教师一定要重视儿童涂鸦期的教学研究。特别是在智力障碍教育领域里，很

图1-3　男（智力障碍）12岁　命名涂鸦期作品

多孩子可能会长期处于涂鸦期，如何进行涂鸦期的教学就显得十分重要了。

在绘画方面，涂鸦期的孩子画不出什么有意义的作品，但是教师可以利用其他媒材进行教学，比如撕、贴、揉、捏，充分调动孩子的积极性，鼓励其参与美术活动。很多涂鸦期的孩子在教师眼里属于"很难教育"或者"不可教育"的学生，实际上他们中的大多数都可以参与简单的美术活动。关键在于教师要看到活动的价值，更多地关注活动的过程，而不是结果。因为他们的活动结果大多数时候都不精彩，但活动的过程让孩子们获得了重要的训练机会。

在教学中教师要尽量为他们提供适当的美术媒材，教给他们简单的、步骤单一的玩法，然后鼓励他们使用各种动作、行为去进行探索。在他们玩的过程中，除非有安全问题，否则尽量不要打扰他们，让他们独立地享受活动的乐趣，这样有利于他们建立信心，拥有自信的人格特质。

（二）前样式化期（4～7岁）

这一时期，儿童开始有意识地塑造形体，并试着用这些绘画语言来与外界沟通。画面看上去不再是乱涂乱画的模样，他们在绘画中表现出强烈的自我意识，不再像涂鸦期那样在画面上体现身体动作，而是开始对事物进行具有主观性的描绘，画面中反映出他所关心的事物、环境、人物。但是这一时期的儿童所画的图形很难表现出远近关系和立体感。他们会将自己看不见却知道的东西也画出来，如墙遮住的屋内的人物和事物。

图1-4 中这种头足人（也称蝌蚪人）是4岁正常孩子经常画的绘画形象。这名学生虽已16岁，却只能画出这种4岁孩子水平的形象，说明他的智力仅发展到4岁左右。

图1-5 的作者虽然已经15岁了，对自己周围的生存环境也有了很多认识，但是，在画画的时候，他只喜欢重复各种简单的几何形状。这或许体现了这个孩子的大脑在处理看到的形象时，可以用几何形体来概括，但是他不能注意到更多的细节，并把它们也表现出来。

图1-4　男（智力障碍）16岁　前样式化期作品

（三）样式化期（7～9岁）

经过前样式化时期的探索，孩子获得了丰富经验。一方面，他们发展起一套令自己满意的符号形象，就像人类出现了象形文字一样，虽然还很原始，但其程式被固定了下来，每一个固定的图形都有固定的意义。如果没有别的刺激，这些形象会一直伴随着孩子2～3年的时间，这种固定的形象就被称为"样式"。另一方面，孩子的视野扩展到了周围环境，开始对周围环境进行理解，于是，画面中出现了基底线，这个变化表明了孩子处理信息的范围由自身扩展到了周围。智力障碍孩子进入这一时期的时间比正常孩子要晚，但停留在这一时期的时间比正常孩子要长。很多智力障碍孩子的顶峰就在样式化期或前样式化期，如果没有经过有效的艺术教育训练，他们最多只能画出样式化期的作品。

图1-5 男（智力障碍）15岁 前样式化期作品

图1-6是典型的样式化期作品，画中的各个小兔、小鸟、小女孩都非常相像，几乎就是一种图像符号。它们不是观察的结果，而是孩子大脑里固定的能代表这些形象的图形样式。

图1-7是智力障碍孩子的作品，虽然其已经有14岁了，但看上去很像上面那名7岁的正常孩子的画，这些人物形象和鸟的形象都很固定，并出现在不同的画面里。

在学校里，如果经过了有效的教学，学生养成了观察的习惯，绘画时就能画出更多的细节，在一定程度上避免过于样式化的形象出现。这时，虽然学生的年龄处在样式化期，但他们的绘画依然可能很生动。这也说明了教育的作用是有效的。

图1-8中的小猫十分生动，是孩子经过观察之后画出来的，与没有经过训练的学生相比，这幅画中的猫显得活灵活现，没有概念化的感觉。

图1-9是一名处于样式化期的智力障碍孩子通过观察马的图片之后画的马，每一匹马几乎是同一个模样，但都有一些细节变化，表明孩子进行了观察，而不

图 1-6 女（正常）7 岁
样式化期作品

图 1-7 男（智力障碍）14 岁 样式化期作品

图 1-8 女（正常）7 岁 样式化期作品

图 1-9 男（智力障碍）14 岁 样式化期作品

图 1-10 男（唐氏综合征）16 岁 样式化期—写实萌芽期作品

是靠脑袋里的印象画画。

图 1-10 是一位唐氏综合征男孩的作品，其年龄 16 岁，智商 40，算得智力年龄 6.4 岁。画面内容是一位赶集的老人赶着毛驴拉着车，走在集市的街上。这个孩子喜欢画画，家长教育投入较大，发展较好，在教师教育下，他能够认真观察需要表现的对象，每幅画都充满了细节。虽然也有一些样式化的形象出现，但基本上都是观察之后的结果，比如本画中的五角星，只是墙上的一个小图形，并没有那么大。这说明这个孩子处于向写实萌芽期过渡的阶段。

可见，即使处于样式化期的智力障碍学生，经过美术学习之后，也可以画出超出其发展阶段较多的作品。

对于这个时期的孩子，教师一方面应该引导他们自觉地观察客观物体，尽量描绘出他们所看到的细节；另一方面要鼓励他们进行大胆的创意，要为他们提供适合的媒材，便于他们创作，同时还要善于肯定孩子们的探索。这样有利于孩子扩展自己的经验，通过创作提高自己的自信心和自尊心。

（四）写实萌芽期（9 ~ 11 岁）

罗恩菲尔德称之为党群期。这一阶段，儿童发现自己是某个社会群体中的一员，是社会中的一分子，自我意识相应得到提高。在这一段时期，随着观察能力的提高，儿童发现了很多细节，开始不再满足于过去的那种概念化的、样式化的形象，他们发现了自己与别人是不同的，于是他们的绘画出现了更多区别于别人的细节，看上去似乎开始倾向于"写实"。但这种写实依然是孩子们心目中的理想化的形象，并非客观的写实，是样式加上细节的"主观的写实"，是写实开始萌芽的时期。

他们开始要求画得"像"，开始追求物理的真实，大小前后要合理，形象要端正。有时画得虽然和以前同样的不好看，但由于他们的观察能力受经验的限制，欣赏能力并不高，加上画面多了很多细节，使得他们对自己的作品仍然感到满意。

图 1-11 是一位 11 岁的正常孩子画的，可以看出画面中的形象具有明确的前后关系，作者并不因为画得不像而感到不满，实际上还满足于塑造了正确的空间关系，他对马的形象基本感到满意。这也说明这个时期的孩子观察能力虽然有了很大的发展，但还没有达到成人的水平，对一些细节的感知还是很粗糙的。不过，

他们对细节的客观合理性毕竟有了要求，所以如果以前没有经历过美术训练，就会出现"眼高手低"的状况，很难画出让自己满意的画来。如果这时再没有适当的学习，孩子就会对美术失去兴趣。

图 1-12 是一幅轻度智力障碍孩子的写生。在这幅画中，学生具有比较写实的倾向，把他观察到的杜鹃花画了下来，虽然不像，但已经没有概念化的倾向。在画画的时候，他观察得很认真，一笔一画地画，想再现杜鹃花的本来面貌。然而，从他画的叶子就可以看出，虽然他尽了力，但还是无法处理简单的细节。

图 1-13 也是一位轻度智力障碍孩子的作品。在这幅画中，明显具有了前后遮挡关系，体现了人物之间、人物与环境之间的关系。同样，他观察得很仔细，力图再现照片上他所经历过的情景，但很明显，似乎还残留着很多样式化的特点。

这个阶段的孩子，对人与人之间的关系开始产生兴趣，似乎在为青春期的到来做准备。在教学活动中，就要注意创造一些团体完成的活动。有时以男女团体为单位，让男孩和女孩因为处于同性别的团体中而不过于拘谨。有时也设计一些男女同学合作完成的活动，增进异性孩子之间的合作，从而也便于观察认识异性的行为特点。

这一时期由于孩子能力的提升，他们的兴趣不再仅仅是认识世界，还包括了探索世界。他们的表现内容主要放在内在的自我探寻、自我表现，以及净化情绪方面，同时可以探索社会、表现社会，而不再像以前主要放在认识外在的事物和表现自己的主观情感方面。

图 1-11　男（正常）11 岁　写实萌芽期

图 1-12　男（轻度智力障碍）14 岁　写实萌芽期作品《写生 杜鹃花》

图 1-13　男（轻度智力障碍）14 岁　写实萌芽期作品

如果教学得法，孩子由于大小肌肉控制能力发展良好，可以学习、应用各种材料进行创作，这段时间可以说是孩子美术能力稳步发展的最好时期之一。他们知道艺术创作材料是没有危险的，会比较理性地对包括色彩在内的各种元素进行大胆的探索。与前面各个阶段相比，前面各个阶段对材料的使用只能算是熟悉、应用，此阶段却可称是探索、创造。

（五）拟似写实期（11 ～ 15 岁）

拟似写实期也叫理性阶段，这一阶段，有的学生开始进入青春期。青春期是人一生中发育的一个高峰，各方面的发展都比较迅速。从身体到大脑，都有着巨大的变化。从人类长期进化的角度来看，青春期的到来，表明人开始具有了生育能力。人变得追求独立，向往自由，开始为组成自己的家庭做准备。这时，他们对画得像的要求有了独立的意识。一幅画是否令他们满意的最重要的尺度就是：是否比自己以前画得更好。如果不如以前的画，即使有专家、朋友称赞，也并不会让他们觉得满意。

由于青春期的到来，各方面能力的快速发展，视野变得更加广阔，经验快速增加，获得了大量可供处理的信息，孩子的抽象思维能力也得到了快速的发展，孩子开始重新认识自我、认识社会，追求独立自主。这种心理也影响到了他们看待外界的眼光。于是，孩子的绘画由主观自发的活动向理性的活动过渡。他们在绘画时，力图逼真地表现事物，但并不一定真的能达到目的。如果绘画的结果和他们的欣赏水平相当，那还可以继续学习，但如果以前没有经过正常的艺术学习，缺乏技能水平，那么就会出现严重的眼高手低现象，会让孩子彻底失去信心。在我国，学生一般每周有两节美术课。其实，只要教育得法，一周两节美术课也可以让孩子具备基本的绘画能力。

在表现的内容方面，学生比较喜欢表现群体关系，或者情感色彩比较明显的个体内容，即使是单个的个体，也是和诸多其他人物有着关系的个体。所以，很多时候你看他们在不断地画某个"无聊的"人物，其实这个人物后面是有丰富的故事内涵的。

图 1-14 是经过长期美术教育的正常孩子的一幅想象画，从这幅画可以看出，孩子模拟了卡通形象的风格，并力求逼真，画面中远近的关系通过色彩的明暗和

形象的大小表现出来，对遮挡关系表现得十分熟练。在人物的造型方面，其有了一些明暗的处理，以求达到立体效果。这种细腻而细致的风格是智力障碍孩子很难达到的。

能力比较强的智力障碍学生只能达到写实萌芽期，很难达到拟似写实期。这一点可以根据智商公式进行证明。智商 = 智力年龄 / 年龄 × 100。一名智商为 60 的智力障碍学生要达到拟似写实期，也就是智力年龄要达到 12 岁，那么他的年龄应该是 20 岁。这已经是人进入成年期的年龄。而人的大脑发育速度一般在 15 岁左右就达到了高峰，18 岁时基本定型，不能再像过去那样快速成长，因而也就难以达到更高的绘画发展阶段。

图 1-15 是作者在 16 岁时的作品，从画面上看，前排的主要人物已经具有写实的特点，但后面的人物仍然很模式化，具有明显的样式化期的特点，正中间人物的手画得很大，学生并不觉得有什么不妥。可见他的心智能力基本没有提高，没意识到人物比例的问题，具有样式化期的特征。由此可推断，他的绘画能力受智力的限制，基本上已经达到上限。要想突破，需要自我认知等较高级的思维参与，但这对他来说是很困难的。

图 1-16 是这名同学 19 岁时临摹的作品，对他来说，他觉得这种类型的画很难画，常常未能最终完成。他很崇拜能完成这种画的同学，只是他的绘画能力似乎只能达到拟似写实期，要进一步发展就很困难了。

（六）自决期（15 ～ 17 岁）

这一阶段是一个很重要的时期，因为它是有目的地学习美术的开端，孩子的理解能力可以支撑他们深入地学习艺术技巧。孩子对艺术审美的敏感性和批判性都有所增强，但是，由于美术教育在学校教育中一直得不到应有的重视，多数学生对美术丧失了兴趣，因而只有少数人能摆脱这一困境，向艺术性绘画发展。

智力障碍孩子虽然不能在技巧上进入拟似写实期，但是如果有来自家长、社会的支持，他们仍然有可能决定以艺术作为一项个人爱好，甚至工作。虽然他们的能力只能达到前样式化期、样式化期、写实萌芽期，但他们也会在心理上把美术作为自己生活的一部分，当他们的艺术技巧娴熟时，艺术创作同样可能具有强烈的感染力，同时具有感觉、象征和情感风格。有的孩子可能因为爱好，将艺

图 1-14 女（正常儿童）12
岁 拟似写实期作品

图 1-15 男（轻度智力障碍）16 岁 写实萌芽期作品

图 1-16 男（轻度智力障碍）19
岁拟似写实期作品

作为自己的职业，制作一些简单的手工艺品。

图 1-17、图 1-18 两幅画都显示出成年智力障碍人士的艺术水平，虽然没有高超的写实能力，但画面具有写意的味道。也许绘画过程中有指导教师的指导，他们虽然不能创作出细致逼真的写实形象，却可以创作出这样具有样式化期和写实萌芽期味道的作品。

图 1-19 到图 1-21 是同一名智力障碍人士的作品。她喜欢绘画，能临摹光影素描的作品，在自己进行创作的过程中，当所参照的照片中出现人物的时候，她在作品中就会把人物换成动物。这可能是由于人物比较难画，但也显现出作者的稚气。地上样式化的小草说明她的绘画思维能力并未全部进入写实期（这和大多数没经过绘画训练的正常人是一致的）。第一幅画的画面上如果没有比较稚气的动物存在，画面会显得成熟很多。第二幅作品，表现的是静物，画面显得成熟稳重、有美感。第三幅画是她画的素描，准确地画出了复杂几何形体之间的穿插关系，说明她的观察能力、绘画能力是较强的，已经进入了拟似写实期。

上面这名智力障碍人士患有一定的听力障碍，小时候智力发育迟滞，缺少语言。其长大后，随着身心的发育，各方面的能力逐渐增强，能借助手势进行简单的表达，绘画成了她最喜欢的活动。在她的心目中，也将绘画、手工作为了自己未来的选择。

对正常孩子来说，他们的逻辑思维能力随青春期的到来获得飞跃性发展，可以借助逻辑来理解事物的本质特征，获得准确的造型技能技巧，理解前人的艺术

图 1-17　成年智力障碍人士作品一

图 1-18　成年智力障碍人士作品二

图 1-19　女（轻度智力障碍）22 岁　动物画

图 1-20　女（轻度智力障碍）22 岁　静物、花瓶（左）

图 1-21　女（轻度智力障碍）22 岁　素描（右）

创作思维，所以，这个阶段可以决定是否以美术为职业方向，开始向专业化发展。即使不准备以美术为未来职业，仍然可以通过学习具备专业化的能力。

图 1-22 是一名从小一直学习美术的 15 岁的正常男孩的作品，他观察细致、理性，作品造型准确、色彩逼真，可看出他以从事美术工作为未来理想。

我们联系前面的各个发展阶段可以看出，孩子的发展是沿着对内在自我的认识和对外界环境的认识这两条有序的道路，按照由近及远，从初步感知到初步整理，再到系统整理的过程发展的。人的神经由大脑向四肢扩展，然后通过视觉、触觉、听觉等方式和他人连接起来，之后又通过文字、广播、电视、计算机、手机把更广泛的人群连接起来。表面上，电视、计算机、手机只是一种通信设备，

图 1-22 男（正常）
15 岁 自决期

实际上，我们可以把它们想象为人类大脑神经的外延。

- 感觉运动期：自我内在方面，孩子通过感觉、运动，注意到自身的感觉；外界环境方面，孩子注意到父母等最亲密的人。

- 前样式化期：自我内在方面，孩子整合了所有感觉，意识到了自己作为一个整体的存在；外在环境方面，他们意识到了零散的自然、社会的存在。

- 样式化期：自我内在方面，注意到了朋友、伙伴等更多的他人的存在；外在环境方面，他们意识到了环境中的各种事物的前后、远近、大小等关系及曲直、凹凸、多少等细节。

- 写实萌芽期：自我内在方面，他们发现了自己与群体的关系，意识到了自己是群体中的一员；外界环境方面，他们理解到了事物是客观存在的，诸多的事物之间并不简单的是前后、远近、大小的关系，还意识到了事物有着更内在的物理特性。

- 拟似写实期：自我内在方面，孩子开始追求如实地反映自身；同样，外在环境方面，孩子也在追求如实地反映外界。虽然这种对真实的追求只是一个起步，依然很容易存在各种歪曲，但是主观上，他们具备了这种倾向。

- 自决期：开始追求内在与外在的统一。

三、对罗恩菲尔德绘画发展阶段理论的补充

涂鸦期以前，皮亚杰称之为感觉运动期（0~2岁）的那个阶段，罗恩菲尔德没有做什么论述，但是，对于我们接触到的智障学生，常常会有连涂鸦都不能进行的。这可能表明他们的智力发育尚未达到2岁。比如智商为30的6岁孩子，他的智力年龄仅为1.8岁，在美术方面，他没有表现出任何涂鸦的行为。我们对他的教育就只能参照皮亚杰的理论。在皮亚杰的理论中，0~2岁的孩子处于感知运动期，孩子主要依靠触觉、嗅觉、听觉、视觉、平衡觉等感觉获取经验，他们通过与周围环境的感觉运动接触来认识世界，那么美术课，就应该倾向于刺激孩子的各种感觉器官，以此来促进各种机能的成长。

现代心理学的研究表明，最初婴儿的无意识动作引起了感觉，感觉引发有意识的动作，于是开始了婴儿与外界环境之间的互动。经过一定动作感觉经验积累之后，一种新的动作会引发一系列新的感觉，在不断的感觉对比中，认知开始出现。这种"感觉－动作－知觉"的循环推动着儿童的身心不断发展。

在这个循环中，"感觉"和"知觉"是孩子内在的机制，教师很难干预，但"动作"则是外显的行为，教师可以通过对学生进行动作训练来推动学生的发展。现代研究认为，一个新的动作技能的习成，意味着打开了一个认知的窗口，所以，早期儿童动作的发展是促进儿童认知发展的重要因素。

动作可分为粗大动作和精细动作，在感觉运动期，孩子需要发展他们的粗大动作来促进感知觉的发展，同时促进身体的发育。但进入培智学校的学生即使还停留在感觉运动期，也需要加入一些精细动作的训练。只是这些精细动作往往是伴随着粗大动作出现的。比如涂色，如果只是摆动手指涂一幅A4纸大小的画，他们就很难不涂出线外，甚至把纸涂坏。如果涂的是一幅A3纸大小的画甚至半开纸大的画，就可以摆动整个手臂，以粗大动作的形式来完成任务，当然，其中也含有精细动作的成分。再比如可以让他从黑板高处拿取一张贴在上面的图片，这一行为同样既有粗大动作也有精细动作。

粗大动作基本上属于体育课的内容，而精细动作则大部分属于美术课的内容。过去我们一直把美术课仅仅当作审美教育的途径，没有意识到精细动作的学习也

应该是美术课的一个重要内容。精细动作就像一个人手里的得力武器，其能力越强意味着学生未来能战胜的困难越多。

在孩子知觉的发展中，每学会一种新的动作，就可以由此带来一系列新的知觉经验，并增加一种思维和表达的手段。比如学会用剪刀剪的动作技能，他可以用剪刀剪出简单的形象和拉花、团花等有趣的纸工，也可以剪出复杂的窗花、人物、花鸟等。动作技能就像一扇门，进了门就进入了一个丰富多彩的世界。

美术课有非常丰富的精细动作训练内容：搓、揉、捏、拉、压、吹、弹、撕、剪、贴、拼、搭、涂、染、描、画、刻、缝、穿、拓、印、甩、刮……这些动作虽然简单，但是如果没有经过适当的学习训练，即使普通孩子也很难得到完全正常的发展。只要进行了系统的学习和练习，这些动作基本可以在前样式化期就被学会。到了样式化期，学生就可以学习各种动作的复杂组合——这就是所谓的技能技巧。如果没有前期的动作学习，后面的技能技巧学习就会磕磕绊绊。

当孩子还处在感觉运动期的时候，他们的表现就像婴儿一样。在课堂上，他们从不主动参与教师的教学，不是坐着不动，就是到处乱跑，拿不稳笔，听不懂教师的指令，没有语言或者很少，有的甚至不能控制大小便，拿到学习材料、文具就会往嘴里送，不如意的时候常常会打自己的头。这些表现都说明他们还处于感觉运动期，他们的身体就是他们唯一能够感受到的全世界。正规的课堂教学对他们不但很难起作用，反而还会阻碍他们的正常发展。他们需要科学的个别化训练，甚至需要更多的一对一的训练，从而发展感觉运动能力。美术教学实际上是起到了发展其感知觉的作用。这时教师可以让他们练习一些简单点的动作，如捡、取、压、拉、抱等，让这些动作来促进感知觉的生发。只有等他们达到涂鸦期后，才能开始"正规的"美术教学。

有的教师会把一些很难教，但采用多种媒材进行教学后有所成效的涂鸦期孩子归类到感觉运动期，说可以用艺术治疗、戏剧治疗的方法教育他们，实际上，艺术治疗、戏剧治疗对他们也是无用的，因为他们感觉力很弱，他们需要最基本的动作训练来促发感知觉。这种训练越早越好，年龄越大，他们的行为就会越固着，而且固着的行为都是很低的年龄才有的那种行为，如前后摇摆身体、晃动手腕、抖动手指、咬手、打头等。他们仅是用这些动作来表达他们的感受，比如：前后摇摆身体、晃动手腕、抖动手指表示喜悦；主动哭喊表示有欲望需要满足；咬手自残表示十分生气；打头表示对别人的做法极不理解乃至愤怒。

还有的教师会把一些很难教的涂鸦期孩子归类到感觉运动期。然后说这些孩子需要"知觉－动作"训练，不能进行学科教学。实际上，这些孩子确实需要"知觉－动作"训练，但这种训练是为了补充过去的缺失而进行的补偿性训练，他们本阶段需要做的是感知训练，甚或进行一些有意义的活动，而感觉运动期的孩子则几乎无法进行这样的活动与训练。媒材对感觉运动期的孩子来说，只是一种促成动作的工具，训练他们的感觉的材料，并非进行创造性活动的材料。

四、视觉型与触觉型倾向

触觉型的孩子更多地依赖触觉进行创作，一方面，他们比较喜爱进行立体塑形活动；另一方面，他们在绘画时会在平面的纸上想象出立体的形状，然后依着物体的结构走向进行绘画，画画时的感觉就像用笔触摸着物体，并沿着物体的表面移动。这种能力随着认知能力的提高会被理性的视觉思维所代替，除非这种能力得到锻炼，没有被遗忘。但是，要在平面上自然而然地画出立体的形象，有赖于触觉型的思维模式。比如在纸上画一个圆柱体，然后在圆柱体上画一条从点 A 到点 B 的直线，触觉型的人会很自然地把这条直线画成弧形，而视觉型的人则需要进行逻辑推理之后才能做到。

视觉型的孩子更多地依靠视觉进行创作，作品显得更为理性。他们靠肌肉知觉、动觉、触觉和自我经验来建立与外部的联系，他们的美术作品显得更为主观，也会将自己的情绪融入画作。正常孩子的作品也表明，越小的孩子越接近触觉型，正如尤多拉·韦尔蒂所说："小孩子就像动物一样，用自己所有的感官去认识世界。"只有随着他们的观察、认知能力的不断提高，视觉能力才能得到充分发展与运用。到了 12 岁以后，孩子基本掌握了视觉和触觉的技能，才开始表现出自己的倾向性。罗恩菲尔德的研究表明，12 岁后，孩子的创作出现了"视觉型"和"触觉型"两种倾向。在所有人中，"视觉型"占 47%，"触觉型"占 23%，

30% 的人介于两者之间。在我国，传统艺术中平面造型的地位较高，加之艺术教育的不成熟，导致视觉型的孩子占了绝大部分，以至于掌握触觉型绘画方法的人比较稀少，甚至这种方法都成了绘画技巧中的秘技。

智力障碍孩子的智力年龄大多数在 6 岁以下，这意味着他们很可能全是触觉型的人。但是作为一种思维方式，似乎没有那么简单。由于大脑的障碍，孩子们很难理解他们面对的物体的体积感，他们对客观物体的观察是表面的、印象的、感觉的，既不能把它概括为平面形象，也不能找到物体的体积结构画出立体的造型。本书作者在教学中发现，除了少数智商在 60 以上的孩子到高年级学段可以画出比较精细的作品，大多数智力障碍学生只能画出比较粗放的混合型作品。

从图 1-23 这幅画可以看出，学生的描绘比较精细，网、人物都是平面造型，属于视觉作品。不过，虽是视觉型的作品，但从近处的花盆大、远处的花盆小这一点可以看出来，孩子用了触觉型的思维方式。这有长期训练的因素，也有学生智力的因素。在培智学校里，这样的学生数量不多，且集中在智力情况较好的学生当中。

图 1-24 的作者明显是触觉型的学生，他表现的是热带鱼，造型大胆果断。虽然画面也比较精细，但是并不是出于精细刻画的目的，而是顺着对象的体积结构进行塑造。

图 1-23　女（轻度智力障碍）16 岁　视觉型

图 1-24　男（中度智力障碍）15 岁　触觉型

智力障碍学生由于感知觉发展欠缺，非常需要这方面的训练，我们可以假设智力障碍学生多为触觉型的人，在教学中就需要多刺激学生，让他们通过触摸对象的结构，使其运用肌肉知觉、动觉、触觉、嗅觉等来感知对象，以促进各种机能的全面发展。

我国现在的教育比较有利于视觉型的人的发展，以应试为主，投入少、收效大，便于操作，加上班级人数过多，教师难以管控使用多种媒材进行教学，所以美术教学多以绘画为主。特别是智力障碍教育领域，如果不主动适应智力障碍孩子的认知特点，努力开发多种媒材的教学，训练孩子的触觉，孩子的美术教育就很难深入地开展下去。

本书作者在教学中也发现，不少智力障碍学生绘画比较困难，兴趣容易受挫，但在用超轻黏土进行制作时，兴趣比较高，感觉超轻黏土用起来比较容易。

五、认识智力障碍儿童

当教师接收到一名新的智力障碍儿童时，很容易被孩子的一些表面的现象所迷惑，给他们贴一些标签，如轻度、中度、重度，唐氏综合征，自闭症等。除此以外，似乎就没有更多更具体的描述智力障碍孩子特征的词语了。其实，轻度、中度、重度等词语是在描述孩子的智力状况，唐氏综合征、自闭症是在描述孩子的病理情况，除此之外，还需要了解孩子的生理年龄和成长环境。

（一）生理年龄

生理年龄一般来说就是指孩子的年龄，教师以往不太注意身体发育对孩子外在表现的影响。有的孩子身体结实，发育充分；有的孩子身体发育迟缓，看上去比同龄人要小好几岁；有的孩子发育正常，看上去没什么特殊的。

了解孩子的生理年龄，一方面，可以帮助教师利用智商计算出孩子的智力年龄；另一方面，教师也可以通过观察孩子的年龄和他的身体发育是否吻合，从而推测孩子的神经、肌肉发育状况，了解其神经控制能力是否和同龄人相同，差在什么地方，相当于几岁的正常儿童的控制水平。这一点，对体育课是非常重要的。比如，一名智力年龄只有 6 岁的经过篮球训练的 20 岁的智力障碍人士，让他和一名 12 岁的普通孩子在一起打篮球。从体力和力量上来看，20 岁的智力障碍孩子是占优势的，但从动作的敏捷和灵活性来看，12 岁的普通孩子是占优势的。他们在一起比赛，胜负难分，感觉他的智力就在 12 岁左右。只有在涉及思维的时候才会发现，其实这名智力障碍人士的智力年龄仅相当于 6 岁的儿童。那么这个孩子就不可能参加思维技巧比较高的棋牌类活动——这类活动 12 岁的普通孩子很容易上手。

（二）智力年龄

当教师遇到一位新生来报名的时候，首先都会问他有几岁，应该去几年级。到了那个年级后用那个年级的试卷进行更具体的学科测试。对普通学生来说，他们的生理年龄和智力年龄基本上是一致的，但对智障儿童来说就不是这么回事，他们的智力年龄比起生理年龄要差着很大的一截。了解智障学生的智龄就是要确定该智障学生真实的发展水平。所以，在教学中，教师平时用来描述智障孩子智力程度的"轻度""中度""重度""极重度"这些定性的标签式词语可以用更为具体直观的智龄来代替。

智商等于智力年龄与生理年龄的比值乘以 100。

$$智商 = \frac{智力年龄}{生理年龄} \times 100$$

这里的智力年龄也被称作心理年龄、心智年龄、智龄，指最能代表某个儿童智力水平的年龄，即智力发展的水平，这个数值是进行智商测验时得出来的第一手材料，之后才被换算成了智商。

根据上面这个公式，可以把它还原为：

智力年龄 = 生理年龄 × 智商 /100

这样就能还原出该儿童实际的智力发展水平。在进行智力检测的时候，检测出来的分数是一个综合成绩，包括了一个人的观察、记忆、想象、逻辑思维能力和适应环境的能力等，是了解智障孩子的一个重要参考。算出了这个数值，就能判断学生的能力大概就围绕着这个数值上下波动。

比如，一名智商为 40 的 10 岁智障孩子，其智龄只有 4 岁，就能推测出该学生的能力大概围绕着 4 岁的水平波动。在美术学科，他应该处于前样式化期和涂鸦期之间，看他的画面就可得出精确的判断。当这名学生到 15 岁时，他的智龄达到 6 岁，他应该处于前样式化期，能够画出具体的形象，甚至会有一些样式期的特点，不会再有涂鸦的情况。如果仅仅用一个"中度智力障碍"来描述该学生，就很难正确判断他当前应该达到的真实水平。如果这时孩子还在涂鸦的话，就要怀疑对他的教育是否滞后了。所以，面对智障孩子，教师可以还原出他的智龄，与普通孩子进行对照，推断他的智力、思维和心理特点，看是否达到该水平。

智障孩子虽然智力年龄较小，但由于生理年龄偏大，他们的手部肌肉控制能力会较好，在进行绘画、手工操作的时候会产生一些特殊的效果。比如用笔效果显得比较大胆、肯定、老辣，视觉冲击力强。特别是唐氏综合征儿童，智力能达到 5 ~ 7 岁儿童的水平，其作品艺术效果很强，常常显现出让人吃惊的"天才"。

（三）病理

智力障碍孩子经常伴有其他疾病，如苯丙酮尿症、自闭症、脑瘫、硬化结节症等，也是需要教师考虑的重要因素。这些病症有的不会更多地影响孩子的学习，如患苯丙酮尿症的孩子，他们创作的大多数绘画形象都比较粗放（图 1-25）。但总体来说病情对他们绘画的表面影响不大，不会产生各种各样的结果。

但有的病症会严重地影响学生的学习，比如脑瘫儿童，有的智力情况较好一点，但受脑瘫的影响，很难进行哪怕是稍微精细一点的手工操作。这时可以让他们使用比较大的媒材，减小操作的难度，绘画时不要求他们画得很好。

自闭症孩子情况比较复杂，现在的研究认为自闭症是一种严重的广泛神经发展障碍，主要特征是发展过程各异的三方面能力障碍：①社会性交互和参与能力障碍；②交流和语言能力障碍；③刻板及重复性行为与兴趣狭窄。这三方面能力的缺陷程度因人而异，多数智力水平低下，少数智商正常甚至较高。自闭症人士普遍缺乏对他人的情感关注，他们的面孔辨别能力受损，不能迅速地识别他人的面孔，

图 1-25　女（中度智力障碍）13 岁　苯丙酮尿症

对物体的关注胜于对人的关注。脑科学方面的研究认为，自闭症人士大脑的杏仁核、颞上沟区域、梭状回在接受刺激时，激活水平较低。这些脑区分别对人处理社会知觉、运动信息、面部信息具有重要作用。

唐氏综合征孩子很容易受周围人为因素的影响，处理信息比较整体、粗放、缺乏细节；自闭症孩子则不容易受周围因素的影响，比较关注特定细节。图1-26是一位中度自闭症孩子的作品，其中左边两个红色的图形表现的是同学，下面黑色的图形表现的是教师戴着眼镜的样子。作品表现方式极为独特，似乎可以体会到他观察人物时的一些感觉，有细节体现，但各细节之间没有联系。

有的自闭症孩子的画看上去很正常，有的则表现出某种天赋，比如有的孩子似乎具有一定的照相记忆能力（照相记忆法是低龄孩子具备的一种形象记忆法，似乎和镜像神经元的存在有关，人可以像照相一样记住图形，事后通过回忆看出细节），可以看一眼就把看到的对象用笔复制出来。如图1-27是一位具有良好图片记忆能力的自闭症学生的作品，他随便看了一眼篆刻作品中的文字，然后就用他熟悉的撕纸的方法撕出来。他还能够不假思索地写出两三位数乘法的答案，让人惊叹。他平时喜欢玩计算器，可能是用图形记忆法记住了当时的答案。有的自闭症孩子则对美术丝毫不感兴趣，其随意涂鸦的意识都没有。这可能是由大脑受损的部位、程度不一样造成的。

图1-26　男（中度智力障碍）15岁　自闭症

自闭症孩子的大脑内部神经元可能发展极
不平衡，有的部分发展较好，形成优势神经回
路，仿佛高速公路；有的部分发展较差，难以
形成有效神经回路，犹如羊肠小道。他们对某
些刺激的处理显得具有天赋，但对另一些信息
的处理则束手无策。某些智力障碍程度较重的
自闭症孩子，可能感觉功能还比较初级，尚未
获得充分的发展，能感觉到的形式比较单一，
故而对那些有限的刺激十分着迷，比如喜欢抖

《天长地久》
《出入平安》
《祥》《野草》

图1-27 男（中度智力障碍）13岁 自闭症

动、抓挠、抚摸、挤压等，以此获得满足。这些自闭症孩子仅能发展到感觉运动期，
但由于大脑的某个通道具有部分优势，发展得相对比较"充分"，看上去比一般
感觉运动期的智力障碍孩子要聪明。

其他如唐氏综合征儿童的情况比较固定，如前所述，经过学习和训练，他们
的能力能够达到5～7岁正常儿童的水平。他们性情温和、反应迟缓，对音乐节
奏的感受能力比较强，但对不能理解的事情比较抗拒，显得十分固执。

教师必须在了解智力障碍孩子的病理特点的基础上对他们开展教学，才能找
到教育的途径。

（四）成长环境

成长环境包括了学生的家庭环境、社区环境、文化环境、学校环境等，需
要判断哪方面的因素对孩子影响比较大。相对于前面说的几点，成长环境的因
素最难处理。因为成长的环境对孩子来说，是无时无刻不在的影响，这种影响
是长期的。如果家庭环境对孩子的影响是消极的，改变起来难度就会比较大。

一般来说，比较大的变化是智力障碍孩子从普通学校进入培智学校后发生的
变化。很多智力障碍孩子在普通学校十分压抑，胆怯、畏缩、少语，到了培智学
校之后，会像变了一个人一样，胆子逐渐变大，性格也逐渐开朗。

有的家长比较支持孩子在学校的学习，并为孩子创造各种训练机会，鼓励孩
子和其他人交往，这样孩子的进步会比较大。相反，如果家长持一种把孩子交给
学校就不管的态度，那孩子的进步就会很有限，很难持续。

　　总之，教师在了解智力障碍孩子的时候，必须着重考虑孩子的生理年龄、智力年龄、病理情况和成长环境。综合以上几点，再对智力障碍孩子的当前水平和未来发展的可能性做出全面的判断。

六、智障儿童概念的建立与思维的发展

　　随着现代脑成像技术的飞速发展，科学家能够通过仪器看到大脑在思维过程中的变化，同时分子生物学的发展，帮组科学家发现了思维过程中神经信号在分子层面的变化，两者共同加深了人类对大脑的复杂机制的了解。这里，我们需要了解一些常用的神经科学和人工智能概念，以帮助我们理解思维产生的过程。只有理解了思维产生的过程，我们才能具体判断或猜测智障儿童在思维的哪个阶段遇上了障碍，并帮助他们跨越、突破障碍。

（一）神经元

　　神经元即神经元细胞，是构成神经系统的最基本单位。神经元长有树突和轴突，树突短而分枝多，作用是接受其他神经元轴突传来的神经信号。轴突长而分枝少，其作用把其他神经元传来的信号传给其他神经元的树突。

（二）神经元连接

　　神经元之间的连接其实指的是神经信号在神经元之间的传导，这种传导会随着参与的神经元的数量和传导的次数增加而变得比较稳定，表现为形成一定的"思维定势"，这种连接会因为长久不用或者建立新的连接而断裂，如果神经元断裂的数量巨大的话就相当于重塑大脑。由于神经元数量庞大，它们之间是如何连接，如何形成思维的，还是一个十分复杂的课题，目前科学家们还在研究中。但这并不妨碍我们从现有研究成果的方向进行一些猜想和推测。

　　神经元连接形成了记忆、概念、思维，我们在观察学生掌握一项技能、知识的时候，多用神经元连接的思路去观察、思考，就可以解释很多现象。比如，学生感受到一件事物，说明他的大脑里的神经元建立了连接，对该事物进行了最基

本的处理。学生记住一件事物说明那件事物在他的大脑里建立了概念。学生弄明白一件事意味着这些概念之间建立了连接，他弄不明白，说明两个相关知识的概念距离太远，还够不着，这时需要补充中间的知识以增加连接。如果这节课掌握了，下节课又想不起来了，说明神经元之间的连接不够牢固，需要重新连接，或者继续巩固。

还有的时候情况比较复杂，比如，作者自己在教中度智障学生做树叶拓印的时候发现，他们亲手把叶子放在纸下面之后，不少同学却搞不清楚叶子被放在了什么地方，在纸上随意涂画起来，这说明他们在感知方位方面还有困难，这是最基础的神经元连接问题。这个问题不解决，大脑中的概念都难以形成。发现这个问题后，作者就引导他们通过摸一摸，来确定树叶的位置，这时他们虽然做对了，但涂色的时候依然十分随意，不能涂在树叶的位置。这时作者猜测他们对涂色要涂在树叶上面才会显出树叶形状的因果关系没有弄明白，即他们不明白必须涂在树叶上面才会拓印出树叶的形状。经过指导之后他们能涂在树叶上了，但是他们仅满足于涂出叶子，却不管是否完整。就像他们画一幅画总是只能画个大概，很难画出细节一样。这涉及了感知的全面性，和在此基础上应用大量概念进行思维的能力，智障学生由于神经元连接方面的困难，很难通过训练在短期内做到。

所以，在教学中遇到问题的时候，教师可从神经元连接的角度去思考问题，尝试着"看到"他们神经元连接的情况，常常会柳暗花明，豁然开朗。这样虽然不一定对，但心里面有了一块可以摸着过河的石头。

（三）模块

模块这个概念来源于人工智能。模块是可以组成一个大的功能单位的构件。我们知道电脑主机是由电源、主板、硬盘、内存、CPU、风扇等模块构成的，各个模块各司其职，共同组合成一台电脑。在工业制造的时候同样存在模块，不同的车间将不同的零件组装成不同的模块，小模块被组装成大模块，大模块又被组装成更大的模块，最后所有模块被组装在一起成为完整机器。这种机器组装的过程在各行业的工作流程中也普遍存在，这个工作组完成这个工作，那个工作组完成那个工作，所有工作完成后，目标任务就达成了。

与电脑不同的是，大脑是个生物化学结构，而电脑是个物理结构。人的大脑本身既是 CPU，有运算的功能，同时也是硬盘和内存，具有存储功能。它在完成思维的过程中也表现出类似物理的结构。思维是由一定的模块组成的，这些模块就是一个个表示概念的词语、定理、定律、规则等，思维就是这些大脑中的模块之间进行的交互活动，其中，概念是最基础的模块。

大脑就是一个由概念组成的网络。在学习一门新学科的时候，首先必须记住并理解该学科的基本概念和基本原理，其中基本概念就是思维的元素，基本原理则是思维的方法。

传统意义上的模块是封闭的，但神经元模块由于它有大量随时等待连接的树突和轴突，可以对临时出现的情况马上建立新的连接，所以它是开放的、模糊的。比如"水"这个词，在化学家、物理学家、纯净水工人、水利工程专家眼里，都有特定的含义，但当他们在日常生活中提到水的时候，马上就会形成一个对水的共识，认为它是一种用于解渴的液体。即使在聊天的时候说到"小王被小李水了一顿"这种名词动用的特殊用法时，也能毫无困难地领会其意。可见神经模块具有"生物活性"。

在运用神经科学介入教育教学中的时候，我们要形成模块化的思维方式。这种思维不但用于理解人的思维，还可以在教学的时候，用来构建模块化的课程。因为课程就是一种思维的传递。

美国心理学家津巴多说：神经科学家现在将大脑看做一个由各种高度专业化模块所组成的共同体，其中各个模块会处理思维的不同成分。模块不但存在于机器制造、软件设计、工作流程中，也存在于我们的大脑思维中，存在于教师的教学设计中。

来自视觉、听觉、触觉等感觉器官的感觉信息输入大脑之后，大脑的视觉、触觉、听觉等神经元之间建立了连接，构成了一个个小的模块。这些小的模块就是思维的最基本单位——概念。随着大脑中建立的概念模块越来越多，多个概念神经元模块相连接，就构成了简单的对比、归类、判断等思维活动，同时还形成了表示抽象概念的高一级的神经元模块。大量概念模块之间的交互连接活动则构成了综合、演绎、推理等复杂思维活动。

这一点与语言很相似，词语是最小的模块，多个词语模块构成大一点的句子模块，多个句子模块构成一个自然段模块，多个自然段模块形成一个逻辑段模块，多个逻辑段模块组成一篇完整的文章。

最基本的思维形成后，在人的大脑中就表现为某些特定神经元连接成一个神经环路，环路之间的连接，形成了人的复杂思维，最复杂的思维是人的大脑和外界环境之间长期而复杂的交互作用构成的稳定结构，即习惯和性格。人的思维越复杂，意味着大脑神经元之间的连接数量越丰富、层级越复杂，所有神经元模块就分布在庞大而复杂的神经元连接中。

一般人都可以明显感觉出智障儿童与普通人的思维不太一样。过去，研究者笼统地说是他们的思维缓慢，有认识缺陷，很难说得更准确，这就无法准确地把握他们思维的根本问题所在。为了更深入地分析他们的思维，研究者需要结合思维的基本构成进行具体说明。

（四）概念

思维是利用概念进行推理、判断解决问题的过程。概念是最基本的思维单位，是对多种同类物品的概括，一般分为具体概念和抽象概念。

对正常人来说，具体概念的产生是自然而然的事情，正常人看到了一件事物，就可以认识这个概念。比如"爸爸""妈妈""苹果"这些具体概念，是从牙牙学语的时候就学会的。还有的则是在前面经验的基础上由推理产生的。比如，我们看到了一头从未见过的动物，有人告诉我们说这是"驼羊"，只需听到一遍，我们就能记住这个名字。"驼羊"这个概念之所以能够那么顺利地建立，是因为我们之前有过"骆驼"和"羊"的概念。如果之前不认识骆驼和羊的话，要记住"驼羊"这个名字就不会那么顺利。

智力障碍儿童的问题就出现在概念的建立出现了故障。他们对骆驼和羊都没有认识，对驼羊这个概念就很难记住。这里我们以"苹果"这个常见概念的建立为例子来具体分析。

在培智学校，我们经常见到某位中重度智障学生拿起老师用作教具的苹果模型咬一口，时间一长，这些苹果模型就布满了牙齿印，成为培智学校的一个"笑点"。为什么他们会错把苹果模型当作真的苹果呢？他们为什么会不能一眼看出真假苹果之间的区别呢？仅仅因为小孩子的嘴巴太馋吗？

　　一个最基本的概念的产生需要综合视觉、听觉、触觉、味觉、平衡觉等各种感觉器官获得的信息，将获得这些信息的神经元连接起来，形成一个稳固的连接模块。就苹果来说，需要通过眼睛看到苹果的颜色、鼻子闻到苹果的气味、触觉触摸到苹果表面获得的质感和温度、用手拿到苹果时体会到的重量、耳朵听到拍打苹果发出的声音、吃苹果的时候体验到的酸甜味道，综合了以上所有感觉信息之后，人才能准确地建立起"苹果"这一概念。智障孩子拿起苹果模型来咬，说明他对苹果的质感、重量、表面颜色的微妙变化等的感知并不准确，所以才会判断错误。

　　任何思维活动几乎都是整个大脑运作的结果，概念的建立也是如此。如果出现神经元的数量过少、神经元结构异常（比如树突过短、突触过少）、神经递质异常等原因中的一种或多种，都会导致某个感知信息出现异常，继而导致概念建立出现障碍，形成错误的认知。这就像如果建造房子的砖块质量参差不齐，大大小小，那么整座房子就可能歪歪斜斜，很难保证质量。

　　苹果是常见的水果，是不应该出现判断错误的。然而这样的问题仍然时有发生，说明智障儿童的感知在某些方面很容易出现异常。感知出现障碍，具象概念的建立就出现缺陷，在此基础上建立的抽象概念也就不准确，进一步的思维活动就很难进行下去。所以中度智障孩子只能进行简单的具象概念的思维，对于使用抽象概念的复杂思维十分困难。

　　再如，智障儿童大脑里"苹果"这个概念的建立有缺陷，就会影响到"水果"这个概念的建立，如果把多个苹果抽象为"1、2、3、4……"这些数字，他们理解起来就十分困难，只能跟着念念。如果再进一步，用这些数字进行计算，那就更加不能了。所以那些智商在四五十左右的智力障碍学生，学习数学的时候只能进行简单的20以内，甚至10以内数字的加减法。而且，他们只能借助指头或小棍之类的实物来进行。如果离开了实物，就会觉得他们不是在算算术，而是在"感知"这些数字，但又很难"感知"出正确答案，所以觉得他们是在"猜"答案，而不是在"动脑筋"进行真正的计算。

　　从这方面来说，学习美术就不需要他们动不动就"猜"答案，他们更多的时候只需要表达自己即可。相反，是老师要去"猜"他们的答案。特别是当学生还处于涂鸦期的时候，老师要去猜他们画的那些圆圈究竟代表什么。不过，美术教师除了要看懂他们画的是什么，更要关注他们画面背后的思维，弄清他们在感知方面的缺失，有针对性地进行补偿。

比如，一个没有见过鹅的智障学生认识了鸟之后，当他只看见鹅的图片时，一时很难判断鹅是不是鸟，当老师告诉他说鹅是鸟之后，他一般会同意。但是当他看到真实的鹅时，反而怎么都不同意鹅是鸟，他会认为老师说错了，是故意在骗他或逗他玩。这说明这名学生并没有真正认识到鸟的本质特点，以为有羽毛、体型很小、会飞的是鸟。鹅体型巨大，虽然有翅膀，但飞不起来，所以会觉得鹅不是鸟。在学校里，有的教师遇到这种情况，会仅仅停留在得出一个"这个学生太笨"的判断上。其实，这时应该记录下该同学的这个思维表现，进行认知补偿，让他真正明白鸟的本质特征。如果这一次不能成功的话，可能说明他的经验还很欠缺，那么可以过一段时间再进行尝试，而这时又会发现学生已经接受了鹅是鸟的事实，因为在生活中他会注意到与这个问题相关的信息，不断地改变自己的认知。

在日常生活中，苹果、梨、桌子、椅子、狮子、老虎、汽车、飞机等具体概念通过感知就可以建立起来，一般不会出现困难，高一级的抽象概念如水果、交通工具、动物、植物等与日常生活紧密相关，学生接触比较多，也容易掌握。而美术课中常用到的色相、冷暖、明暗、疏密对比、大小对比等概念，智商在60左右的接近中度的轻度智障学生虽能够理解，但运用起来颇为困难。

从学生的课堂表现和画面来看，学生画出圆圈，无论是能够封闭或不能封闭的圆形，都意味着学生的大脑形成了概念，这如同大脑中的神经元连接成了一个封闭的环，形成了一个基本模块。

图1-28、图1-29有圆圈的绘画作品意味着大脑中已经形成了一些概念，而如图1-1、图1-2那些随意涂鸦期的作品中没有圆圈出现，在现实中，该学生语言词汇几乎仅限于爸爸妈妈等几个非常贫乏的词语，说明他们思维中还没有出现基本概念，智力发展水平尚在初期。

对正常儿童来说，画出圆形意味着孩子进入了命名涂鸦期，开始形成爸爸、

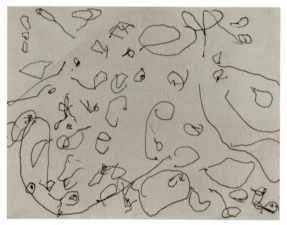

图1-28 学生课堂作品1

图1-29 学生课堂作品2

妈妈、汽车、花朵等比较简单的概念，并借助这些概念进行简单思维，而正是在对各种概念进行对比、应用的过程中，进一步巩固了对概念的精确认知，这才有了用绘画符号来表现它们的欲望。对智障学生来说，道理也是一样的。

（五）思维

思维是在表象、概念的基础上进行比较、分析与综合、抽象与概括、判断与推理等认识活动的过程。其中，比较是最基本的思维活动，有比较才有分析与综合，有分析与综合才有抽象与概括，有抽象与概括才有判断与推理。

智障学生的思维障碍一般有两种：第一种是信息输入的障碍；第二种是中枢神经处理信息的障碍。前者影响着输入信息的真实性，后者影响着处理信息的速度和结果正确性。这两种障碍在生理上是相互联系甚至混杂的，很难截然分开。比如，如果人的神经递质、神经细胞有异常，那么无论是输入信息还是处理信息的速度都会比较缓慢。如果是后天大脑损伤，那么就会表现为处理信息比较吃力，但对信息输入输出的速度影响不大。

大脑神经元出现故障就会影响分析与综合的思维过程，抽象与概括也很难顺利进行。这可能是因为大脑损伤等问题导致神经元之间很难建立连接，或者建立的连接数量很少，且不稳定，容易断裂。分析、综合、抽象、概括这些思维活动都需要整个大脑大范围地参与，只要有一个地方的神经元连接困难，都会导致整个思维活动难以进行。这一点与概念的建立不同，概念的建立只涉及比较少的脑区，特别是具体概念，因为经常接受实物的刺激，反复多次，故而连接还能够建立并巩固下来。

　　智障学生虽然在分析、综合、抽象、概括方面表现出来的缺陷十分明显，但他们并非一点思维能力都没有，包括判断与推理方面，不同智力程度的学生仍然有着一定程度的表现。

　　在教学中，轻度智障学生的教学可以涉及简单的分析、综合、抽象、概括方面的内容，最终，复杂程度大约可以达到小学三年级的水平。他们创作的画面具有一定的故事性和逻辑性，能够应用如夸张、对比等的艺术手段进行创作。这对中度智障学生来说就难以做到。

　　中度智障学生的美术教学只能涉及简单的认知、常识、道德判断等方面的内容，如果让他们对事物进行分析、综合、抽象、概括就比较困难。他们通常只能进行一个步骤的直觉思维，而进行分析、综合、抽象、概括的思维通常需要很多个步骤，教学中一旦涉及这些内容，他们就失去了兴趣。过去的理论认为是他们的思维惰性造成的，实际上是因为这些内容远远超过了他们的思维能力，就像给一个四五岁的小孩子讲代数一样，他既听不懂也理解不了。

　　中度智障儿童的思维方式接近于直觉思维，因为直觉思维仅仅表现为一个步骤，符合"因为……所以……"的模式，在他们的画面上，通常只有一些相互间没有联系的孤立图形，就像一个个独立的概念。如果说这些图形和谁有连接的话，那就是和作者自己还有连接了，这也符合"因为……所以……"的直觉思维模式：因为我，所以它。

　　在手工操作中，大多数中度智障孩子也只能进行一个步骤的操作，比如卷纸和前后折纸（图1-30），图中的卷纸只需要朝着一个方向卷就可以了，而折纸

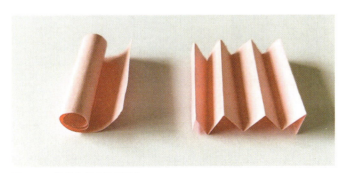

图1-30　卷纸和前后折纸操作

需要正一下反一下来回地折，有的中度智障学生可以进行卷的操作，但很难进行前后折纸的操作，因为这种操作需要不断地改变方向。不过由于这个动作比较简单，经过一段时间训练之后，部分中偏重度智障学生仍然可以掌握。

重度智障学生的思维就更加贫乏，他们的思维基本上围绕着生存本能展开，如睡足、不饿不渴、不冷不热、没有病痛。除这些外，他们就没什么其他的需求了。其一旦生理上出现症状，就用哭闹来表达。

下面通过一些相同发展阶段的普通儿童和智障学生的绘画作品来看他们的思维特点。

图 1-31　普通儿童（3 岁），涂鸦期

图 1-32　中度智障（13 岁），涂鸦期

图 1-33　普通儿童（3 岁），涂鸦期

图 1-34　中度智障（15 岁），涂鸦期

从上面普通儿童和智障孩子涂鸦期的作品对比可以看出，智障学生的画面

比较单一，有很多的重复内容。而普通儿童的画面形象丰富，变化较多，形象之间有联系，孕育着丰富的想象，说明他们大脑中建立的概念比较丰富，思维比较活跃。

图1-35　普通儿童（6岁），前样式化期

图1-36　中度智障（13岁），前样式化期

图1-37　普通儿童（9岁），样式化期

图1-38　中度智障（14岁），样式化期

　　从上面普通儿童和智障孩子前样式化期的作品对比可以看出，智障儿童的画面形象和色彩都相对比较单调，显示出他们的思维缺乏灵活性，视野也相对较为狭窄，大脑中的概念比较匮乏。而普通儿童的画面形象和色彩都比较丰富，形象之间有丰富的交流，揭示出他们思维的灵活性较高，视野相对较为广阔，大脑中积累的概念比较丰富。

七、儿童发展的路线

关于儿童的发展，可以从思维、神经、艺术表现几个线性的方面进行总结。

（一）思维的发展

思维过程是沿着"感觉—知觉—认知—思维"的线路发展的。在针对智力障碍孩子的教学中，感觉的训练是第一位的，没有感觉就没有一切。简单的感觉可以刺激孩子产生动作和行为。

动作和行为可以确认各种感觉，同时也会引发更复杂的反馈，反馈积累到一定程度产生知觉。复杂的知觉形成认知，复杂的认知形成思维。当一个人面对一项新的事物时，必须经历这一完整过程，才能对事物形成全面的认知。成年人的学习，常常以认知为核心，向两头延伸。但婴幼儿的学习，应该从感知觉、动作的训练、学习入手。

在我国，由于传统教育的影响，并不十分重视感觉的培养，甚至没有意识到人的感觉也是需要培养的。这就导致教师在发现学生遇到学习困难的时候，最多追溯到学生最基础的认知学习——背诵、理解学科最基本概念。比如，在学生学习数学有困难时，最多追溯到训练孩子数数。如果孩子连数数都不会，教师就没办法了。实际上，连数数都不会的学生需要进行的是感知觉和动作的训练，认知的训练对他来说是比较困难的。再比如有的同学画画时只能进行简单的涂鸦，学习了很长时间似乎都没有什么进步。过去我们的做法是，让他和其他同学有更多的交流，保持他涂鸦的兴趣，使其获得更充分的训练。这样几年下来，进步十分有限，甚至没有多大变化。现在我们明白，他们需要的不是涂鸦练习，而是"知觉－动作"训练，一种更基础的训练与学习。而这些感觉的训练，最好是在真实的环境（或者模拟真实环境）之下进行。

所以一旦我们发现孩子当前的学习有困难，就要沿着这条思维路线向前追溯，一直追溯到感觉的培养和"知觉－动作"的训练，通过观察、测试，判断学生的哪一种感觉没有获得充分的发展、哪一种基本生存动作没有形成，然后进行补偿训练。任何学科的学习都是从感觉的培养开始的。没有感觉的培养，教学就容易出现各种困难。在美术学习中，最初的感觉培养就是训练对各种材料的光滑、轻重、软硬、纹理的感觉，以及对色彩的色相、明暗、冷暖的感觉等，然后通过与其他材料进行对比后，方才有了知觉认识。

　　如果孩子的发展阶段处于感觉运动期，那么就要对孩子进行更基础的感觉训练，用手指、物体，采取掐、捏、提、按、抓、挠等各种手法，刺激孩子的皮肤，训练其皮肤的感觉。教师们在给孩子进行感觉训练的时候，往往会和感知训练混淆在一起，会忍不住用语言去给学生提示（各种名词、形容词），借以说明学生感知到的事物，这样做反而阻碍了学生专心体验各种感觉，同时也分散了教师自己的注意力。更重要的是学生没有建立起基本的概念，听不懂教师的语言，达不到教师的要求，教师会觉得学生连这些名称、概念都搞不懂，徒然增加挫折感。实际上，此时教师做的已经是感知训练，甚至是思维训练而非感觉训练了。在感觉训练中语言是次要的，很多时候甚至不需要语言。经过感觉的训练之后，知觉、认知、思维的训练有了更牢固的基础，方能得到进一步发展。

（二）神经的发展

　　神经沿着"大脑—脊柱—四肢"（肩关节—肘关节—腕关节—指关节）的线路逐渐发展成熟。我们从胎儿在母体内的发育过程可以看出，胎儿的头部非常大，一开始的时候占了绝大多数的分量，之后身体逐渐发展出各部分。从胎儿出生后到成人前，孩子的头部都占据了比较大的比例，这个比例随年龄的增长而下降。这意味着神经的发展成熟也是沿着大脑向四周逐渐发展的。

　　所以本书前面讲到，随意涂鸦期的孩子只能控制肩关节，控制涂鸦期的孩子可以控制肘关节，命名涂鸦期的孩子可以控制腕关节，前样式化期的孩子可以控制指关节。实际上，孩子在绘画操作时，各个关节都需要涉及，这种区分只是说明控制各个关节能力的精细程度不一样。年龄越大，神经对肌肉控制的精细程度越高。在教学中，教师需要仔细观察孩子喜欢操作哪个部分，有的孩子喜欢摇动身体，说明他对控制脊柱比较敏感；如果画画时喜欢挥动肩关节，那他只能画出随意涂鸦期的作品。当孩子对手指的控制日趋熟练的时候，他们的注意力也就自然转向了自身以外的世界，更注重客观世界的真实性。对正常孩子来说，这时到了写实萌芽期的阶段。对智力障碍孩子来说，他们由于大脑自身的问题，在处理信息时会出现各种各样的障碍，使得他们无法真实地再现客观现实，他们的作品即使到了写实萌芽期，也还会带有明显的样式化期的特点。

（三）艺术表现的发展

儿童艺术的表现对象是沿着"'皮肤、自我'—'家庭、亲人'—'环境、团体'—'自然、社会'"的线路发展的。儿童的绘画发展呈现出一个阶梯，每一个阶段都有自己的特点。但是，这些特点相互关联，由低级向高级，由独立向相互依存逐步进化。这种发展变化是以孩子的生理发展为基础的。孩子的生理，特别是神经发育，最先是各个部分独立、线性发展的，各部分之间的连接比较少。随着发展的持续，各部分神经组织之间开始出现连接，这种连接向着网状的、多层次的方向发展。每增加一个层次，孩子的思维就会出现一个飞跃，也就是进入一个新的发展阶段。

随着交流、反射活动进一步复杂化，孩子身上表现出现新的行为、心理特征，这种行为、心理出现的初期，表现很不稳定，随着各神经组织之间相互调节、适应，行为、心理逐渐平稳。这情形就像各台电脑不断进行硬件升级，到了一定的时候组建起了小片区的互联网，之后小片区之间发生连接，然后出现大片区的互联网，每一次互联网的扩大就是一次处理信息能力的飞跃。孩子就在这种不断扩大的神经组织的连接中，不断出现阶段性成长，呈现出和以往不同的行为心理特征。现在的创造性研究也表明，扩大交流对人的创造性具有很强的刺激作用。身体内部的这种神经组织间的发展连接也可以看作交流范围的扩大。对于人的社会化过程，我们可以设想成个人的神经不断成长，不但连接自己身上的各个器官，而且会通过眼、耳、鼻诸种感觉器官向他人延伸，向团体、社会延伸，形成更广泛的神经组织。在这个不断发展的过程中，中枢神经对身体各个组织、器官的控制力不断增强，从头部由上到下，从中枢神经到周围神经，从身体向四肢，从粗大动作向精细动作一步步扩展。

智力障碍孩子就是在这一神经发展的过程中，某一中枢机能出现障碍，导致该神经机能控制的行为、心理无法正常发展。他们或者是停留在以前的水平上缓慢发展，或者彻底丧失该机能。

表1-1分别从生理与心理入手，从神经发育对肌肉的控制、意识发展对自我与外界的认识两方面进行了梳理，展现了神经、意识连续发展的过程。每个人的

发展过程虽然参差不齐，但不会出现跨越。前面的机能没有得到发展，后面的就没法发展；前面的发展得不充分，后面的也就相应地无法得以充分发展。智力障碍学生需要补偿，就是需要补偿以前没有发展或没有充分发展的机能，或者进行替代性补偿，用其他机能来代替有缺陷的机能。

表 1-1　绘画相关的神经肌肉、意识发展过程

阶段		年龄	绘画神经肌肉发展	意识发展
感觉运动期		0~2 岁	身体、神经发展迅速，发展感知觉能力、粗大动作。	积累感知、动作经验，以感觉为主，知觉萌芽。
涂鸦期	随意涂鸦	2 岁左右	出现粗放的精细动作，能控制住肩关节。	积累感知经验，知觉出现。
	控制涂鸦	2.5 岁左右	精细动作继续发展，能控制住肘关节。	感知经验能够顺利建立，为产生认知而做出行为的努力。
	命名涂鸦	3~4 岁	精细动作继续发展，能控制住腕关节。	神经元突触被修剪，思维效率出现飞跃。尝试形成认知经验，出现自我概念。画面中出现圆形，是绘画符号产生的最早阶段。
前样式化期		4~7 岁	能控制到手指关节。	圆形形象逐渐分化成更具体的形象。试图用符号表达认知经验。不怀疑童话的真实性，并在画面中表现出来。
样式化期		7~9 岁	控制能力朝各方面的协调方向发展。	能用固定绘画符号表达经验。对童话的真实性有所怀疑，在画面中有所表现。
写实萌芽期		9~11 岁	与身体生长发育同步，继续发展，青春期后达到成熟。	发现外界的独立存在，自我与外界分离。不再相信童话具有真实性。绘画兴趣从童话逐渐转向科幻。
拟似写实期		11~15 岁		发现客观复杂自我的存在。画面更加真实。如果不进行艺术审美教育的干预，画面的想象力会让位于较为写实的认知风格。
自决期		15~17 岁		自我与外界的平衡与取舍，绘画内容里对自己的未来有很多思考与投射。

罗恩菲尔德的理论在西方国家影响很大，他的理论主张任由儿童自我发展，不主张教师人为干涉，依据他的理论建立的美术教学体系比较松散随意，使艺术

成为一种个人发展历程中的副产品。后来，美国教育家艾斯纳对他的思想进行了矫正，强调了学科和教师的作用。我国的教育传统更强调教师的作用。这并不是谁对谁错的问题，而是教育侧重的中心不同、教育发展的历史阶段不同造成的。如我国的传统课程是以社会为中心的，而西方国家的课程是以学生为中心的。近来，认知神经科学、脑科学的发展为发展心理学注入了新的能量，在一定程度上为皮亚杰理论提供了生理学方面的支持，研究者应该吸取各种理论中的合理部分为己所用，让教育更多地关注学生的发展，并发挥教师的引导作用，做到因材施教，完善生态化的课程。

第二章

培智学校美术教学目标

一、培智学校美术课程标准

　　教育的研究应该从课程标准开始。由于我国各地方的智力障碍教育发展不均衡，经过多年的发展，很难制定出如普通中小学那样的统一的课程标准，国家的培智学校美术课程标准直到 2016 年才颁布，之前只在 1991 年颁布过《智力障碍学校美术教学大纲》的征求意见稿。还《培智学校义务教育课程标准》的教学目标体系，以教学目标体系暂时代替课程标准，类似于以前的教学大纲，只不过形式上变成了分领域来对学生进行教学，并更为具体化。作为探索，这是非常可贵的；作为大纲，它提供了一个过于具体的框架；但作为一种教学计划，它又过于简略，需要教师付出很多精力去理解、应用；如果仅把它当作一种参考，那就失去了其作为课程标准的价值。

　　建构国家课程标准会存在以下几点值得考虑的问题：第一，我国培智教育比较复杂，特别是在经济、交通都不发达的地区。由于教育较为落后，自理能力较差的中重度学生很难入学，培智学校里轻、中度智力障碍学生较多，这些学生的能力更接近正常儿童，国家课程标准就显得比较简单，那些轻度学生就会面临"吃不饱"的状况；而在发达地区，教育比较先进，经济状况较好，那些自理能力较差的中重度学生可以有人陪同到学校参加训练、康复，轻度的学生大多进入普通学校随班就读，所以培智学校招收的学生以中重度智力障碍学生为主，这些学生则面临"吃不了"的状况。第二，智力障碍学生之所以特殊，是因为有普通学生作为对照，没有普通学生的对照，研究者就不能明白智力障碍学生具体特殊在什么地方，也就无从有针对性地开展教学。实际上，智力障碍学生与普通学生有着千丝万缕的联系，研究者必须发现、利用这些联系，打通智力障碍学生和普通学生之间的阻碍，找到让智力障碍学生融合到普通教育中的道路。第三，近年来普通教育改革由于规模效应，发展极快，很多先进的思想、理念、措施已经渗透到教育教学中。这些先进的思想、理念、措施可以供培智教育借鉴吸收，促进其发展，然后进一步根据智力障碍学生的具体情况切入智力障碍学生的教学目标。如果不理会普通教育的改革成果，智力障碍学生就会越来越特殊，最终成为孤立于普通教育之外的群体，更加难以融入社会中。第四，这也是大特教的需要。"每一个个体都有特殊的需求"的理念对我国当前的国情来说，虽然暂时难实现，但是，特殊教育教师如果能够把智力障碍学生放到普通学生的背景下，熟练地应用发展心理学的知识和技能灵活、深入地剖析他们，将会发现：了解正常学生的发展过程会有助于我们对特殊学生的认识，而对特殊学生各种障碍的了解也可以加深我们对普通学生的认识。最终，这二者会合二为一，教师看到每一位学生都是"特殊"的，看到每一位学生都有特殊的需求，从而做到因材施教。

2016年底，教育部正式发布了《培智学校义务教育课程标准》，其中包括了绘画与手工部分。从本课程标准中规定的课程目标、学习领域、课程内容，可以看出这个课程标准几乎脱胎于《义务教育美术课程标准》，深受普通教育的影响。国家课程标准之所以如此，乃是因为我国落后地区的培智学校、随班就读学校中招收的学生以轻度智力障碍学生为主，这些智力障碍学生的智力年龄接近于6~9岁的普通学生，对他们的教育，普通小学《义务教育美术课程标准》是实用的。2016年颁布的《培智学校义务教育课程标准》考虑到了向普通小学借鉴研究成果，却没有考虑到还应该向幼儿园借鉴研究成果。随着社会的进步，经济条件的改善，智力年龄在3~6岁阶段的智力障碍孩子也会越来越多地进入培智学校，甚至有的孩子智力年龄在3岁以下。对智力年龄在3岁以下这部分学生的教育，是发达地区培智学校要面对的挑战。新课标引起质疑的原因之一，也是由于没能兼顾到这一部分学生。

现在，发达地区的培智学校招收到越来越多的自闭症儿童。自闭症的产生可能与遗传有关系，也有可能与幼儿在3岁左右大脑神经元突触修剪异常有关。实际上，导致智力障碍的病理性因素一般都出现在婴幼儿时期，其导致孩子大脑的某些部分可能一直停留在婴幼儿时期。所以，培智教育的课程标准应该考虑向0～6岁正常儿童的研究借鉴成果和经验。

本书先以《3～6岁儿童学习与发展指南》和《义务教育美术课程标准》为参照进行对比，然后有针对性地进行智力障碍美术课程标准的讨论。

首先，《3～6岁儿童学习与发展指南》中对艺术部分按"感受与欣赏"和"表现与创造"两个维度、领域设定了如下要求：

"幼儿艺术领域学习的关键在于充分创造条件和机会，在大自然和社会文化生活中萌发幼儿对美的感受和体验，丰富其想象力和创造力，引导幼儿学会用心灵去感受和发现美，用自己的方式去表现和创造美。"

这个目标对智力障碍孩子来说很有吸引力的。大多数智力障碍孩子由于大脑发育的缺陷、某些功能的短板，不能正常发展，但并非所有功能都不能发展，更不意味着他们就没有对美的追求，没有对美的高级的心理需求。他们需要更多的体验与感受，他们同样能够表现与创造，这样的目标对智力障碍孩子来说是切合实际的。特别是很多智力障碍孩子的智力年龄恰恰就在3～6岁。

其次，《义务教育美术课程标准》按"知识与技能""过程与方法""情感、态度、价值观"三个维度、领域设定总目标如下：

"学生以个人或集体合作的方式参与美术活动，激发创意，了解美术语言及其表达方式和方法，运用各种工具、媒材进行创作，表达情感与思想，改善环境与生活、学习美术欣赏评述的方法，提高审美能力，了解美术对文化生活和社会发展的独特作用。学生在美术学习过程中，丰富视觉、触觉和审美经验，获得对美术学习的持久兴趣，形成基本的美术素养。"

智力障碍学生由于大脑的病理，出现了一系列不同于普通学生的特点。第一，智力年龄与生理年龄不同步，有的生理年龄正常，但智力年龄偏低；有的生理年龄落后于实际年龄，智力年龄也同样落后于实际年龄，但落后的程度各不相同。无论是哪种情况，都会导致学生的心理年龄也跟着出现偏差，在美术方面表现为其所处绘画发展阶段落后于相应年龄的正常学生。第二，病理原因导致行为异常，干扰了教师对其智力年龄和绘画发展阶段的判断以及相应的教学。第三、社会、家庭歧视等压力，导致智力障碍孩子心理、行为出现偏差，也会给教学带来困扰。

第四，智力年龄在 6 岁以上的智力障碍学生，由于其生理年龄比较大，肌肉的力量比较有力，远远超过了相同智力年龄的普通学生，加上其社会经验比较丰富，艺术创作能力会显得高一点，可以尝试着向这个目标靠近。

一方面，由于培智学校内学生的这些特殊性，学校无法完整地达成针对普通学生设定的教学总目标；另一方面，又由于美术学科开放性的特点，从低幼儿到耄耋老翁都能进行创造性、自发性的艺术活动。所以，绝大多数智力障碍学生都能在这个目标的指导下进行学习活动。从事培智教育的教师应该能够准确地分析学生的发展状况，设计适合的内容进行教学。

下面参照普通学生的总目标设定了智力障碍学生美术学习的总目标：学生以个人或集体合作的方式，独立或在教师的辅助下参与美术活动，刺激、发展、完善各感觉器官，提高观察能力、模仿能力、理解能力，了解美术语言及其表达方式和方法，运用各种工具、媒材进行创作、游戏，装饰、美化生活，获得丰富的视觉、触觉和审美经验，提高审美能力，产生对美术的兴趣，形成简单的美术素养。利用艺术创作、欣赏具有调节情绪的功能，促进智力障碍孩子社会适应能力的提升。

2016 年版的《培智学校义务教育课程标准》对总目标的规定是：通过"造型·表现""设计·应用""欣赏·评述"和"综合·探索"四个领域的学习，提高视觉、观察、绘画、手工制作能力，初步学会发现美、感受美和表现美，发展审美情趣，提高审美能力，学会调整情绪和行为，促进社会适应能力的提升。

对照国家的目标可知，上文的目标实际上是国家目标的具体化，更具操作性，且有利于后面的进一步分析。

这里，本书选择了"以学科目标整合功能目标，或者相反，以功能目标整合学科目标，设计适合该学生的个别化目标"的方法，视学生智力程度的不同进行选择。轻度智障学生以学科目标整合功能目标，中重度智障学生则以功能目标整合学科目标。

由于智力障碍孩子具有各种功能缺陷，教师需要有针对性地设计出或补偿其缺陷，或发展其某种具体能力的功能性目标。但是，这些功能性目标的实现不能仅仅通过机械的训练来实现，还要通过美术的手段将功能性目标融合在美术的学科目标中来实现。这是因为：第一，美术学科具有深厚的学科文化根基，可供选择的内容非常丰富，无论是绘画、工艺、欣赏都可以提供大量的课程资源，满足学生的需要；第二，美术学科具有审美性，不但可以培养学生的审美情操，也可以吸引学生参与各种活动，达到训练的目的；第三，美术具有很强的趣味性，对学生具有很强的吸引力。由于美术所包含的内容十分广泛，孩子们通过各种有趣的绘画、手工创造，主动学习，激活大脑皮质，可以达到较好的学习效果。

这里，本书依据国家 2011 年版《义务教育美术课程标准》，同时参照 2016 年颁布的《培智学校义务教育课程标准》来对培智学校美术教学目标进行阐述、界定。那么，教学中的问题就变成了：采取哪些方式方法可以达到这些目标？达到何种程度？针对每一位智力障碍孩子的身心、病理特点，需要着重于达成哪些部分的目标？

培智学校的美术教学目标，需要教师根据智力障碍孩子的特点，进行切合实际的调整。但是，这种调整不是对美术教育总目标的调整，而是对总目标在达成程度上的调整。有的孩子需要更多的感知活动，以补偿其缺陷，促进各项机能的发展；有的孩子则需要充分利用美术在认知、体验、抒情、叙事、创造方面的优势，发展其高级思维功能，更好地融入社会、自食其力。

这需要对三维目标进行一个深入的探讨和理解，以利于在培智美术教学中实际应用。

知识与技能：这一维度主要体现了美术的学科价值取向，犹如学科的筋骨，强调美术课程传递文化遗产的功能。在教育科学技术飞速发展的现代社会，人们在传递文化遗产方面的技术日新月异，在汲取知识技能的手段上也越来越先进，常常会产生忽视技能与知识的倾向。但是，知识技能特别是传统美术技能中浓缩了丰富的民族文化基因，对技能的取舍需要采取慎重理智的态度。然而，也不能因此忽视新技术带来的技能革新，因为这种快速的技能革新，将会给人的思维以及生活带来巨大的冲击与改变，甚至在一定程度上改变大脑的结构。这可能会走向一个更加重视技能创造的教育时代。只是这种对技能的重视并非单方面的，它是和"过程与方法""情感、态度与价值观"这两个维度并肩前进的。技能将会起到便于学生融入创造过程，习得方法，促进情感、态度、价值观形成的作用。

过程与方法：这一维度主要体现了学生本位的价值取向，犹如学科的血肉，

强调美术课要促进学生个体成长。现在的教育思想，强调童年在人的一生中的独立意义。享受过程，学会方法，充分地感知与体验，自由地创造与表现，使得童年就像人的成年期一样，具有巨大的创造性和体验性。童年不再是进入成年时期的一个准备，一个过渡，它和成年期一样，是人生中具有重要价值的独立的一个部分，把儿童从一个单纯的被动学习者解放为一个主动的集学习、体验、表现、创造为一身的人。他无须等到成年期才可以从事创造活动，体验创造的自由，在童年期就可以享受由体验、表现、创造带来的快乐，并从中汲取丰富的生活经验。与此同时，成年人也可以像儿童一样沉浸到学习的快乐中，享受终身学习的快乐。如能做到这一点，未来人类就可把童年到老年的学习、体验与表现、创造活动融在一起，并组成一个连续完整的生命过程。本书认为，强调过程与方法的重要意义就在于此。

情感、态度与价值观：这一维度主要体现社会本位的价值取向，犹如学科的**灵魂。**这一维度强调如何让学生融入社会，学生如何看待社会、他人，建立什么样的人生观、价值观，以维持自己在社会中的生存与发展。

这三个维度分别从学科、学生、社会三个方面对美术学科进行分析，而把三者结合起来的关键则是教师与课程。美术教师针对学生开发、设计美术课程进行教学是未来教育的趋势，但对培智教师来说，则早已经是眼前的迫切需要了。如何把理论化为实践，乃是广大从事智力障碍美术教育教师的一个课题，很多人为此进行了不少有效的细节探索。如，陆雅青教授从艺术治疗的角度认为艺术课程的目标有三项：第一，学生发展并敏锐其知觉，以便能以美感的形式来经验这个世界；第二，学生能将其意念、想象和情感转化成众人所熟悉的形式；第三，学生能认识艺术品和其所在之文化的关系。这三个目标看起来，在操作性上更具体一点。

这三项中：第一种可以归纳到"过程与方法"维度；第二项可以归纳到"知识与技能"维度；第三项可以归纳到"情感、态度与价值观"维度。因为智力障碍孩子在智力年龄和绘画发展阶段上多半处于学龄前期，各自有不同性质、不同程度的障碍，故可以适当参考并采取这种治疗取向的艺术教育目标。至于适当到什么程度，由于培智美术教育在我国还处于起步阶段，故而须由教师们进行实践与探讨。

深入下去，2011 年版的《义务教育美术课程标准》在总目标下对美术教学的四大领域的具体的分目标做了规定，在后面会分别对各个目标进行叙述。

二、建立符合脑发展的教学目标

随着现代脑科学技术的发展，特别是脑成像技术的发展，科学家可以观察到活着的人的思维过程。脑科学开始进入快速发展阶段，并迅速进入教育领域。过去的教育学、心理学一直是一门经验科学，它的研究成果均来自实验观察和日常观察，缺乏实证科学的支持。但是现在，脑成像技术的成熟使我们看到实验过程中大脑神经元的活动变化，可以对心理学、教育学的实验观察结果进行实证研究，对过去那些心理学、教育学猜测、推理进行甄别，达到去芜存菁的目的。

现在脑科学研究的重要成果之一是大脑具有可塑性。它表明大脑在一定限度内不断地发生着变化。在个体的早期阶段，它的变化非常快，在个体的其他阶段，同样在不断地自我更新着。从某种程度上说，它就像 · 堆积木，可以根据需要做出不同的建构。

人的教育很大程度上是对脑的教育，通过教育促进脑的变化，生成新的连接。每一个发展年龄都有一些关键性的外在发育指标，而这些指标的实质是神经发育的结果，其中最重要的又是大脑的发育。

这里，通过借鉴人脑发育过程的成果和教学经验，我们制订了智力障碍孩子在各个绘画发展阶段的目标（关于绘画发展阶段的论述见第三章），其中，智力年龄是正常发展状态下的智力年龄。通俗地说，智力年龄为几岁，就相当于几岁正常孩子的智力（智力年龄 = 实际年龄 × 智商 %）。智力年龄的准确与否取决于智商测查的准确程度。智商测查结果虽然不一定准确，但相对各种测查来说，仍是相对准确、科学的一种方式，所以是最重要的一个参考指标。我们知道了智力障碍孩子的智商，算出他的智力年龄之后，就可以参照下面的教学目标设计教学内容，开展教学。

感觉运动期（智力年龄 0 ~ 2 岁）的教学目标：通过包括艺术在内的各种手段，

刺激学生的触觉、嗅觉、听觉、视觉、平衡觉，发展学生的语言能力、记忆能力、模仿能力。最终，学生能够认识各科任教师、教辅人员、亲友；能够进行追视，寻找音源，辨别音源，感知节奏；辨别色彩、气味、口味，认识身体的各个部位；知道大小便上厕所；正确表达自己的喜乐、不快与悲伤；知道常用物品的摆放地点；用简单的表情、语言（或声音）、动作来进行社交或通过模仿进行交流。

这一阶段，智力障碍孩子相当于 0 ~ 2 岁的正常儿童。在教学中，美术学科的学科特点并不突出，教师仅仅是使用学科手段对学生进行各种训练，其目的在于刺激孩子的各种感觉器官，增加其敏锐性，使其能够获得更多的信息。这些信息传入到大脑之后，刺激大脑的各个部分，使其活跃、生长，逐渐能够协调处理信息。这一阶段，感知、动作习得是最基本的学习手段，也是学习目的。这个阶段的孩子感知能力弱，表现如下：对外界的兴趣非常缺乏，有的除了吃的欲望，基本就没有其他兴趣爱好，缺乏基本的好奇心，对任何事物都没有反应，仅仅用一些简单的感觉、动作和行为来表达喜怒哀乐。如果没有一对一的训练，他们就会满足于简单的感觉中，无知无欲地生活。一对一的训练，年龄越小开始越好；年龄越大，孩子因为形成了一些低级的、固定的行为，惰性越大，加上孩子体重、力气的增加，训练难度越高。

涂鸦期（智力年龄 2 ~ 4 岁）的教学目标：发展学生的模仿能力，进行基本的人际交往活动，训练如厕、穿衣等基本生活自理能力，建立时间概念，识别歌曲、节奏，训练学生的粗大动作和精细动作，用涂、画、搓、揉、撕、贴等方法进行造型训练，达到加强学生对肩、肘、腕的控制能力的目的；注重活动过程的重要意义，以过程为主，达到发展学生粗大动作、精细动作的目的；为下一阶段的发展打下基础。

如果说，上一个阶段主要是训练孩子的感知觉能力，那么这个阶段主要是训练孩子的粗大动作、精细动作和知觉，其中以粗大动作和知觉为主，当智力年龄 4 岁时，就过渡到以精细动作和知觉的训练为主了。这一阶段，孩子在感知的基础上，具备了一定的认知能力，听得懂教师的语言与指令，可以参与各种活动，能够有意识地进行涂、画、搓、揉、撕、贴的活动，美术学科的特点开始呈现。但是这一阶段，孩子的理解能力还很弱，分不清现实与想象之间的区别，对故事情节、游戏规则等具有一定逻辑性的因素还难以把握，对规则几乎转眼即忘。所以，在使用故事、游戏进行教学的时候，只能选择情节单一、规则单一的故事和游戏来开展，逐步训练、发展学生的知觉，为下一个阶段打好基础。

前样式化期（智力年龄4～7岁）的教学目标：通过欣赏、写生、想象、讲故事、表演、游戏等手段，发展学生的模仿能力，观察能力、认识能力、理解能力；采用涂、画、搓、揉、撕、剪、贴等方法进行多种媒材的造型活动和组合装饰，注重艺术创作、媒材探索的过程，注重体验，表现生动的细节，不断发展学生的象征性艺术符号，使其能够表达自己的情感、愿望、记忆，进行艺术交流，在艺术活动中建立规则意识，认识事物，发展概括能力，能够辨别物体的类别。

这一阶段，正常孩子的理解能力不断发展，而且进展很快，但智力障碍孩子在这个阶段会停留很长时间。从表2-1可以看出，智商为50的孩子在实际年龄8岁时进入前样式化期，14岁时前样式化期结束，占了他们的学龄期的大部分时间，而智商50以下的孩子经历的时间会更长，所以这一阶段对智力障碍孩子显得非常重要。教师需要更好地利用这段时间对孩子进行教育训练。

表2-1　智力年龄对照表

智商	生理年龄		
	8岁	9岁	10岁
60	4.8岁	6岁	8.4岁
50	4岁	5岁	7岁
40	3.2岁	4岁	5.6岁
30	2.4岁	3岁	4.2岁

第一，这一阶段，学生的模仿能力、观察能力、认识能力、理解能力明显提高，教师应该充分利用这些能力基础，促进其发展。现代脑科学发现人具有一类被称为"镜像神经元"的神经细胞，它的功能是反映他人的行为，使人们学会从简单模仿到更复杂的模仿，由此逐渐发展语言、音乐、艺术，以及使用工具等能力。现在，这一发现虽然还有一些争议，但教师应该从中意识到，充分训练孩子的模仿能力，让学生通过模仿来进行学习，促进孩子的情感和观察、认识、理解等能力的发展。

第二，孩子经过涂鸦期，学会了粗大动作和一些精细动作，但这些精细动作还不熟练，还需要进一步练习。所以这一阶段，精细动作的发展还是一个重点，采用涂、画、搓、揉、撕、剪、贴等方法进行造型训练；注重艺术创作、媒材探索的过程；注重体验。这都是为了增加学生的感知觉，发展他们的精细动作。

第三，这一阶段，学生的观察能力还很弱，只能看到事物的大概，很少顾及细节，绘画中的形象显得极为概括，犹如一种独特的象征性符号，这种现象也成为孩子进入这一阶段的标志。教师应该引导孩子仔细观察，多去表现生动的细节，以促进孩子观察能力的发展；同时，孩子的概括能力在这一时期开始萌芽，教师应该在训练孩子观察能力的同时训练其概括能力，促进其发展。

第四，艺术的重要功能是表达自己的情感、愿望和记忆，进行艺术交流。这些也是艺术启蒙的重要工作。教师不能为了训练学生艺术技法而忽视了这些真正重要的任务。

第五，这一时期是孩子建立规则意识的重要时期，在艺术活动中建立规则意识，也是艺术教育的重要任务。

这一时期，教师还可以参考《3～6岁儿童学习与发展指南》。

样式化期（智力年龄7～9岁）的教学目标：发展学生的观察能力、模仿能力、理解能力、推理能力，以写生、想象、手工教学为主体，以更复杂的模仿游戏、竞技游戏等游戏教学为辅；采用诸如写生等方法，认识事物，发展学生的形式概念，使其学会表达自己的情感、愿望、记忆；进行艺术欣赏教学，培养学生感受美的能力，使其在艺术活动中能够遵守规则。

这个阶段的培智学生人数很少（在有的地区可能还会有一些）。在考虑智力障碍孩子的病理特殊性的前提下，其教学要点与普通小学教育基本相同，即更注重教育的发展性。

写实萌芽期（智力年龄9～12岁）教学目标：发展学生的观察能力、认识能力、模仿能力、理解概括能力；以写生教学为主体，使学生开阔眼界，认识社会、大自然；培养学生的自我意识，采用各种艺术造型方法进行创作；进行艺术欣赏教学，理解艺术符号，培养学生感受美的能力；建立正确的审美观。

因为只有极少数轻度智力障碍学生可以达到写实萌芽期，但他们很难发展到更高的绘画发展阶段，所以，这里不再为更高的阶段设定目标。

第三章

培智学校美术教学内容

教学目标的实现必须依托于教学内容。但是，对于智力障碍学生来说，由于他们的智力参差不齐，相同年龄的孩子在课堂表现中会出现巨大的差异，这就给教师在选择教学内容上造成了极大的困难。对大多数就读于培智学校的智力障碍孩子来说，他们的智力水平大多处于学龄前阶段，少部分进入小学低学段水平，所以，在选择教学内容的时候要考虑智力障碍孩子的智力年龄和绘画发展阶段，这样才能有针对性地选择适合的教学内容。

我们将以《3～6岁儿童学习与发展指南》和2011年版的《义务教育美术课程标准》的思想为基准，吸取现代幼儿美术教育中的一些新成果，结合2016年版《培智学校义务教育课程标准》中绘画与手工部分，根据智力障碍孩子的身心发展特点来进行实际操作。

本书之所以选择正常孩子的课程标准作为重要参照有如下五个原因：

第一，我国的普通美术教育在近十年，已经发生了很大的变化，在教学中开始注重学生的主体性地位，而2011年课程标准经过修订后很多问题得到了解决，酝酿着新的变化。而培智学校的美术教育在很大程度上还停留在以教师为主的教学模式上。教师教、学生画；教师不教，学生就不会画。加上与普通教育交流太少，学生得不到足够的刺激，教学难以发挥创造力。

第二，教育部2016年颁布的《培智学校义务教育课程标准》现在还缺乏专家进行深入的解读，倒是普通教育的课程标准内容丰富，专家解读比较深入，且课程伸缩性比较强，能够适应绝大多数学生。专家们对普通教育美术课标的解读也适用于培智课程中的手工与绘画、艺术休闲，可供借鉴和深入研究的地方比较多。

　　第三，我国美术教师对儿童美术发展阶梯的理论认识不足，更不善于自行设计课程。如果总让教师自行设计培智课程，教师可参照的样本不多，不能得其要领。而普通教育中却有很多可以借鉴的课程设计，特别是在学龄前教育和校外教育方面。如果培智美术教师们对儿童绘画发展阶梯的理论多加熟悉的话，就可以对学龄前、普通小学低年级的课程进行改造、应用，使之适应于培智美术教育。现在，很多特教美术教师在谈论美术课设计的时候，开口必谈学生的绘画发展阶段，是非常好的变化。

　　第四，我国培智教育起步较晚，不少地区招收的学生仍然以中轻度学生为主，重度学生相对较少，欠发达地区更是如此，只有少数发达地区招收中重度学生。而对中轻度学生和重度学生所采用的课程是不同的，前者主要适合发展性课程，后者适合功能性课程，这就要求教师采用灵活的思维方法，通过学生的智商、年龄、作品等来主动判断学生的真实发展水平，并根据班级中各种类型学生的比例，在教学中采取相应的对策，开发较为平衡的课程进行教学。现在普通学校的美术课程标准恰恰在这一点上做出了改变，能够适应这一灵活思维的要求。如果教师养成这种灵活的思维习惯，那么，即使未来学校招收的学生程度发生变化，教师也能很容易适应。

　　第五，正常学生就像一个比较稳定的坐标，智力障碍学生就像一个不断变化的变量。从事培智教育的教师只有了解正常学生，才能真正了解特殊学生；而了解特殊学生也可以促进对正常学生的理解。因为特殊和普通二者是相通的，不能割裂开来。只有洞察二者之间的联系，才能在教学中游刃有余。所以，我们应该努力发掘他们之间的连接点和共同之处。

　　基于以上五点，我们应该积极地学习、参考、借鉴正常孩子的美术课程标准，充实智力障碍美术教育的手段与途径。

　　《3～6岁儿童学习与发展指南》将艺术领域划分为感受与欣赏、表现与创造两个领域，这两个领域同时包括了音乐和美术的内容。指南认为，幼儿还没有到按音乐、美术的学科逻辑来进行专门知识技能学习的阶段，所以艺术学习的重点在于感受和表现。

　　2011年颁布的《义务教育美术课程标准》将课程内容划分为"造型·表现""设计·应用""欣赏·评述""综合·探索"四个领域。在本次修订的过程中，肯定了新课程改革以来的巨大成果，诸如三维目标、人文性质、文化追求、联系生活经验、精选课程内容、自主学习、研究学习、合作学习、创新精神、课程资源、评价要促进发展等课程改革精髓，这些精髓同样可以在特殊学校的教学中体现出来。

由于智力障碍学生的特殊情况，他们在校学习的年龄从 5 岁跨到 18 岁（甚至 20 岁），他们的智力年龄从接近 0 岁到 10 岁，这就相当于教师要对从婴幼儿阶段到小学阶段的学生进行教学，那么，就必须把这些阶段的教学领域结合起来，根据智力障碍学生的实际情况开展教学。同时，幼儿园招收的是 3 ~ 6 岁的儿童，没有考虑 0 ~ 3 岁的儿童，但是，在智力障碍教育中，却存在着智力年龄为 0 ~ 3 岁的儿童，所以教学要考虑补充这一部分。

一、"知觉·动作"领域

孩子在进入幼儿园之后，接受《3 ~ 6 岁儿童学习与发展指南》提出来的学习目标。但是在此之前，正常孩子都在家庭中由家长照顾，他们的发展没有什么指南或标准，自然而充分的成长似乎是最好的选择。但是对于智力年龄处于 0 ~ 3 岁的智力障碍孩子来说，自然成长意味着耽误他们补偿缺陷的最佳时机，教育、医学的干预越早越好。那么，如何进行干预，进行哪些干预，这样的问题就摆在了教师的面前。

现在，培智学校、机构常常招收到智力年龄在 0 ~ 3 岁的智力障碍孩子，这些孩子的生理年龄或许已经 6 岁以上，但各种行为表现显示出，他们的能力仅相当于 0 ~ 3 岁的正常孩子，这就需要对他们进行适合 0 ~ 3 岁孩子的教育。

美国教育家凯伯认为，人的行为发展是从肌肉活动开始的，之后的高级行为，包括知觉、行为、语言、概念等都是建立在此基础上。所以，对他们的教育，应该侧重于"知觉·动作"领域。

智力障碍儿童由于大脑神经不健全，既不会主动寻求刺激，对外界的刺激也缺乏反应。在发展伊始，智力障碍儿童就缺乏足够的肌肉活动，活动范围狭窄，缺乏外界的刺激与反馈，大脑中枢神经无法建立丰富的新连接，得不到发展所需要的"第一桶金"。教师应通过对智力障碍学生进行肌肉活动方面的基础训练，帮助他们建立更敏锐的感知觉，尽量多地获得外界的刺激，在大脑里建立客观世界的神经元链接。这个领域看起来并不属于美术学习的领域，实际操作时使用的手段也不一定是美术的手段；但是，教师需要清楚，美术活动的所有高层次内容，都和其他科目一样，是建立在"知觉·动作"基础之上的。

对培智班级中仍然有学习困难的智力障碍学生，我们需要对他们进行更多的知觉动作方面的补充训练。学龄期的正常孩子在进入从未接触过的领域时，也需要这方面的训练，打下该领域的"知觉·动作"基础。比如学习英语的时候，一开始需要嘴部语言的"知觉·动作"训练，即"训练嘴部的英语肌肉"，形成英语口语的动作习惯，然后才能进行书面语言的学习。没有建立基本的"知觉·动作"习惯，高级的语言是不牢固，甚至毫无用处的。

"知觉·动作"领域的学习目标是：通过肌肉操作、动作模仿、应激反应等训练，发展学生知觉与行为的配对能力，逐渐在大脑中建立相应的概念，为后面发展感受能力、审美能力打下基础。

二、"感受·欣赏"领域

经过"知觉·动作"领域的训练，很难说智力障碍孩子就会顺利地进入下一个阶段。因为他们有的障碍来源于先天的因素，只能是部分得到补偿，很难全部补齐。但是，有的孩子还是会带着障碍进入下一个阶段。此时，他们的智力年龄大概相当于 2～3 岁的正常孩子。这时，他们不但需要继续进行知觉－动作的训练，而且也需要进行高一级的教育，这就需要进入"感受·欣赏"领域的学习。

人依靠触觉、听觉、味觉、视觉来感知外界的存在，各种感觉信息传入大脑，产生神经元链接，当神经元链接积累到一定的量后，会逐渐稳固下来，形成固定链接模块，这就产生了概念，随概念而出现的就是知觉、意识。可以说，没有概念的产生，就只有感觉，没有知觉。这一点成年人都有感受，比如，有的信息虽然比较熟悉，但是人的语言还没有为它创造过一个固定的概念，于是对它就有种说不清道不明的感觉，似乎是存在于潜意识的东西，很难解释。但是知道这些概念的人，就能够把它说明白。可见，他们对此信息产生的是知觉，而非感觉。比如，当人在敲击西瓜，通过感知西瓜的震动判断西瓜是否成熟时，有经验的人很容易感觉到西瓜震动的细微区别，而没有经验的人却很难感知这种区别的存在。对有经验的人来说，这种感觉产生了知觉，并已经形成知觉判断，而没有经验的人所产生的只是一种感觉，很难说得清这种感觉的意义。但是当有经验的人用概念、语言说明其中的原因之后，没有经验的人就能对西瓜的不同震动产生知觉，学会以此判断西瓜的生熟。

感觉信息经过大脑的整合与处理之后产生认知，认知与感知觉之间的不断交融过程就是欣赏的过程。在这个过程中，不断地积累感觉经验，让知觉经验获得强化，产生感知与认知经验；感知与认知经验又反过来促进感觉经验的获取，推动欣赏能力的不断上升，获得不断进步的愉悦感受。

感受与欣赏，是一个人最初接触自然、社会后，从艺术的角度对外界进行主观反映的行为。对智力障碍孩子来说，由于他们先天神经受损，需要进行大量的感觉训练和活动，使外界信息有足够的量传入大脑，在大脑中建立起丰富的神经元链接，这样才能建立起有效的经验。

感知是造型的前提，没有感知，就谈不上造型。智力障碍孩子很明显的特点之一就是感知能力发育迟滞，虽然年龄不小，但这个阶段的智力只相当于3岁左右的幼儿，他们还停留在感觉运动期，他们在感觉运动期应当发展的能力还没有得到充分训练。他们虽然有了知觉动作能力，但在感知方面能力还十分欠缺，有的甚至还有待开发、训练和培养，这种缺陷使得他们在整个学习过程中困难重重。所以，在这个阶段，必须先发展他们的感知能力，在这一功能没有得到充分发展之前，谈论表达情感和思想，就算是巧妇难为无米之炊。而且，由于他们的感知缺陷是由于器质性的原因导致的，所以在他们的整个学龄期，感知能力的培养与训练都是一个十分重要的内容。

感受与感知有所不同，感受是带有情感因素的感知，是孩子对所看到、感觉到的客观事物的带有情感色彩的感知。幼儿身体弱小，对安全、情感的需求非常强烈，他们对所看到、接触到的一切都有非常强的感情色彩，渴望对他们而言安全的事物，恐惧对他们而言不安全的事物。他们的感受能力比成年人要强得多，这就决定了这个阶段是发展孩子的感受能力的最佳时期，而充满感情的童话是这段时期的最佳素材。

《3～6岁儿童学习与发展指南》在"感受·欣赏"领域设置了两个目标：

（1）喜欢自然界与生活中美的事物。

（2）喜欢欣赏多种多样的艺术形式和作品。

这里"喜欢"是目标中的重点，这是因为这个年龄段的孩子，必须以培养兴趣为目标，而不是训练技巧；注重的是体验、感受与过程，而不是结果。这是非常值得培智教育借鉴的地方。

在教学中教师应该做到：

（1）创设富有审美情感色彩的生活环境。保证学生具有足够的活动空间，展示一些关于自然界的具有形式美的物品，如花草、树木、绘本、图片、小艺术品等。

（2）让学生多投入到大自然与周围环境中，去感受、发现和欣赏自然环境与人文景观中美的事物，并赋予它们美好的情感色彩。

（3）关注学生从其他领域中所获得的美的体验。如从音乐、语文、表演等非美术领域中获得的经验。

三、"表现·创造"领域

有了感受、体验，会需要表现与创造。这个过程就像人在大脑里搭建起一个主观世界，但这个世界里有各种各样的明显的缺陷与不足，需要通过客观的创造活动来将它补齐。对孩子来说，由于经验所限，他们的主观世界里所缺的东西自然也比较少，似乎通过简单的创作就可以补齐，所以他们的创造欲望非常强烈。而成年人则因为经验丰富，会对他的主观世界里所缺的诸多因素望而生畏，没有强大的技巧作支持，就不敢贸然创作。所以，无论是幼儿阶段的正常儿童还是智力障碍儿童，都需要积极支持他们的创作，不能因为他们画得不像、不好看就去阻止他们的表现与创造。我们要明白，他们此时的创作是智力发展的需要，而不是为了画出好看的作品。

《3～6岁儿童学习与发展指南》在"表现·创造"领域设置了两个目标：

（1）喜欢进行艺术活动并大胆表现。

（2）具有初步的艺术表现与创造能力。

在教学中，教师应该做到：

（1）创设宽松的心理环境。宽松的心理环境是破除智力障碍孩子防御心理的基本手段。智力障碍孩子对陌生的环境充满了恐惧与防御，他们很多看上去没缘由的哭闹都是由于对陌生环境的恐惧而产生的，教师必须小心谨慎，让孩子有安全感，能够惬意地在学习环境中进行表现与创造活动。

（2）提供丰富的物质材料。智力障碍孩子需要进行大量的感知觉练习，丰富的物质材料不但可以提供丰富的感知觉刺激，而且可以提高学生学习的兴趣，进行富有创造性的艺术表现活动。

（3）鼓励和尊重学生用合适的声音、语言、动作以及表情等方式进行表达。美术课虽然是利用各种材料来进行的表达与创造活动，但是并不排斥学生通过声音、语言、动作、表情等手段来表达。特别是智力障碍孩子的很多功能还停留在感觉运动期，他们更多地会使用感觉、动作、情绪等来进行表达，这些表达可能还不属于艺术的领域，更没有创造性的成分，但对孩子的发展来说却是十分重要的，教师应该理解这一点。

四、"造型·表现"领域

"造型·表现"被定义为运用多种媒材和手段，表达情感和思想，体验造型乐趣，逐步形成基本的造型能力。这是美术课程中涵盖面最广、分量最重的部分，也是其他三个领域的基础、核心部分。在培智教育中，这一点应该是共通的。没有造型基础，艺术教育就是无米之炊。但是，造型应该有个什么样的标准，却是必须根据学生的身心发展水平来确定的。当今，许多学校的教育以学院派的艺术风格为最高标准，这是极不利于孩子艺术教育的大环境。如果以应试教育的方法来进行艺术教育，会阻碍艺术教育的发展。之所以推崇以人为本的理念，也是要求教师们以学生的发展现状作为教育的根基。

在智力年龄为 6 岁前，孩子的概括能力刚开始发展，不宜过早地强调相对比较抽象的造型能力的培养。比如，简笔画就是一种经过抽象加工后的形象，为了适合孩子学习，教师会选择一些非常简单的简笔画造型教给孩子，这种形象本质上是一种现代象形文字。结果，孩子开始使用这种"文字"进行"绘画"，不再去注意事物的不同动态和各种丰富的细节。实际上，到了 6 岁以后，孩子进入小学，接受正规的教育，概括能力才得到快速提高，造型能力方面的要求才随之提上日程。

2011 年颁布的《义务教育美术课程标准》为"造型·表现"领域确定了 3 个分目标。这里，我们将这 3 个目标与培智学校的课程标准进行了对照分析。

第一，观察、认识与理解线条、形状、色彩、空间、明暗、肌理等基本造型元素，运用对称、均衡、重复、节奏、对比、变化、统一等形式原理进行造型活动，增进想象力和创新意识。（这里，培智学校课程标准将最后一句改为"提高想象力和操作能力"。）

第二，通过对各种媒材、技巧和制作过程的探索及实验，发展艺术感知能力和造型表现能力。（这里，培智学校课程标准改为"尝试使用适合的绘画与手工材料进行涂画和制作，初步发展艺术感知能力和造型表现能力"。）

第三，体验造型活动的乐趣，敢于创新与表现，产生对美术学习的持久兴趣。（这里培智学校课程标准改为"参与造型活动，体验活动过程的乐趣，调整情绪和行为"。）

这些目标，第一部分涉及的是艺术语言的学习与运用；第二部分涉及的是运用媒材发展技巧的能力；第三部分涉及的是学习兴趣的培养。

对教师来说，这些目标都可以根据智力障碍学生的具体情况，采取不同的手段实现。

（1）通过各种方法观察、认识与理解线条、形状、色彩、空间、明暗、肌理等基本造型元素，可以训练他们的感知能力。在应用各种形式原理方面，他们对对比、重复、变化、对称较为容易理解，对均衡、节奏、统一则很难理解。但是这并不影响在画面上可能会不自觉地出现这些因素，特别是在教师辅导的情况下。教学可以增进孩子的想象力，对创新意识的培养没有多大意义，甚至有害。因为他们思维的惰性和智力的限制，创新失败会大大多于成功，这反而会使他们的自信、自尊反复受到打击。

（2）智力障碍学生可以通过对各种媒材、技巧和制作过程的探索及实验，发展艺术感知能力和造型表现能力，但是内容可以简单一点。例如，涂鸦也是一种探索的过程，而且是最早期的探索活动，对孩子未来的思维有着方向性的指导，具有十分重要的意义。教师要善于提供各种材料，并带领、指导学生进行涂鸦活动，而不是指责孩子画得不像，结果导致孩子退缩、胆怯、不自信，学生会因为教师看不到他们的进步而缺乏成就感。

（3）智力障碍孩子可以体验造型活动的乐趣，在教师持续的鼓励下，经过努力，多次获得成功后，可以达到"敢于创新与表现"的目标，在某种程度上产生对美术学习的兴趣。至于能否持久，与孩子的智力水平关系很大，特别是智力较低的孩子，能否具有较为持久的兴趣，还需要实践进行验证。

案例

图 3-1 的女生年龄 6 岁，智商 30，由此可以算出，她的智商仅相当于 1.8 岁的正常孩子。实际表现也与此接近：她面孔看上去除了有点呆滞外，并没其他问题，显得很正常，

图 3-1　需要进行感知运动训练的学生

且时常挂着微笑。她基本上没有语言；小便不能控制；上课时不听教师的指令；不参与游戏，更不参与教学，大多数时候呆坐在座位上，偶尔起来游走；知道教师叫她的名字。美术课上，她拿到油画棒、橡胶泥就会往嘴巴里送；课外甚至会抓泥土、树叶吃。教师用手轻触她的嘴角，她马上就会转动嘴巴寻找，明显处于口腔敏感期。对照正常孩子 1.8 岁的表现，可以看出，她只在外在的生理方面超过了 1.8 岁的正常孩子，但在语言、认知、精细动作、交往能力、生活自理能力等方面则多有不及。对于她的教育，必须从"知觉·动作"训练开始，而不能用课堂教学的方法。对她的教育应该就像对不到 2 岁的婴幼儿那样，以面对面的个别化训练才能有效。如果用班级教学的方法去教育她，可能不会有多少成效。因为 2 岁的孩子喜欢面孔交流和身体交流，语言交流的能力还很差。如果教师不能看到她实际年龄下面的真实智力年龄，很容易高估她的能力，对她要求过高，结果由于她无法完成任何要求而感到束手无策。

　　感知是对客观事物进行感觉、认知，这是孩子认识世界的必由之路。智力障碍孩子由于生理原因，感知觉发展比正常孩子要晚，或者发展有缺陷，就需要针对此方面进行训练、培养。训练的时候，可以通过观察、触摸、撕贴、揉捏、扔、捡、嗅、听等不同手法刺激相应的感官，这种刺激手法不单单适用于熟悉媒材，也适用于学生认识的各种对象。

　　对各种媒材进行充分感知的教学活动可以通过多种内容进行反复训练，不断强化，以达到充分熟悉媒材的目的。这个过程就是在大脑中建立关于媒材的重量、质地、色彩、冷暖的神经元链接，并构成一个整体模块，当一提到这种媒材的名称时，学生的脑海里会马上浮现出与它有关的各种细节。

　　与正常孩子不同的是，智力障碍孩子在一段时期内，应该只熟悉、掌握少数几种媒材，在此基础上再缓慢地进行扩充。否则，刚建立起的概念马上又像积木一样被打散，用于构建新的概念去了。因此他们很难在短期内掌控多种媒材，多种媒材会给他们的学习、创作带来困难。不过，随着社会的发展，美术领域中新的媒材不断涌现，加上信息技术的发展，教师通过广泛的交流，不断开发、挖掘出适合智力障碍学生的媒材。同一年龄，以前只能选用三四种媒材，将来可能会变成可以选用数十种媒材。在这个方面，教师应该稳扎稳打，在熟悉少数媒材使用的基础上，努力开发新的媒材，形成新的艺术形式，提高智力障碍学生的学习兴趣。兴趣是最好的老师，这对智力障碍孩子来说也不例外。他们对适合他们能力的新颖材料，同样会充满兴趣，努力掌握。

相对正常孩子来说，智力障碍孩子掌控媒材的能力显得十分有限，因此，需要在媒材方面给出一些基本的选项，这些媒材选项需要遵守安全、相对比较容易掌控、适合智力障碍孩子操作的原则。比如油画棒、水彩笔、毛笔、纸张、积木、黏土、橡胶泥等，通过画、涂、撕、贴、捏、拼、搭、印、吹等手法，完成简单而有趣味的造型。在教师的帮助和辅导下，有时也会完成较为复杂的作品。多种媒材的使用，其目的在于进行灵活的创造性活动，但是对智力障碍孩子来说，要达成这一目标可能较为困难，所以，只能根据孩子的具体情况进行选择。在艺术上，少量的媒材更适合表达丰富微妙的情感。从表达情感的实用角度来说，多种媒材的使用并非最佳选择。

图 3-2 中列举了常用的油画棒、水彩笔、水粉、丙烯、国画颜料、油性笔、勾线笔、墨汁等常用材料。除图中所列外，还有吹塑纸、牛皮纸、皱纹纸、无纺布、毛笔、油画笔、炫彩笔等，加上各种可以二次利用的物品，媒材的选择天地十分广阔，需要教师不断挖掘，这样也会给教师本人带来启发。

图 3-2　美术材料

观点 1

技巧很重要，为什么又有些成功的教师说艺术教育不需要技巧？

从事艺术创作，技巧无疑是非常重要的。没有技巧，艺术创作就成了碰运气。但是，为什么又会有人提出不要技巧的观点？

其实，在"造型·表现"领域，技巧是相对造型来说的，不要技巧是相对表现来说的。造型需要技巧很容易理解，表现不需要技巧不容易理解。在孩子进行艺术表现的时候，他们为了达到目的，往往采取"不择手段"的做法，不在乎形象的准确，不在乎媒材的本来用途，直抒胸臆，他们的作品往往因此而十分生动，保持了艺术创作率真的情感冲击力，而这也是艺术作品最珍贵的特性之一，是艺术大师们终生追求的目标之一。

教师在设计教学内容的时候，需要确定自己的这一教学内容是造型还是表现，如果是造型，就要重视造型的技巧；如果是表现，就不需要强调技巧，而更强调随心所欲表现自己的主题。解决了这个问题，要不要技巧的问题就迎刃而解了。

观点 2

如何看待学生的作品

受传统美术教育的影响，不少教师，特别是女教师，忍受不了孩子作品画面的"混乱"，宁可让孩子规规矩矩地描线、填色，保持画面的工整清洁，试图做到一丝不苟。似乎这才是成功的画，还利于智力障碍学生养成良好的行为习惯。但是，这样一来，在艺术方面，孩子就无法发展自己的艺术思维，提高自己的造型能力，越画越拘谨，越来越不敢画，很快教师就会觉得教无可教，因为学生很难达到他的要求。在个人的身心发展方面，则不利于孩子的自我认识的发展，使其失去了积极认知、感觉统合、手眼协调等方面的更有趣味的训练机会。

其实，孩子画画具有很强的游戏性质，智力障碍孩子同样如此，不给他们游戏的权利，不给他们涂鸦的机会，就像一棵树，不给它长茎长叶就要它开花一样。感知、动作是智力障碍孩子智力发展的根，涂鸦是他们的茎，游戏则是他们的叶。要想开花结果，没有这些前提条件是不可能的。在游戏的过程中，学生将逐渐学会遵守各种规矩，养成良好的行为习惯。

教师看学生的画，不能只看他们的画面结果，更需要客观地去看他们画画的过程，看他们为什么这样画，看画画时的情感表现，看他们画画时所遇到的困难。只有这样，才能更深刻地了解学生的艺术创作，美术教育才有更深刻的内涵。这也是现代美术教育重过程的原因。

这是需要教师们尽快改变的一个重要方面：只有正确看待智力障碍孩子们的作品，才能正确积极地引导学生寻找办法完成作品，获得成功的喜悦。

（一）涂鸦的意义

由于智力障碍学生智力发育迟滞，他们的造型活动中应该增加一个与正常义务教育阶段学生不同的部分，那就是涂鸦阶段。对正常孩子来说，这个阶段在学前教育时期就已经完成了，但对很多智力障碍孩子来说，涂鸦却是学龄期的主要活动内容。

　　有一些学生最终都没有进入前样式化期，他们的造型活动就是涂鸦。这其中有部分同学是由于手眼协调功能有缺陷，也有的是由于智力发展水平较低。无论是由于什么原因一直停留在涂鸦期的学生，都可以通过涂鸦表现自己的意识、思维和情感，促进感觉统合，刺激着智力成长，并形成他们的人格。从事特殊教育的教师应该对涂鸦有深刻的认识，尽量探索涂鸦与孩子感知、心理、情绪、病理方面的关系，用这方面的理论来指导教学。

　　涂鸦对正常孩子来说，它接近于一种无意识的手部运动。孩子对手部无意中画出的线条痕迹产生一种意外的惊奇，很快这种惊奇就会被有意识的涂鸦所代替，孩子开始有目的地绘画，只是画出的作品线条混乱，看不出是什么内容。过不了多久，这种混乱逐渐被简单的造型形象代替，进入前样式化期。但智力障碍孩子可能会在涂鸦期停留很长时间，由于他们的作品画面十分混乱，基本得不到教师的肯定，他们对绘画没有什么兴趣。教师也不知道有什么内容可以产生值得一看的作品，于是这个阶段的教学很让人伤脑筋。

　　这一阶段可以进行一些在实物上涂色的练习，满足孩子涂抹的欲望，而且也可以留下成果。此外，还有撕纸、揉、压、摔黏土等内容。看上去这些内容似乎只是美术的练习，但实际上，它的目的更在于训练孩子神经控制肌肉的能力和感知能力等，这些能力乃是发展高级功能的基础。

（二）分段方法

　　在分学段的问题上，一般以年级为基准分为三个学段，即一、二、三年级为低段，四、五、六年级为中段，七、八、九年级为高段。这是一种约定俗成的简单而实用的划分。在智力障碍学生的美术教育中，还有一种比较有效的划分方法，即把处于涂鸦期及以下的学生设为低段，处于前样式化期的学生设为中段，处于样式化期及以上的学生设为高段。划分的时候可以根据学生的智商来算出他的智力年龄，然后通过分析学生的绘画作品，确定其大概处于哪个绘画发展阶段；也可以直接根据孩子的作品来进行判断，因为学生的智力与其绘画作品是高度相关的。不过综合两方面的因素进行全面考虑，会比较准确。有经验的教师可以很快就判断出学生的发展阶段，为之设计有效的教学目标。

另外，还要考虑到学生是发展着的，智力障碍孩子的智商一般不会改变，但所处的艺术发展阶段是会随着年龄的增长而变化的。处于低段涂鸦期的孩子，通过教学后会进入前样式化期，甚至样式化期。教师应该熟练掌握学生各个艺术发展阶段的特点，以发展的眼光来看待学生，这样才能为学生设计适合的课程。

确定了学生所处的绘画发展阶段，就可以确定其所需要学习的内容。确定了学生处于哪个艺术发展阶段，他将会画出什么样的作品，也将在教师预料之中。

当然，这种分段方式只能由教师自己掌握，而不是作为学校分班的依据。是否能把相同阶段的孩子集中在一个班，得看具体的情况进行确定，年龄差距过大的孩子放在一个班就不太适合，因为他们生理上的差距比较大，不利于各自的成长。这种分段法确定了每一位学生美术学习的起点和范围，是开展有效教学的一个可靠依据。这里就以这种分段方法来对各阶段的学习内容作具体介绍。

低段(涂鸦期)。这个阶段的智力障碍孩子的智力年龄相当于正常孩子的 2 ~ 4 岁。在培智学校里，有不少学生会一直停留在命名涂鸦期，他们的画虽然"一塌糊涂"，他们却能对自己的作品进行说明，并享受涂鸦带来的乐趣。涂鸦比较适合于表达身体的感觉、内心的情绪。这时，孩子还无法客观地觉察周围的世界，更无法理解周围的世界。他们没有按照年龄的进程进入前样式化期，固然是因为智力发育迟滞，但也有的孩子是由于别的原因，如控制手部的神经有缺陷，难以控制媒材，使他们的作品始终难以成型。或者由于手眼协调能力较差，难以画到他想画到的位置。对于这类学生，教师同样可以应用各种媒材吸引其参加学习活动，不断在内容上给予新的刺激，从多方面进行较为基础的感知和动作训练，其中也包括艺术创作。不能因为他们一直都画得"一塌糊涂"就认为他们画得不好，从而不给予他们艺术创作的机会。要努力去读懂他们的画，发现他们的进步，表扬他们学习的努力和认真，并给予成功的机会，让他们体验到喜悦，这样他们才会像其他学生一样不断进步。

对这个阶段的孩子的教育来说，感知占的分量很大，但不能代替反复的练习。练习后被表扬是他们获得成功体验的有效途径，也是他们能够获得真正进步的保障。大多数孩子还是比较喜欢动手操作的，关键是教师要能够理解，并给予支持，为他们寻找适合的活动，如揉纸、撕纸、粘贴、拓印、拼搭等。这些活动比较适合于大肌肉操作，从而给了这个阶段的学生练习的机会，同时带动和促进小肌肉精细动作的发展。

由于孩子们的手部控制能力较弱，在操作的时候，纸张应该大一点，一般来说，绘画的时候，A3 纸比较适合，偶尔选择更大的纸张，会激发学生的兴趣，A4 纸应尽量少用。

中段（前样式化期）。这个阶段的智力障碍孩子的智力年龄相当于正常孩子的 4 ～ 7 岁，可以画出圆形、方形甚至三角形，并用它们来进行绘画创作。他们能画出教师家长能够看得懂的形象，热衷于画他们关心的形象，但他们的思维十分主观，被限制在自己的世界里。与正常孩子相比，他们的作品里缺乏细节，即使在教师的辅导下也很难表现出细节。他们用色随意，懒于换颜色。教师要引导孩子关注外界，继续强化训练他们的感官，运用游戏的方法激发他们的兴趣，采用多种艺术手段培养他们初步的造型能力。智力障碍孩子对他们经常接触的人比较感兴趣，教师可以多引导他们表现他们熟悉的同学、家长、老师、伙伴，建立起与周围人的联系，发展他们的人际意识。这比让他们表现静物对他们的发展更为有利。工具的选择范围可以稍微窄一点，主要目的是利用艺术促进他们的心理、感情健全地发展，也有利于他们掌握造型技巧。

在这一时期，可以运用的手段很多，比如想象、写生、涂色、添画、粘贴、版画、拼搭、泥工等。其中，写生是比较重要的内容，在造型练习中居于核心地位。它不但可以训练学生的感知能力、观察能力，还是避免将来出现所谓的"青少年绘画危机时期""眼高手低"的有效手段。一开始就采用写生的手段进行教学，孩子后面就不会出现"只会说不会画"的情况。

在教学中，教师还要引导学生进行想象、回忆，鼓励学生大胆创造、表现。这一时期的学生是喜欢表现的，特别是与他们的生活关系密切的人物和活动很能激发他们的表现欲望，而各种小动物、玩具则是刺激他们想象力的最好媒介。

在艺术技巧方面，如大小对比、深浅对比、重复、肌理等，教师可以进行一些指导，逐渐向学生渗透美的构成因素。教学进度则是依据学生掌握的情况来加以控制。

高段（样式化期及写实萌芽期以上）。 这两个时期的智力障碍孩子的智力年龄相当于正常孩子的 7 ～ 12 岁，因为到了这个阶段，智力障碍学生的生理年龄已经比较大了，绝大多数学生都可以进入样式化期，但能够进入写实萌芽期的智力障碍学生却为数不多。所以可以把这两个时期的学生放在一起组成高段。

按照"智商＝智力年龄／年龄×100"的公式，计算出不同智商的学生进入样式化期的理论年龄。从表 3-1 中可以看出，智商为 41～60 的学生，在 11.7～17.5 岁进入样式化期。这一段时期，无论是对于正常孩子还是智力障碍孩子来说，都是青春期。由于生理的快速发育，智力的发育也会呈现一个飞跃，学生常常会出现一些意外的变化。比如，以前不听话的孩子会变得十分听话，有的则相反，出现极强的逆反心理。从我们的教学经验来看，宽松快乐、积极进取的校园环境可以消除绝大多数青春期学生的逆反心理，而且可以极大地促进学生在样式化期的飞跃式发展。所以，我们在看待样式化期的时候，常常要和青春期联系起来考虑。

表 3-1　进入样式化期的理论年龄

智商	进入样式化期的理论年龄（岁）
轻度 61～70	10～11.6
轻度 51～60	11.7～14
中度 41～50	15～17.5
中度 35～40	17.6～20

绘画能力进入一个较高水平式进入样式化期的标志。因为进入这一阶段后，智力障碍学生的画作绝大多数可以被看懂，同时，心理上的幼稚、天真导致他们的画面形象主观、色彩大胆、极富视觉冲击力，因此可以获得大多数人的认同与鼓励，从而获得前所未有的信心。

由于青春期生理的快速发育，学生手部控制能力增强，理解能力出现飞跃。他们对艺术语言的掌握进入了黄金时期，能够运用一些造型元素和简单的形式原理进行创作。这一时期是前一时期的深化和飞跃，在教师的指导下，学生的画中出现了一些以前很不容易出现的细节。于是，教学上可以采用倾向于学科化的教学模式，以利于他们快速地吸取知识与技能，更加熟练地表达情感。同时也要继续训练他们的感官，特别是视觉、触觉这些比较适合在美术课程中训练的感官。在内容上，呈现各种与之相关的社会生活内容，有意识地引导孩子接触社会、表现社会，让艺术与孩子的身心健康发展有机地结合起来。有条件的学校可以开展摄影活动，让孩子用摄影来训练自己的眼光，发现周围世界的美，也为自己的生活增添乐趣。

五、"设计·应用"领域

对普通孩子来说，本领域包括了 3 个目标：

（1）了解设计与工艺的知识、意义、特征与价值以及"物以致用"的设计思想，知道设计与工艺的基本程序，学会设计创意与工艺制作的基本手法，逐步发展关注身边事物、善于发现问题和解决问题的能力。

（2）感受各种媒材的特征，根据意图选择媒材，合理使用工具和制作方法，进行初步的设计和制作活动，体验设计、制作的过程，发展创新意识和创造能力。

（3）养成勤于观察、敏于发现、严于计划、善于借鉴、精于制作的行为习惯和耐心细致、团结合作的工作态度，增强以设计和工艺改善环境与生活的愿望。

2016 年版培智学校课程标准对这一领域设立的目标是：观察生活中常用的物品，初步了解其形状、颜色、材料与用途；尝试使用不同的工具，进行简单的绘画和模仿制作，体验制作活动的乐趣；通过绘画与手工活动锻炼手部力量和控制能力。

对照普通教育与培智教育设定的目标，我们来具体分析智力障碍学生能达到的程度：

（1）他们可以稍微了解设计与工艺的知识、意义、特征与价值，一些学生也能够理解"物以致用"的设计思想，知道一些浅显的设计与工艺程序，但是学会设计创意与工艺制作的基本方法则是一个很难完成的任务，中度以上学生在有条件的情况下最终可以体验一些设计创意与工艺制作方法，但不容易巩固下来。因为他们大脑神经元之间连接的数量、质量不够，影响逻辑推理能力的发展，所以不容易理解这个过程，也不容易记住其先后顺序。教师在条件允许的情况下可以进行教学，让孩子在教师的指导下进行体验学习，不用强制孩子掌握，除非步骤较少，或者技巧简单。

（2）智力障碍学生可以感受各种材料的特性，而能否根据意图选择媒材依然与智力程度有关，有的孩子会自己选择材料，但并不一定切合其意图。他们可以合理使用少量的工具和制作方法，进行初步的设计和制作活动，体验设计、制作的过程，发展创新意识和创造力。但是，他们的创新意识比较简单，创造力也比较贫乏。从智力障碍学生的实际情况来考虑，这种创新意识和创造力可能没有多少价值，不如从获得别人帮助的技能方面进行补偿。从单纯的艺术的角度来说，有的孩子具备一种与众不同的艺术表现风格，以此进行艺术创作，并且获得大家的认可，被当作智力障碍艺术天才。实际上，这种艺术创作乃是学生的艺术水平停留在样式化期，采用样式化期的手段进行创作的结果，而且这种手段容易进入固守状态，终其一生也难以改变。

（3）智力障碍学生可以养成一定的观察习惯，但很难形成敏于发现、严于计划、善于借鉴、精于制作的行为习惯和耐心细致、团结合作的工作态度，增强以设计和工艺改善环境与生活的愿望。后面这些内容对正常孩子来说也是一个比较高的要求，是在高中阶段才可能完成的。

对智力障碍孩子来说，这样的目标肯定是难以达到的，但是考虑到学生的具体情况，若很多轻度智力障碍学生实际可以进入样式化期，那么就可以进行这方面的启蒙。另外，从"设计·应用"的具体内容来看，设计主要分为"现代设计"和"传统工艺"两个部分。这两部分的内容，智力障碍孩子们在日常生活中都有广泛的接触，他们的客观、理性的创造能力虽然弱，但仍然具有主观的创造力，可以达到一些简单的目标。至于这些目标简单到什么程度，可以根据智力障碍孩子的具体情况加以设置。

具体说来，传统工艺中，剪纸、编结、泥塑、陶艺、玉雕、风筝、灯笼、建筑、图案等，能动手制作的可以尝试制作，无法制作的可以欣赏，或者运用描摹、拼图、图片写生、实物写生、版画等方法来加深印象，进行潜移默化的影响。现代设计中，现代建筑、家具、园林、书籍封面、邮票、广告、服饰、商标、商品、包装等更是种类繁多、无所不在，学生由于接触较多，早已耳濡目染。在教师的教学指导下，学生可以了解一些设计的知识，进行一些设计、创作上的尝试。

低段（涂鸦期）。观察生活中的用品，如杯子、毛巾、文具盒、桌椅等，初步了解形状和用途之间的联系，尝试着进行一些"设计"，用拼图、涂色、描摹、绘画等方法进行教学，目的并不在于画得像，而是通过各种实际操作活动使学生感知对象、熟悉对象，进行设计思想的启蒙。在操作的时候，同样要注意的是，提供的纸张要适合，以 A3、A4 纸为宜，不要比 A4 纸更小。

中段（前样式化期）。观察生活中的用品，重点感知生活中的设计，与传统工艺和现代设计进行初步接触，了解美术在生活中的运用，并运用观察、写生、涂色、拼贴、揉捏、描摹等手段进行深入感知，尝试创作。这一时期，孩子的动手能力开始明显增强，有了装饰的意识，在设计领域可以尝试着用各种媒材进行装饰创作。

　　高段（样式化期及写实萌芽期以上）。 这个阶段的学生可以接触产品设计、广告设计、包装设计、建筑设计、传统工艺等设计因素比较强的内容，理解简单的设计原理，理解形状与用途的关系，甚至设计与科学之间的关系，进行一些相应的设计创作。这部分的内容依然要根据孩子的身心发展情况来进行确定，进入样式化和写实萌芽期的智力障碍孩子对常见的事物有一定的兴趣，有动手操作的欲望。教师要善于控制、化解难度，提供各种媒材给学生以操作的机会。

六、"欣赏·评述"领域

　　对普通孩子来说，本领域包括了 3 个目标：

　　（1）感受自然美，了解美术作品的题材、主题、形式、风格与流派，知道重要的美术家和美术作品，以及美术与生活、历史、文化的关系，初步形成审美判断能力。

　　（2）学会从多角度欣赏与认识美术作品，逐步提高视觉感受、理解与评述能力，初步掌握美术欣赏的基本方法，能够在文化情境中认识美术。

　　（3）提高对自然美、美术作品和美术现象的兴趣，形成健康的审美情趣，崇尚文明，珍视优秀的民族、民间美术与文化遗产，增强民族自豪感，养成尊重世界多元文化的态度。

　　2016 年版培智学校课程标准对这一领域设立的目标是：观赏自然景物、绘画与手工作品，初步表达自己的感受。在观赏过程中，能注视、追视目标，培养视觉感受能力。

　　在培智学校课程标准中，注视、追视能力的培养，其实是感觉运动期，即智力年龄在 0 ~ 3 岁的智力障碍孩子的目标，属于"知觉·动作"领域，本质上不属于"欣赏·评述"领域。

对照普通教育与培智教育设定的目标，我们来具体分析智力障碍学生能达到的程度：

（1）智力障碍孩子应该多感受自然美，因为自然美具有丰富性和无限性。中度及重度智力障碍的学生可以很浅显地了解一些美术作品的题材、主题、形式、风格与流派，知道几个重要的美术家和一些美术作品，但对于了解美术与生活、历史、文化的关系，则比较困难。因为这需要大量的经验积累和抽象思维的参与，而这恰恰是智力障碍学生从生理上就欠缺的。他们的审美判断能力多半会停留在小学生的水平。

（2）学会从多角度欣赏与认识美术作品，逐步提高视觉感受、理解与评价能力，初步掌握美术欣赏的基本方法，能够在文化情境中认识美术。这部分目标对智力障碍学生来说非常困难，也没有多大意义。因为他们无法掌握相关的知识，他们无法进行相应的抽象思维，更不可能从理念返回到实际当中。

（3）中度及轻度智力障碍的学生可以在一定程度上"提高对自然美、美术作品和美术现象的兴趣，形成健康的审美情趣"。对于"崇尚文明，珍视优秀的民族、民间美术与文化遗产，增强民族自豪感"也能够具有一定的感性认识，至于能否尊重世界多元文化对他们来说只是一个习惯问题，而非态度问题。

加德纳在《儿童对艺术的知觉》一文中提出了儿童艺术知觉发展的5个阶段：

婴儿知觉期（0～2岁）：认识他人和一些几何形的物体，发展最初的直觉力，但对有组织的形式表现出偏爱。

符号认知期（2～7岁）：开始在一定文化背景下掌握图像、手势、声音、数、形式和语言等多种符号的意义。但因认识经验不足，还不能知觉艺术作品的形式审美特征。

写实高峰期（7～9岁）：遵循写实原则，并以此判定艺术品的高低优劣。

写实终结和审美感受初期（9～13岁）：开始注意形式技巧及其形式的表现性。

审美参与的危机期（13～20岁）：处于无可非议的相对两极化的审美标准中。

除加德纳外，还有不少心理学家也做过类似的研究。从这个研究可以看出，儿童的审美发展也是有阶段性的。

　　智力障碍孩子由于智力发育迟滞，多数处于符号认知期，少部分能够进入写实高峰期。他们很难理解复杂的社会背景和绘画技法，分不清哪些是传统艺术，哪些是现代艺术，以及它们之间的区别。但是，除了少部分极重度的需要全监护的孩子外，他们仍然有着各不相同的感受美的能力。他们对色彩鲜明、图案清晰的作品有所偏爱，他们对画面的内容更感兴趣，很难理解画面所蕴含的深刻主题及所反映的精神内涵。加德纳的研究还发现，在教师的和高年级学生的影响下，儿童的审美标准会自觉地趋向更高一个阶段。由此可见，对智力障碍学生来说，审美欣赏不但是需要的，而且也是有路可循的。这条路，就是遵循智力障碍孩子自身的发展水平。

　　欣赏是建立在感受的基础上的，没有感受，欣赏也无从谈起。具体说来，从孩子开始进入美术课堂的第一天起，教师就要有意识地让孩子感受美的存在。教师提供给孩子的教材应该是美的、吸引学生注意的、能唤起孩子学习积极性的材料。第一，孩子会比较喜欢见过的、真实的东西，如玩具、动物、花草、人物等（图3-3）。第二，他们喜欢

图 3-3　教学用玩具

的是自己理解的作品。虽然他们的画很抽象，但并不意味着他们就喜欢抽象的东西。当然，他们有时也会喜欢抽象的图形，但那是因为这些图形具有鲜明的色彩。他们也有一套自己的简单、直接的符号系统，他们对与这套符号系统风格相近的美术作品会比较容易接受，比如各种为儿童创作的绘本、插画（图3-4），这些都比较符合他们的思维和审美，可以作为范例给他们欣赏。第三，受视觉发育特点的影响，他们会比较喜欢色彩鲜艳、

图 3-4　绘本

图 3-5 学生在欣赏自己的作品

易于"看得清楚"的作品。所以，教师在给学生提供图片的时候，一定要多通过图书馆、书店、网络等手段，寻找适合的作品提供给学生。图片内容复杂点并没有什么不妥，但要把内容和形式美感放在首要位置，这样才能激发学生的审美感受。第四，可以利用校园文化进行潜移默化的审美影响，如走廊画展、班级设计、美丽的校园等（图 3-5）。

欣赏的内容包括自然美、人文美、美术作品三部分。对智力障碍学生来说，对自然美的欣赏应该占很大一部分。这是因为他们需要更多的感知，而大自然的美则是丰富多彩、原生态的。学生可以通过摄影、影视、旅行、游玩来感受丰富的自然美，这对他们的审美发展会起到极大的促进作用。

人文美并不是单指艺术文化，它更倾向于道德文明、个人修养领域，即我们平时所谓的内在美。通过发现、体验社区中、社会中的相互帮助、相互支持的行为，感受现代文明的风尚，同时也鼓励孩子们亲身实践。目的在于培养智力障碍孩子乐于助人、与人为善、敏于感受社会及他人的关怀的品质，这对他们未来走入社会，在社区中生存会有很大帮助。

在美术作品的欣赏中，可以中国的艺术作品为主，一方面欣赏重要画家的作品，另一方面欣赏传统工艺、现代工艺、现代设计作品，特别是与节庆有关的内容，因为未来他们接触这些艺术形式的机会比较多。另外，可以通过临摹名画家的作品，或者模仿其绘画技巧、绘画内容、绘画风格等领悟名画中的审美因素，更好地达到欣赏的作用。

低段（涂鸦期） 结合造型表现活动，欣赏他们能够理解的儿童画，优秀的动植物、静物、儿童生活摄影作品，刺激他们的感官，提高他们的兴趣。

中段（前样式化期） 继续欣赏他们能够理解的儿童画，具有童趣特点的画家作品，优秀的动植物、静物、风景、儿童生活摄影作品。欣赏生活中的设计艺术，特别是与节庆有关的内容艺术形式，把美与生活有机地结合起来。

高段（样式化期及写实萌芽期以上） 这个阶段的智力障碍学生除了能够达

到以上目标，还可以了解一些著名的艺术家及其作品，他们能感受到艺术作品的形式美，并对形式美具有一定的理解能力。虽然他们很难理解艺术史，但可以通过临摹、描摹、拼图、看画展等手段加深印象，深入地感受美、欣赏美。

七、"综合·探索"领域

对普通孩子来说，本领域包括了3个目标：

（1）了解美术各学习领域的联系，以及美术学科与其他学科的联系，逐步学会以议题为中心，将美术学科与其他学科融会贯通的方法，提高综合解决问题的能力。

（2）认识美术与自然、美术与生活、美术与文化、美术与科技之间的关系，进行探究性、综合性的美术活动，并以各种形式发表学习成果。

（3）开阔视野，拓展想象的空间，激发探索未知领域的欲望，体验探究的愉悦与成功感。

"综合·探索"领域设置的目的是从跨学科的角度，弥补分科课程的不足之处，更有效地运用各种课程资源，促进学生综合解决问题能力的发展，充分发挥美术教育在素质教育中的作用。

2016年版培智学校课程标准对本领域设立的目标是：尝试采用不同的造型表现形式，进行简单的综合造型表现。通过综合性探索活动，培养手部握持工具的操作能力。

对照普通教育与培智教育设定的目标，我们来具体分析智力障碍学生能达到的程度：

（1）由于智力原因，他们所学的知识多半属于学科未分化的阶段，所以他们可以在较低层次上"感知美术各学习领域的联系"，接受美术学科与其他学科的高度融合性教学，但很难"逐步学会以议题为中心，将美术学科与其他学科融会贯通的方法，提高综合解决问题的能力"。

（2）"认识美术与自然、美术与生活、美术与文化、美术与科技之间的关系，进行探究性、综合性的美术活动，并以各种形式发表学习成果。"对这一目标，不同的智力障碍学生可以在不同程度上达成。

（3）"开阔视野，拓展想象的空间，激发探索未知领域的欲望，体验探究的愉悦与成功感。"这一目标也可以在浅层次上达成。

由于智力发展迟滞，智力障碍学生的智力很长一段时期都是处在综合学科教学的阶段，与正常孩子的学龄前阶段相对应。这个领域看似复杂，实际上对智力障碍学生来说是十分适合的，只是内容上必须与智力障碍学生的能力相适应。当然，要做到这一点是有相当难度的。

对普通孩子来说，到了高年级，他们需要用多种媒材、方法和形式进行记录、规划、创作、表演与展示；了解美术与其他学科的联系；了解美术与人类生存环境、传统文化、多元文化之间的关系。这些对智力障碍学生来说都是很难达到的目标。但是正常孩子低段的目标，智力障碍学生还是可以达到的。

正常孩子低中段，也就是1~4年级的目标综合起来包括：采用造型游戏的方式，或以造型游戏与语文、音乐、品德与社会、科学等学科内容结合的方式，进行无主题或有主题的想象、创作或展示。这一目标，是可以尝试着在智力障碍学生的教学中开展的。

对智力障碍孩子来说，他们更需要以游戏的方式综合各个学科进行感知、学习，要注意的是，这种综合不是学科分化后的整合，而是学科未分化前的原始状态。

低段（涂鸦期）　由于低段的智力障碍孩子的智力年龄接近于2～4岁，通过美术游戏进行感知觉的训练就显得尤为重要。在低年级，这些学生需要进行较多的身体运动和多方面的感知训练，美术造型活动带有一定的从属性质。当孩子的造型兴趣提高后，才能转变为以造型活动为主。在综合探索领域，教师一定要支持他们的兴趣，只要他们肯努力、有兴趣，就要进行表扬和鼓励，并为他们参加探索性活动创造条件。内容上的教学则多是学习各种美术用具的使用，一旦他们掌握了各种材料的使用方法，就可以变换着方式进行教学，因为这样会激起他们的兴趣。教师要观察哪种媒材比较适合于某个学生，鼓励他多用那种媒材进行创作活动，表达自己的认知和情感。这是他在中后期学习、活动的基础。

由于此时学生的大肌肉群相对来说得到了更多的发育，而小肌肉群则没有充

图 3-6　独木桥游戏

分发育，所以要为孩子提供较为容易掌握的材料，如在绘画时应该使用油画棒和A3左右大小的纸张。另外，教师还可以结合音乐、舞蹈、故事，让他们进行丰富的游戏活动，调动他们的各种感官，在活动中协调发展。

　　图 3-6 展示的是一个重度智力障碍班级，虽然已是五年级，但70%的学生都处于涂鸦期。教师在垫子上铺了一条卫生纸，让学生蒙着眼睛体验走独木桥的感觉。

　　中段（前样式化期）　　这一阶段，学生的发展相对要平稳一点，教师可以像教一、二年级的正常孩子那样，结合音乐、舞蹈、儿歌、故事，让孩子们通过游戏活动，调动感官，大胆地探索媒材的使用方法，进行创作，表达自己的感受。他们的作品虽然达不到正常学生的精细水平，但是同样可以玩得很快乐，体验到美的情趣。

　　高段（样式化期及写实萌芽期以上）　　由于这一阶段的孩子年龄多处于12岁以上，各方面的能力会出现一个飞跃，但由于智力发育迟滞，他们在学科学习方面不可能太深入，那么在教学中就应该多进行学科融合、社会融合。可以通过手拉手、班队活动、参观等方式进行教学孩子们广泛地接触社会、自然，并把自己的作品向公众展示，同时也大胆地展示自己。一直以来，智力障碍孩子的家庭有一些担心，不愿自己的孩子在公众场合下露面。但健康的智力障碍孩子仍然是乐于展示自己和自己的作品的，这一点应该取得家长的支持与理解，也要取得公众的支持。这些孩子们的笑容对社会文明的推动是十分有力的。在各种社会活动中，孩子们要以开放的心态、健康的心理获得满足，达到进步的目的。

在以开放的态度面对公众时，智力障碍孩子们可能会遇到一些歧视和侮辱，这就需要学校方面取得社会、媒体等方面的广泛支持。

在艺术技巧方面，学生对以前学过的各种技法、媒材的使用会更加熟练，就像这个时期（样式化期）的正常学生一样，绘画有可能达到一个高峰。少部分达到写实萌芽期的智力障碍孩子，则会出现画面追求效果逼真的倾向，但是经过前期长时间的美术教育，他们对逼真的追求意识也可能会显得比较淡漠，在"综合·探索"的过程中就会显得更加开放、大胆。

从上面的分析可以看出，由于美术在这些领域的目标具有很强的开放性和灵活性，所以在很大程度上也适合于培智教育。但由于智力障碍孩子自身的特殊性，教师在教学中必须根据学生真实的智力年龄心理特点、绘画发展阶段、生理年龄特点及其具体病理缺陷来确定具体目标。每位学生的目标达成在程度上、层次上都有所不同。这样，教师可以在较高的目标指引下，切合实际地为智力障碍学生设定恰当的目标，这才利于孩子的成长。

第四章

课程设计

一、系统化的课程设计

　　无论什么样的教育目标，都要通过设计出系统的课程去实现。一个完整的课程设计，必须考虑学生、目标、内容、课程组织形式、教学策略、评价方式等诸多因素，对美术课来说，最基本的是要考虑媒材和内容的选择，以及课程设计的形式。这些部分直接关系到教师的教学能否开展，能否教育好学生，是关键性的部分，所以必须最先解决。但是，这部分内容又是整个课程设计中最困难的，所以优先进行讨论。教师解决了这部分问题，其他问题处理起来会比较简单。再者，在教学策略、教学方法、评价方式等方面，要么教师的个性发挥余地比较大，要么相对比较固定，占的比重较少，易于安排，所以可以暂缓考虑。

　　智力障碍教育由于学生的智力差距和能力差距比较大、情况复杂，很难有统一的教材。与教师修改教材、调整教材等方式相比，教师们自己设计课程反而成了最简便的方式。但是大多数时候，由于教师不能熟练地掌握不同阶段智力障碍孩子的特点，加上课程本身确实是一个复杂的系统，自己设计课程又反而成了最为困难的事情。

　　设计课程的方法，第一步是要建立一个以学生智力年龄发展顺序为线索的框架；第二步是把每个年龄段学生适合使用的媒材填充进去；第三步是把每个年龄段适合学习的内容填充进去；第四步是设计当前学期的教学计划。经过多轮的教学、总结、整理之后，教师就会形成自己的、系统性的课程。

　　对美术课来说，建立一个以学生智力年龄发展顺序为线索的框架，需要利用到罗恩菲尔德的儿童绘画发展阶段理论。

　　儿童绘画发展阶段的特点，在前面已经做过介绍，这里不再赘述。

二、媒材的选择

不同年龄的学生，由于他们的观察力、注意力、神经控制手部各关节的能力以及身体肌肉的力量各不相同，决定了他们在某个年龄能够使用哪些媒材，进行哪些活动。材料选择不适当，学生就很难操作，甚至无法控制，导致教学无效。现在，随着社会的发展，不断地会产生新的媒材，如超轻黏土就是一种既安全，又非常好用的材料，教师必须有意识地去发现这些新媒材并使用。此外，生活中还有很多如旧报纸、旧书、商品包装等废旧物品，都可以用来进行美术教学，关键看教师如何选择、处理、利用。

在选择媒材方面，教师应该注意以下几点：

第一，硬性的材料容易控制，软性的材料不易控制，水性的材料最难控制。缺乏安全感的孩子倾向于使用硬性的、操作简单的、较容易控制的材料；而安全感强的学生会倾向于使用较难控制的材料。

还有一类介于硬性与软性之间的材料，如撕贴、纸张是硬性的材料，但粘贴时可以改变原来的外形，又类似于软性材料；超轻黏土是软性材料，但一旦固定外形后又类似于硬性材料。这些材料由于使用灵活，学生比较喜欢，特别是超轻黏土，是近年来出现的一种很好的材料，从低年级到高年级的学生都可以操作。超轻黏土可以制作各种各样的作品：粗放的、精细的；立体的、平面的；单色的、彩色的；单个独立的、完整画幅的；集体完成的、个体完成的；还可以配合其他材料共同完成创作，适应范围非常广泛。

智力障碍孩子一开始都倾向于使用油画棒和水彩笔这一类容易控制的硬性材料，但到了后期，他们习惯了学校环境，产生了较强的安全感后，就会尝试着使用比较难控制的水性颜料。当然，他们由于生理上的缺陷，使用这类材料会很困难，给教师的教学管理带来麻烦。

第二，不同阶段的学生使用的材料也不同。低年级的孩子，大肌肉动作才开始起步，尚不熟练，精细动作跟不上，在使用材料方面，适合使用大一点的、容易控制的材料，比如面积较大的 A3 纸比面积较小的 A4 纸更合适，粗大的油画棒比精细的水彩笔更合适，轻软的黏土比硬实的彩泥更合适。随着年龄的增长、能力的提高，教师可以尝试着提供更精细、难度更大的材料以及步骤更多的形式，如版画、水墨画、水粉画等。如果学生的能力发展比较缓慢，那么就要考虑是否应该多设计一些难度小、易操作、步骤少的媒材活动进行教学。

第三，不同的媒材在传达情感和思想观念上是有区别的。注重形状的描绘，如线描，比较有利于传达观念、思想；而注重色彩的描绘，比较有利于传达情感、情绪。有的孩子喜欢画外形，有的同学喜欢画色彩，体现出孩子倾向的不同。有的孩子一段时间喜欢画外形，一段时间喜欢画色彩，也体现出孩子的发展出现了变化。

表 4-1 从媒材的角度分析了适合各个阶段学生使用的媒材，并就美术课程造型部分建立了一个大致的构架，教师可以通过实践，不断地向其中添加新的内容。

表4-1　从媒材的角度设计的美术课程

发展阶段	适合的媒材
感觉运动期	孩子的身体是最重要的"媒材"；食物、玩具、文具、日用品等可以用来刺激孩子感觉器官的东西
涂鸦期	油画棒、水彩笔、撕贴、超轻黏土、橡胶泥、粉笔、实物版画、漏印版画等
前样式化期	油画棒、水彩笔、撕贴、超轻黏土、橡胶泥、粉笔、实物版画、漏印版画、线描、水墨、水粉、丙烯、重彩画、吹塑版画、粉印版画、折纸、剪纸等
样式化期	油画棒、水彩笔、撕贴、超轻黏土、橡胶泥、粉笔、实物版画、漏印版画、线描、水墨、水粉、丙烯、重彩画、吹塑版画、粉印版画、折纸、剪纸、油画等
写实萌芽期	超轻黏土、陶艺、线描、水粉、水墨画、写意画、启蒙工笔画、启蒙油画、启蒙素描等
拟似写实期	超轻黏土、陶艺、线描、水粉、水墨画、写意画、工笔画、油画、素描等
自决期	超轻黏土、陶艺、线描、水粉、水墨画、写意画、工笔画、油画、素描等

此表虽然针对的是普通孩子的媒材选择，但是对智力障碍孩子来说是通用的，只要智力障碍孩子的智力年龄达到那个阶段，那么就可以考虑使用相应的媒材进行教学。智力障碍孩子青春期大脑快速发育，15岁左右达到成熟，智力也达到一个高峰，之后只能缓慢发育一段时期，18岁时达到顶峰，提升不多。这一时期，智商为60的孩子，其15岁时智力年龄在9岁左右；18岁时智力年龄为10.8岁。但是，由于大脑的发育并不平均，智力障碍孩子存在着很多短板；加上社会、教育的疏漏，智力障碍学生的智力年龄很难达到这个理论上的高度，所以，只有极少数学生会达到写实萌芽期。如果学生智商为40，在理论上，他在15岁时智力年龄只能达到6岁的水平；18岁时，只能达到7.2岁的水平。以现在培智学校较

有代表性的唐氏综合征儿童为例，他们的智商在 40 ～ 60，具备较强的"视觉－空间"认知，他们在美术方面的表现是，较好的学生可以进入写实萌芽期初期阶段，一般能进入前样式化期和样式化期。

三、内容的选择

媒材必须承载内容才有意义，对孩子的教育起作用的不是媒材，而是内容。选择什么样的内容进行教学是一个极其重要的问题。

第一，选择的内容是学生能够理解的内容，可以稍微高于他的认知水平，但是不能高到他即使经过努力之后也无法理解的程度。由于智力障碍学生普遍具有器质性的身心障碍，所以我们倾向于选择接近其认知水平的内容，而不是高于其认知水平的内容。

第二，选择的内容是学生生活中经常接触的内容。智力障碍学生的生存、生活自理能力的训练与培养是培智学校教育的重要目标。

第三，选择学生感兴趣的内容。

第四，能力训练与知识掌握之间，要更倾向于能力训练。这里可以参考符合脑发展的教学目标，脑功能的发展其实就是人应用知识、技能的能力的发展。

这里可以分为两种体系：一种是倾向于前学科阶段的美术内容体系。另一种是倾向于学科阶段的美术内容体系。

（一）倾向于前学科阶段的美术内容体系

这个体系主要针对智龄在 7 岁以前的智障学生，他们中有的需要更多的感知觉补偿训练，有的需要更多的认知补偿，由于这些学生对生活周边外界环境有着很强的好奇心，教学中可以利用他们的这一特点对他们进行美术教育，这一特点很类似于学前阶段的美术课程，是个比较倾向于认知的体系。

在幼儿园，幼儿一般只需要经过小班到大班三年的教育，就进入小学学习，更多的认知内容是在小学完成的，而智障学生却要经过九年的时间来学习很浅显的认知内容，教师必须对认知内容进行归类和系统化整理，否则会出现年年重复学习活动等，而且内容基本相同的情况。主要原因就是教师没有对认知内容进行系统地整理，临时做计划，却又想不出新鲜内容。

表4-2是在教学中对美术内容做的一个总结，图4-1是这个表格的具体化，教师可以根据自己学校和学生的实际情况进行内容填充。这个内容体系不仅包括了美术的内容，也包括了很多其他学科的内容，这是借由学生的认知兴趣来开展美术教学，更合适智龄相当于学前阶段正常儿童的智障学生。

表4-2 美术教学内容体系

教学内容类别	教学内容明细
日常生活	起居生活、日常用品、交通工具、社会交往、休闲娱乐等
大千自然	动物、植物、气象、风景、天文、地理等
七彩艺术	影视、戏剧、服饰、建筑、绘画、雕塑等
社会时事	体育运动、战争、自然灾害、国家建设、节日、会议等

这个体系把美术所表现的内容进行了归类，很容易激发学生的学习兴趣，且教师也很容易寻找到学生当前感兴趣的内容。比如，智力年龄低的学生倾向于选取身边的题材进行学习；智力年龄高的学生就可以选择社会性强的题材进行学习，且容易与其他学科进行配合，共同促进学生的发展。下面是各块内容的教学目的。

日常生活：认识日常用品；养成规律的生活作息；习得生活劳动技能；学习人际交往；了解社区生活，与其他学科配合，共同提高学生的生活适应能力，形成健康的生活习惯。

大千自然：指导学生认识自然、欣赏自然、热爱自然，训练学生的观察能力，培养学生善于发现美的能力。

七彩艺术：不断提高学生的艺术欣赏能力，发展艺术潜能，使用艺术技能技巧进行表达与创造，激发他们对艺术创作的兴趣。

社会时事：开阔学生的眼界，引导他们关注社会、关心他人、乐于助人，区分善恶，能够做到与人为善，提高学习兴趣。

（二）倾向于学科阶段的美术内容体系

倾向于学科阶段的美术内容体系，就是小学阶段的普通美术课程体系，适合智龄在 6 岁以上的智障学生，但要经过教师对教材的一系列处理之后才能使用。这是因为小学美术教材主要包括"造型·表现""设计·应用""欣赏·评述""综合·探索"四大领域的内容。对智障学生来说颇为困难，需要适当补充学前教育阶段的"知觉·动作""感受·欣赏""表现·创造"这三大领域的内容。

目前我国有现成的普通小学义务教育美术教材可供选择使用，教师可以构建一个以小学美术教材为主，幼儿园美术活动教材、校外美术教材作为补充，加上平时注意收集整理教学需要的图片，视听资料，进行完善，共同构成一个美术教育教学资源库。

对于小学美术教材，教师可以搜集多个版本，如人美版、人教版、湘教版、赣美版、沪教版、苏教版等，其中一至三年级的可以作为核心必须各收集一套，因为其中有很多适合智障学生身心发展水平的内容；其他年级的适当收集一两套；然后选择一套教材的教参，将它吃透，这样才能充分理解小学美术的体系构架和具体教学思路。最好选择当地普小使用的版本，这样便于和普通小学交流，借鉴他们的研究成果和新信息。

有的内容在不同版本的教材里都会出现。以拓印为例，几乎所有版本的美术教材里都有这个内容，中度智障学生在短时间内学不会，那么可以这个学期用这个版本的教材，下个学期用另一个版本的教材。这样既可以保持新意，又能重复进行训练，同时教师教得次数多了，有了丰富的经验，自然明白怎么设计拓印内容更适应学生，这时自己设计内容就会更贴合智障学生的实际。

一般情况下，普小教材虽然难度比较大，但因为内容适合智障学生的心理发展水平，智障学生同样会比较感兴趣，教师要根据自己所教学生的实际情况进行调整和改编。

以湘版小学美术教材（二年级下）第一课《大脚丫》为例，教材要求学生剪下鞋垫，然后在鞋垫上设计图形。这看起来是一个十分适合中度智障学生的内容，但有的同学虽然具有一定的绘画能力，但剪纸的能力却很弱，就需要教师进行一些处理，增加一些剪纸的内容。这时可能会发现很多学生无法剪曲线，于是降低难度改为训练剪直线，又发现有的同学连直线也剪不直，这就需要进行使用剪刀把纸剪开的最基本训练。

这时，教学的第一个目标就设定为剪直线。有的学生一两节课就学会了，但有的学生却学了四五节课都还不能用好剪刀，这时教师可以让会剪的同学自己剪出鞋垫，并将他们剪出的鞋垫拿一些给不会剪的同学（因为通过多节课的反复练习，会剪的同学已经剪出了很多鞋垫），然后进行鞋垫的绘画设计。这样，普通学校两节课学习的内容，在培智学校因为需要进行使用剪刀的补偿学习和训练，可能需要五六节课，甚至更多的课时才能完成。有的同学甚至要在几个学期后才能学会。

再如湘版小学美术教材（三年级上）第十一课《一路轻骑》，这一课如果授课对象是智商在 50~60 的智障学生，只能勉强进行，且不一定有效果。如果是智商在 60~70 的智障学生，就比较适合，教学的过程可以分解为六节课来进行：

第一节课：介绍、欣赏自行车

第二节课：写生自行车的局部

第三、四节课：写生自行车的全部

第五、六节课：参考教材上的学生记忆画作品，进行命题画创作

上面这两个例子中的处理教材的方法叫做任务分解法，即将学科教学任务分解成多个小任务，一直分解到智障学生能够接受的水平。用这种方法来处理普通小学的美术教材，优点是可以保持教材的系统性；缺点是，这种方法比较适合轻度智障学生和部分能力较强的中度学生。如果学生是一般中度或重度智障学生，需要补充的训练内容就非常多，这样就不如使用幼儿美术教材，或者自己设计教学内容。

目前幼儿美术教材并没有国家统一教材，但有很多幼儿园的教材中包含着美术活动的内容。幼儿园美术活动的目标并不复杂，更倾向于感知的培养，促进认知的发展，动手能力的训练与学习等，这和培智学生的需求极为吻合。课外教材方面有很多针对专门材料的课程可供参考，比如黏土、线描、水粉、油画棒、水彩笔、创意美术等的教材都有，教师可以收集后，用于美术活动课。但要注意扬优补劣，校外少儿美术培训教材的优点在于重视技能的培养，缺点在于不太重视情感、态度、价值观以及良好习惯等方面的养成，而智障学生由于年龄较大，有这方面的需求。所以，要关注德育方面的内容，如培养智障学生良好行为习惯、

生活习惯、道德习惯，不能仅仅是动手操作。

四、教师自主建构美术课程的内在逻辑

美术教材只是教师和学生交流的一个纽带，是教学活动的中介。现在已经出版了很多套普通小学美术教科书。每一套美术教科书都有其内在的逻辑结构，但任课教师的不同、学生情况的不同，导致这种内在的逻辑结构不一定适合实际教学操作，对培智学校来说更是如此。所以，教师必须根据自己的实际情况进行重构与设计。每位教师所设计的美术体系虽然有其个性风格，但它是基于教师对学科、对孩子的理解来设计的，并非随意拼凑。在体系中，前面的课程是为后面的课程做准备、做铺垫的，后面的课程在前面课程的基础上巩固、发展、深化。

培智学校的教学更注重生活化，更贴近日常生活，以便智力障碍孩子尽量融入社会，同时要补偿他们由于生理缺陷导致的各种未能发展起来的功能，所以对他们的教育不单具有发展性，更具有补偿性的特点。而普通教育的美术教材并不倾向于此，他们的目的是发展学生的潜能、创造性，是一种发展性课程，没有补偿的因素。所以，在实际教学中，培智教师常常需要对普通课程进行改造，设计适合智力障碍孩子的课程。但是现在，大多数教师都不知道如何选择教学内容、设计课程。

教师选择教学内容、设计课程，并不是随意进行的，而必须根据学生的年龄和心理特征，结合学科特点来进行。而智力年龄为 2 ～ 7 岁的智力障碍儿童，他们还没有形成真正意义上的审美态度，他们更关注作品所反映的内容，而很少关注作品的形式审美特征。所以，设计课程的时候，需要多关注内容，把形式美感的学习当作潜在内容，暗藏于当前的教学内容之中，对学生进行潜移默化的影响。

有的新教师由于没有经验，往往会选择自己感兴趣的内容组织课程，这可以算是一个入门的途径，但之后要细心观察学生的反馈，调整后面的内容。有一定经验的教师则要先建构课程体系。课程体系的架构要考虑三个因素：一是学生的

生理因素；二是学生的心理因素；三是学科体系的内在逻辑。学科体系的内在逻辑必须和学生的身心特征结合起来，才能适合教学。三者之中，以生理因素最为重要，学生能操控什么样的美术用品、创作材料，直接关系到美术课能不能开展，所以一般选择从这个角度入手，这也就是选择媒材的角度。如表 4-1，就是从媒材的角度设计的智力障碍美术课程。

选择了媒材，接下来考虑内容，图 4-1 便是以教学内容为内在逻辑的美术课程体系。为了更好地配合孩子的心理发展，把美术融入日常生活，又考虑到在智力障碍孩子的教学中，学科分化不大，教学中涉及的内容在深度上极为有限，但在广度上却可以无所不包，我把这种以教学内容为内在逻辑的美术课程体系分为四大块：大千自然、社会时事、日常生活、七彩艺术。

这种分法比较有利于教师按门类来寻找教学内容，设计、积累生活化的课程资源，同时又兼顾到学科教学，能够帮助教师顺利开展教学。但是，其并没有体现出美术体系技法由浅入深的逻辑，所以教师还得根据美术技法的学习顺序来将这些内容串联起来。这种体系的优点：与正常学生相比较，智力障碍学生需要大量的艺术创作实践，而内容上的丰富多彩，对他们的认知、技能巩固会起到较好的作用。

这四块对儿童接触的大部分领域进行了归类，几乎包括了美术所涉及的全部内容，这些领域也都适合应用各种艺术手段进行表现。这样的内容分类方法不但有利于把艺术手段融入生活，培养客观的观察能力，让学生采用各种手法进行学习、创造，满足其好奇心，激发其求知欲望；而且有利于教师在教学中引导学生进行感受和体验，发挥自己的主观能动性，发扬个性，整合自己的人生经验，加强自我意识，提高自我认知能力。

比如，在七彩艺术领域，电影、戏剧中的精彩镜头、服饰道具等，本身就制作精良，具有很高的艺术性，是利用美术手段进行表现的非常好的素材，同时，也是利用影视故事对学生进行道德、生活教育的良好题材。

可见，将媒材与内容相结合，就可以一步步设计出适合学生学习的具体内容。

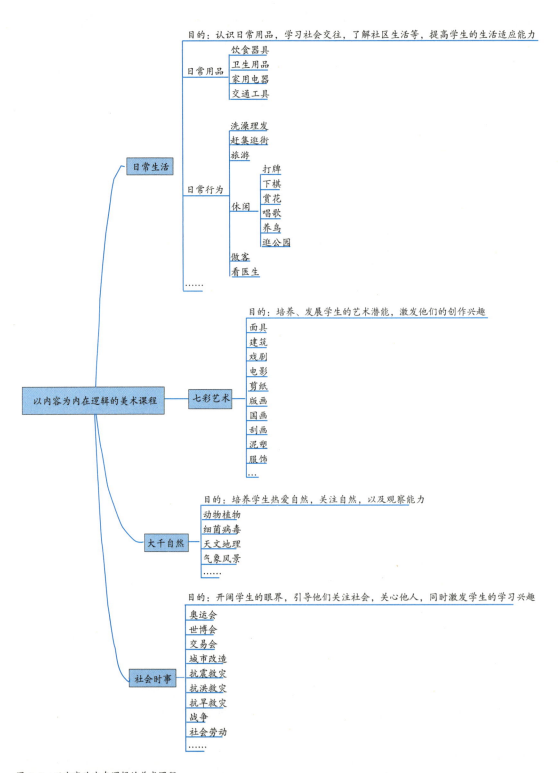

图 4-1　以内容为内在逻辑的美术课程

五、模块化的课程结构

有了具体的内容，还要对内容进行有效的组织，方能便于教学。所以，我们还要设计出一种比较适合的课程结构，来方便操作。多年的实践经验表明，采用模块化的课程结构比较适合教学内容的组织。

模块是指具有相同主题或者具有较强内在联系的内容所构成的一个整体，也叫主题单元，类似于工业生产中一个个独立的产品模块。这些模块可以经过不同的组合，加工成各种不同的产品。课程设计同样具有这种特点，如语文课中多篇记叙文组成一个记叙文主题单元，多篇散文组成一个散文主题单元等。多个主题单元，又组成一个较大的主题单元，多个较大的主题单元又组成更大的主题单元，最终形成了完整的学科课程体系。

一个模块的内容，可以根据智障学生的接受能力，围绕一个核心概念或核心技能，通过几个相互关联的教学内容，逐步递进，从初步接触到初步掌握，进而达到熟练乃至精通。实际上，智障学生对一个概念或一项技能从接触到精通一般都需要十分漫长的时间，一个模块的认知内容可能很少，但重复训练很多，可以通过变化形式来丰富模块内容，保持学生的学习兴趣。这也意味着适合普通学生或轻度智障学生的一个模块的内容，对中重度智障学生来说，需要分成很多个围绕相同的核心概念或技能的模块来设计教学内容，分散在几个学期里面进行教学。

模块化的课程结构，有利于教师理性地安排教学内容，并巩固学习成果；有利于教师整合教学目标、教学资源、教学方法，进行系统化的教学。它的优点体现在以下几方面：

第一，保证了教学的系统性。教学模块由各个小的模块组成，哪个内容应该归属于哪个模块，哪个模块缺少什么内容，就比较容易看出来。这样就保证了教学的系统性，避免了教学杂乱无章。

第二，保证了课程组合的灵活性。学生的兴趣点具有多样性、即时性的特点，不同的时间、不同的学生，会有着不同的兴趣表现。为了达到教学目标，教师在选择具体内容的时候，可以根据学生的兴趣进行设计，这样可以更好地保证教学的有效性。同时，这种设计课程的方式也显示出了模块教学法的灵活性。

图 4-2 是一个学期的教学计划，从这个计划可以看出，这个学期的教学分为四个模块，每个模块挑选了四项内容，大概四周完成。在具体教学的时候，可以根据学生能力、兴趣、当前生活等实际情况改变模块中的内容，但模块的主题不变。这样，既保证了教学的灵活性，又保证了教学的稳定性。下一学期，可以在前面的基础上进行深入的学习。

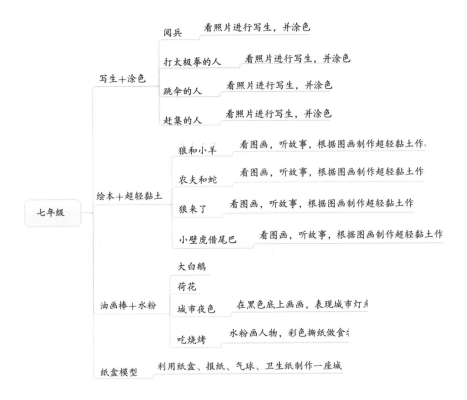

图 4-2　七年级上学期教学计划

第三，针对性强，利于深入教学。比如，为了对学生进行版画教学，第一个学期选择的是一个单元的单色吹塑版画，学生用水彩笔在吹塑纸上画好形象，用一种颜色进行刷色印制。第二个学期设计的是一个单元的单色吹塑版画加油画棒填色，这样在原来单色版画的基础上增加了一道油画棒涂色的程序。第三个学期学习粉印版画，采用多种颜色绘制版画。这种方法对智力障碍孩子来说比较复杂，难度较高，所以第四个学期依然设计为粉印版画，进行巩固学习。这样，针对同样的一个版画，教师分成了四个模块进行教学，层层深入，学生最终学会了粉印版画。此外，版画还有简单的实物版画、复杂的漏印版画，这些都可以设计成不同的模块进行教学。

第四，课程难度根据递进层次不断上升，利于巩固知识。同样，以上面的粉印版画为例，经过多个模块的层层递进的教学，学生最终巩固了粉印版画的技能技巧，并能够用粉印版画的方法进行创作。

第五，利于教师积累课程经验。一名教师为一个班级一个学期内设计四五个模块，经过几个学期，就可能积累了几十个模块，几十名、上百名教师一个学期就可能设计出几百个模块，这些模块加在一起，很快就会形成系统性的课程。这样是非常有利于教师积累课程经验的。

六、以超轻黏土为例的课程设计

超轻黏土是一种柔软、易于造型的材料，由于色彩艳丽，深受学生的喜爱。对于智力障碍孩子来说，更是如此。过去，我们的美术教学过于注重绘画，对立体造型的教学有所欠缺。教师们常常以为立体造型比平面造型要难，其实这是教师自己受过去教育的影响，擅长于绘画而短于立体造型。对幼儿来说，平面造型是经过一定的抽象过程才发展起来的造型方式，他们的思维更接近于立体造型而不是平面造型，他们更需要发展触觉、手臂大小肌肉的功能，而不是急于发展精细技能和抽象思维。智力障碍孩子由于各方面的机能发展滞后，粗大动作发展还不充分，在观察事物时只能看到事物的大轮廓，对细节很少在意，那些智商在 60 左右的孩子到了 10 岁左右的时候，画面中的细节与相同智力年龄的普通孩子相比仍然不够丰富，精细度也较为不如，其实际能力只相当于学龄前的幼儿。

画画时，孩子们的笔尖以较快的速度划过纸面，常常还来不及对细节进行必要的思考，画面便完成了。教师虽然常常强调要注重细节，但也只有那些行动沉稳的同学才能做到，而那些性格急躁的孩子就很难做到。但是，在用黏土进行制作的时候，每一个细节都需要反复地揉捏，在揉捏的过程中，无形地就放慢了制作的速度，思考得以和创作同步。这样，孩子们边想边做，细节就此丰富起来，不单手部的机能得到更充分的训练，观察能力也得到了提升。由于智力障碍孩子的神经发育迟滞，他们的精细能力尚未发展起来，这时如果进行较为精细的绘画训练，则大多数时候学生只能进行涂鸦活动，训练难得充分；而用黏土进行教学，则能够较为充分地促进粗大动作的发展，同时也促进精细动作的发展。

教学实践，表明智力障碍孩子通过用超轻黏土进行立体造型创作，能够获得很大的进步，他们不但兴趣较高，而且能够学有所获。下面就具体的课程设计进行说明。

（一）教学目的与任务

教师通过超轻黏土教学，训练学生的动手能力，即搓、拉、捏、压等动作，提高触觉神经的敏感性；促进学生手臂、手肘粗大动作和手腕、手指精细动作的发展；培养智力障碍学生的简单的艺术创作能力；同时提高学生的审美能力和认知水平。

（二）教学原则和要求

（1）对于已经能够通过知觉控制动作的学生，教师应尽量避免对其进行枯燥无味的技术训练。而对于还不能通过知觉控制动作的学生，教师则需要对其进行"行为·知觉"训练，帮助学生建立动作行为模式，促进其认知的发展。

（2）同种技能采用多种方式重复练习。智力障碍学生需要进行比普通人更多的重复训练，才能在大脑皮层中建立起有效的神经元链接，通过动作建立知觉。

（3）密切联系生活。教师设计的教学内容要尽量来自生活、服务于生活，这样有助于增强学生的生活适应能力。对于来自生活的内容，学生由于有第一手的感知，学习起来较为容易。而这些内容在后面的生活中经过重复感知、应用，也会加深印象，达到巩固的效果。

（4）因材施教，不同程度不同要求。不少班级的学生智力障碍程度相差较大，教师需要区别对待。智商在50～60的学生可以进行一些学科教学，智商在30～50的学生需要做一些训练，智商在30以下的学生则需要做康复，甚至监护。教师需要根据实际情况进行设计，对不同学生有不同要求。

（5）精讲多练，提倡在活动、实践中学习。智力障碍学生需要更多的"知觉－动作"训练，在实践中逐渐提高认知能力，否则他们的认知能力就会因为缺乏有效的感知输入而得不到发展。所以切忌像对待普通学生一般，以认知、逻辑思维为主进行教学。

（三）教学方法

（1）直观演示。对于简单的技能技法，不能只靠口述，必须进行直观演示，以降低操作难度，并培养学生的观察能力和维持注意的能力。

（2）按步骤的结构化操作。对于复杂的操作，需要分步骤进行演示。对于步骤复杂的创作，则可以采取开放式的教学，让学生自己发挥，不用再采用结构化的操作。教师按一定的步骤进行教学，学生通过模仿进行学习。这时需要的不是所谓的"创造性"，而是通过模仿培养学生的正确的"动作·知觉"，刺激感知觉的发展。这是更为基础、更为原始的一种学习方式，利用儿童镜像神经元的特点进行学习。

（3）集体合作。集体合作的时候，在教师的指挥下，他们也能创作出精彩的作品。经过长期的共同学习，学生与学生之间的交流与合作，犹如神经元不断产生新的链接一样，充满了创造和惊喜。这时候，教师也可以参与到学生的创作中，指挥学生设计构图、调整画面，最终完成作品。

（4）自由创作。隔一段时间进行一次自由创作，学生可以展现自己的兴趣，教师也可以从中观察到学生实际的能力和水平。

（四）教学内容和阶段安排

第一部分：这一部分的内容适合感觉运动期和涂鸦期的学生。针对感觉运动期的孩子，主要进行感觉、动作训练，促进学生知觉的发展。让学生模仿教师动作，按口令、节律进行搓、揉、捏、压、拉等动作，建立基本的动作元素。针对涂鸦期的孩子，则是通过搓、揉、捏、压、拉进行基础的黏土创作。

第二部分：这一部分适合前样式化期的学生。主要进行认知和技巧方面较为简单的、有目的的创作。

第三部分：这一部分适合样式化期的学生。选择认知方面相对较为复杂的内容，如绘本、成语、寓言故事等，进行浅显的、有一定艺术性的模仿、命题创作。

（五）教学内容

第一阶段：这个阶段的教学适合感觉运动期、涂鸦期、前样式化期的学生。根据不同阶段的学生选择不同的教学方法和内容（如表4-3）。其目的在于熟悉媒材。

表4-3　第一阶段的教学内容

动作类别	内容
搓条状物	面条、米线、树枝、文字、笔筒等
搓球状物	小汤圆、手链、彩色球、小球笔筒、水滴形等
拉	拉面等
压	薄饼、面片、卷粉、春卷、羊肉卷、汉堡、饼干、树叶、套模等
捏	饺子、方块等
借物塑形	借助盒子、瓶子、杯子及其他废旧物品进行创意塑形

第二阶段：这个阶段的教学内容适合前样式化期、样式化期的学生。其目的在于熟悉技能技法。对于学生熟悉又喜欢，但比较复杂的物体，比如孔雀，可以由教师制作较难的头、身部分，学生制作较简单的羽毛部分，以降低难度（如表4-4）。

表4-4　第二阶段的教学内容

素材类别	内容
动植物	蜻蜓、蛇、瓢虫、蜘蛛、小鸡、大树、葡萄、西瓜、枇杷、黄瓜、水仙花、菊花、梅花、仙鹤等
环境	城市建筑、街道、汽车等
日常用品	衣服、鞋子、锅碗瓢盆、桌椅、沙发、床、电视机、冰箱、柜子等。
社会活动	节日（春节、儿童节、劳动节、端午节、中秋节、国庆节等）、救灾、抢险、军演、运动会、文化庆典等。

第三阶段：其目的在于熟悉文化，渗透社会道德、行为规范的教育（如表4-5）。

表 4-5　第三阶段的教学内容

故事类别	内容
绘本、童话故事	龟兔赛跑、小猫钓鱼、小蝌蚪找妈妈、葫芦娃、老鼠嫁女等
成语、寓言故事	画蛇添足、井底之蛙、刻舟求剑、掩耳盗铃、乌鸦喝水、狼和小羊、老马识途、守株待兔、开天辟地等

（六）评价方法

由于智力障碍学生日常行为差异、学习状态变化较大，所以评价方法应注意以下几个方面：首先是提倡教师通过观察，确定学生的学习状态，确定其是感兴趣还是不感兴趣，依此判断教学内容是否适合学生；其次是通过学生的作品，确认学生学习是否认真，是否达到学习目标和要求。评价应该以定性评价为主，定量评价为辅。

七、以绘本为例的课程设计

绘本，即图画书，就是"画出来的书"，指一类以绘画为主，并附有少量文字的书籍。绘本内容丰富，孩子不仅可以阅读绘本里的故事、学得知识、习得良好的生活习惯，还有利于家长和教师对孩子进行灵活多样的训练，促进认知发展、行为养成和道德情操的培养，帮助孩子建构精神世界，有助于其人生观、价值观乃至世界观的形成。它具有整合教学各种功能的潜力。绘本是家庭首选的儿童读物，国际公认"绘本是最适合幼儿阅读的图书"。在培智语文课程标准中课标，提出了阅读绘本的要求。

在学校的教学中，教师们经常使用如巧虎等教学类视频进行教学，但看视频有两个严重的缺点：一是占用时间比较多，需要用很多时间来观看，如果教师对视频进行处理，又要花去更多的备课时间；二是学生在观看视频的时候，处于一种被动的心理状态，不易激发学生主动学习的欲望。多次观看后，又会形成不主动思考的习惯，被动的行为进一步发展成为无意识行为。这种行为对形成习惯有一定积极作用，但对于需要动脑筋的思维活动，就会起到相反的作用。

而绘本的画面经过精心设计，画面精美，生动形象，能够长时间地吸引智障学生的注意。每一页都有很多信息，可以反复琢磨，便于挖掘新的学习内容，不断深入。这对智龄比较低的智障学生来说，是十分有益的。

绘本书，就像用图画记录了一件真实发生的事情，可以给学生反复阅读体验。对于智障学生来说，他们的智力接近于3~6岁的普通孩子，识字量很少，更多地使用眼睛观察来认识事物，体会别人的情感、情绪。绘本的特点恰恰是通过图形来认识、理解、体会这个世界。所以，绘本就像一段孩子可以反复体验的重要经历，而且事件的进展速度可以由孩子在阅读中自由掌控，对孩子们的身心成长意义非同一般，同时还可以在不断地重复中发现新的内容，获得新的体验。

比如大象艾玛系列绘本，每一页都有很多看似与故事情节无关的内容，儿童在对绘本故事熟悉了以后不断发掘这些内容，如认一认绘本中各种事物的色彩、数一数画面中某种动物的数量，找一找它在不同页码中的位置变化等。通过反复阅读会不断有新的发现，有利于儿童的大脑在旧的链接基础上，不断产生新的链接，促进他们的观察能力得到发展。而视频就没有这种精心设计的画面，反复观看视频后反而会形成思维定势，并使思维简单化。

绘本的画面大多数都十分适合儿童，其中不少都能做到配色讲究，故事简单，类型丰富，趣味性强，对儿童颇具吸引力，反复阅读都不会生厌。

绝大多数绘本是由成年人创作给低龄儿童看的，其中融入成年人对孩子们的关心和爱护，以及成年人对孩子们的期望，这些对孩子们的人生观、世界观、价值观有着巨大的影响。一些优秀的绘本，如《笨拙的螃蟹》《方格子老虎》都在鼓励孩子们自我认同；《远方寄来的生日礼物》则赞美了深厚的亲情和家庭和谐之美；再如《花婆婆》讲述的是一个关于人一生经历和梦想的故事，也是关于如何使世界更美丽的故事。绘本不但适合儿童，也适合成年人。《月下猫头鹰》渲染了人与大自然之间的一种静谧和谐的力量，极具感受力。不但适合集体阅读，也适合个人阅读。

可见，绘本在培智教育中具有以下优势：

第一，符合智障学生的思维特点。智障学生的思维相当于0~6岁的幼儿，很多绘本都是针对这个年龄段的儿童创作、设计的，所以适合他们的认知水平。

第二，贴近智障学生的生活现实。中重度智障儿童需要生活化的课程，需要进行生活自理方面的训练，而绘本中有很多这方面的内容可以提供。

第三，绘本可以激发智障学生的多元能力。艺术家在设计绘本的时候，一般都会把如语文、数学、美术、劳动、运动、习惯、卫生等多种学科的内容融合在一起，教师不但可以开展自己学科的教学，还可以适当融合其他学科的内容进行巩固。

在培智学校，选择绘本进行教学，是生活化的课程的一个重要组成部分。同时，也应该是系统的学科教学的重要补充。

（一）绘本的筛选

过去的大多数研究把绘本分为亲情、友情、沟通、特殊情感、学习习惯、生活习惯、情绪控制、成长等方面，提供给普通儿童做选择。但是，这样的分类对中度智障学生占比较大的培智学校的意义并不大。因为中度智障儿童思维简单，喜怒哀乐与他们当前的生理情况极为相关，只要吃饱喝足，没有病痛和不舒服，就不会有复杂的情绪和心理问题产生。也就是说，当他们产生情绪问题、心理问题的时候，他们自己基本上都无法解决，只能靠家长和教师，甚至医生和药物。他们的思维能力很难指挥他们调控自己的情绪和心理。对他们来说，通过教育培养他们良好的行为习惯、生活习惯才是最为重要的。所以，针对培智学校学生的具体情况，我们把绘本分为四个类型：（1）侧重于动作、感觉、知觉训练的绘本。（2）侧重生活习惯养成的绘本。（3）侧重社交训练的绘本。（4）侧重于认知的绘本。

这种对绘本的分类我们主要考虑中度学生的需要，然后向重度和轻度两头延伸。比如：（1）侧重于动作、感觉、知觉训练的绘本，生活习惯养成的绘本，比较适合智龄在4岁左右及以下的学生，即重度智障学生；（2）生活习惯养成、社交训练、认知的绘本比较适合智龄在5岁以上的学生，即中度智障学生。根据内容的复杂程度可以再进行细分。认知能力低的同学适合难度低的内容，而认知能力高的同学适合难度大的内容，需要在教学中灵活掌控；（3）侧重认知的绘本还适合轻度智障学生。

实际应用中，以上分类针对的学生也不是绝对固定的，比如重度学生、轻度学生对社交训练也有需要，只是相对来说要少一点。其中，轻度学生的社交学习需求用绘本的形式可能很难满足。

在绘本中，有一些绘本具有心理、情感疗愈作用，常常在网络上被人推荐，但是这类绘本并不适合在课堂上使用。因为这类绘本是针对部分心理、情感有危机的儿童准备的，更适合个人阅读。再者，智障儿童是否能理解这类故事，也需要仔细斟酌。对中度、重度智障儿童来说，心理、情感危机大多数来源于安全感缺失，而安全感是需要教师、父母给予的，很难通过他们自身的认知来建立。还有一些鼓励孩子独立、自信的绘本，也要根据智障学生的实际情况进行挑选，特别是说教方式比较明显的绘本要予以剔除。因为智商在 70 以下的智障学生，由于智力缺陷，无法分辨自信与偏执之间的区别，一旦认知出错，自信就会变成偏执。同时，他们很难辩证地看待生活，盲目鼓励他们独立，实际上会把他们推向孤立。更需要鼓励的是提高生活自理能力，与人交往中的礼貌和良好行为。

（二）教学要点

（1）所选绘本内容要和学生的发展阶段相适应。

（2）多学科融合。

（3）多种材料的使用。感觉智障学生的能力，选择适合的材料，进行临摹或创作。

（4）对智龄处于 4 岁以下的智障学生要注重"认知·动作"训练。

（5）对智龄在 4 岁以上的智障学生在进行美术教学的同时，要注重认知补偿。

（三）绘本教学资源的构成

在课题研究的过程中，寻找适合的绘本始终是一个重要工作，我们采用了各种途径去挑选绘本，现总结得失，归纳如下：

（1）一些绘本专家、教师推荐的作品。如松居直的《松居直喜欢的 50 本图画书》，能站在儿童的角度挑选绘本，故事温馨、有趣，符合健康儿童的心理。如南京师范大学出版社出版的《快乐旅程：交互式幼儿阅读指导丛书（3-6 岁）》，根据不同年龄段幼儿的身心发展特点和阅读的目标、要求，针对 3~4、4~5、5~6岁三个年龄段编写，坚持正面教育，注重交互性，没有不适宜的"疗愈"偏向，十分适合学校课堂教学使用。

（2）网络上推荐的绘本清单。这类清单推荐的绘本实际上良莠不齐，不乏某些人出于打广告的目的定向推荐。挑选这类清单上的绘本需要鉴别。

（3）国外获奖绘本。对这类绘本也需要教师进行认真鉴别，不能因为获过奖就盲目推崇。由于文化基因不同，有的绘本并不适合课堂教学使用，有的甚至不适合学生阅读。还有一些粗制滥造的绘本，改编童话、寓言、成语故事，图画形象千篇一律，甚至有的图不对文，完全扭曲了原作的内容，堪比文化垃圾。这类图画书目前我国很多，需要鉴别。

（4）我国现有期刊中有很多适合幼儿阅读的期刊，如《幼儿画报》《小朋友》《小聪仔》《婴儿画报》《小牛顿》等，其中除了知识型的内容外，还有不少训练观察力、思维能力、手眼协调的内容，画面风格写实，比较适合智障孩子阅读。可以选择其中的内容，引入我们的课堂，配合幼儿园、小学教材，成为重要的教学资源。现在大多数培智类学校在硬件上投入很多，但在这类需要长期积累的软件投入方面却十分不足。

（5）教师直接到书店进行翻阅、购买。这是掌握第一手资料最简便的方法，有很多适合教学的绘本不一定被推荐过，需要教师现场发掘。

经过几年的教学实践，我们初步整理出一个有一定数量的绘本教学资源库（见表4-6），根据学生的多种发展阶段进行了归类，并总结出各个阶段绘本教学的要点，提供教师使用时做参考，并不断进行充实。需要注意的是本书所提供的绘本其实也是有局限性的，教师需要大量阅读绘本的基础上再进行选择，避免一看

表4-6 适合智障儿童各发展阶段的绘本

智龄	2~4 岁	4~7 岁	7~9 岁
思维发展阶段	直觉行动思维阶段	具体形象思维阶段	抽象概括思维萌芽阶段
绘画发展阶段	涂鸦期	前样式化期	样式化期
教学目标	1.涂鸦，能够控制笔。2.认识绘本中的形象，尝试模仿它们的动作，了解他们的行为。3.辨别运笔动作和笔画，最终能画出横线、竖线、圆圈等简单的图形。4.能在指定的简单图形内涂色。	1.认识绘本中的形象，了解角色定位，理解故事情节。2.欣赏绘本中的艺术美。3.能用 6 ~ 12 种油画棒或彩色笔给画面涂色。4.尝试用超轻黏土、固体水彩等合适的材料进行简单的临摹或创作。	1.能用多种材料进行创作或临摹。2.能欣赏绘本中的艺术美。3.认识绘本中介绍的事物，感受并理解故事中的逻辑线索。

续表

智龄	2~4 岁	4~7 岁	7~9 岁
教学要点	本阶段的绘本更注重动作、行为的训练与培养，鼓励学生模仿。学习 5 以内、最多 10 以内的数字抽象。认识 3~6 种颜色，增进个人对自身身体的意识。 这个阶段的绘本不一定具有故事情节。或者故事情节前后没有很强的因果联系。	本阶段的绘本更注重观察身边物体、周围的环境，学习 20 以内的数字抽象，具有数字概念，能进行 20 以内的计算（抽象思维是智障儿童最薄弱的部分，虽然他们的智龄已经到了 4~7 岁，但数学能力很难发展到这个年龄）。借助故事中的形象进行心理投射，模仿良好的行为，养成良好的行为习惯。 这个阶段的绘本有简单的故事情节，有利于培养学生的思维发展。	本阶段的绘本更注重与他人建立关系，学生具有更强的认知能力，具有一定的抽象思维能力，能够接受抽象概念，思维能够"拐个弯"，即能够进行简单的、一个步骤抽象推理，形成道德认知，这个阶段的绘本更注重帮助学生形成价值观、人生观、世界观。也可以进行一些饶有趣味的科普。 绘本的故事情节可以相对复杂一点，融入一些民俗、传统的内容。
绘本	《鳄鱼哇尼》《袋鼠一家》《好饿的毛毛虫》《彩虹色的花》《小熊宝宝—过生日》《小熊宝宝—洗澡》《小熊宝宝—刷牙》《母鸡萝丝去散步》《飞机》《跟屁虫》《房子》《船》《字母》《反正》《数字》《颜色》《大风》《宝儿》《猜猜我有多爱你》	《我的朋友好好吃》《胆小的老鼠》《乱挠痒痒的章鱼》《狼外婆》《我家是动物园》《月亮的味道》《咕噜牛》《咕咚来了》《大象泡泡和小老鼠吱吱》《笨老鼠》《被风吹跑了》《鸟窝里的树》《你好，邻居》《夏天的音乐会》《为什么必须这样做》《小黑历险记》《小青蛙的新衣裳》《一天里的故事》《小刺猬的麻烦》《聪明的变色龙》《笨拙的螃蟹》《小黑鱼》《艾玛捉迷藏》《狼外婆》《鳄鱼怕怕牙医怕怕》《狮子与老鼠》《逃家小兔》《可爱的鼠小弟》《弗洛拉的花》	《春节的故事》《大脚丫跳芭蕾》《海马先生》《驴小弟变石头》《吃掉黑暗的怪兽》《我的幸运的一天》《远方寄来的生日礼物》《南瓜汤》《小魔怪要上学》《红房子》《疼痛才能长大》《老鼠娶新娘》《月下看猫头鹰》《花婆婆》《野兽国》《九色鹿》《彩虹鱼系列》《爱的奇妙滋味》《我就是喜欢我》《小猫圆舞曲》《魔笛》《魔法师的弟子》《动物狂欢节》

到自己喜欢的内容就用来教学，过一段时间才发现，自己选择的绘本几乎全是同一个类型的。

（四）绘本在教学应用中的局限与需要注意的事项

任何一种事物，有利必然有弊，我们只有知道它的利弊，才能知道如何利用它，避免走向反面。

绘本是一种很好的教学资源，教师也会接触到大量宣传绘本好处的文章，但是关于绘本的不足之处，几乎没有提及。在教学中，如果不了解这一点，越过界限，好的事物也会走向反面。所以在教学中，对此特别关注，分列如下。

（1）一些绘本虽然面向儿童，但由于作者对儿童心理、教育原理不了解，创作的绘本并不适合孩子欣赏。如大卫系列，虽然获过很多大奖，但是这套绘本却是站在成年人的角度"妄意揣测"儿童心理，从画面到教育方法方面都有着明显的问题。其中大量先入为主的负面错误行为，会潜移默化地影响着阅读者，强刺激性的画面形象和色彩，也会过于刺激儿童的情绪。在实际教学中也发现，这个绘本画面和内容都容易给学生带来躁动、分心，负面效果较大，不宜在课堂上使用。再如一些几米的绘本，更是只适合于成年人，绘本里有大量儿童无法理解的句子，其思想内涵也经不起推敲，属于流行文化的一部分，并不适于儿童，更不适合进入课堂。还有的绘本绘画风格过于"艺术化"或"儿童化"，以至于智障孩子由于自身的认知局限，很难分辨画的是什么东西。实际上，幼儿、智障孩子虽然画出来的图形很抽象概括，但并不意味着他们就特别喜欢看抽象概括的画面，他们更喜欢看画得"神似"的形象。

（2）西方文化各国差异性极大，在他们的一些绘本中极力宣扬包容，但有的内容又走上了极端，几乎倾向于无条件地、不加辨别地包容。这种思维方式很容易滑向无条件对立，是不可取的。我国的不少传统故事，隐藏着宣扬因果报应的迷信思想，对这类绘本就需要辨别。如果限于个人学识，不易分辨，那最好选择权威出版社出版的绘本。

（3）对智障学生来说，最大的障碍在于认知缺陷，对于一些需要逻辑推理的内容，就会很难领会，加上平时认知经验比较少，对很多事物和概念没有感知和理解，教学就很难继续下去。比如《蚯蚓的日记》，虽然画面很精彩，但在中度智障班级，学生对蚯蚓不熟悉，甚至没见过。故事中的一些词语，如通心面项链、秘密情报员，学生都不能明白它的意思，甚至对"六百"这个数字到底意味着什么，学生都没有切实的感受。教学中，教师提的任何问题都可能收不到回应，一旦发现这种情况，教师就只能及时作出调整，要么更换教学，要么设法减轻内容难度。

（4）绘本的优势是故事性强，这也导致了它产生了一个缺点：没有系统的认知体系，认知内容比较零散，且重复，只能作为补充内容配合系统的教材使用，这就像不能靠它来形成一套语文教材一样。不能因为学生喜欢，就把它当作教学的主体内容。

八、建立教师个人的教学资源库

现在，很多学校都建立了自己的资源教室、教学资源库，十分重视资源建设。但实际上，这些资源库的使用效果都不尽如人意。很多教师都没有意识到，对教师个人来说，自己才是资源建设的主体，而对特殊教育教师来说尤其如此。

教师为什么要建立自己的资源库？第一，学校资源库建设注重的是学校的总体需要，注重的是学校层面的资源建设。很多教师个人细微的教学需求很难顾及，即使偶尔顾及也常常滞后。过去是如此，现在也如此，未来恐怕也是如此。而且，社会在不断发展，满足了旧的需求后会产生新的需求，这些新的需求，学校同样很难及时满足。即使满足了教师的这些需求，常常还会因为这些需求过于小众，使用一两次之后就不再有人光顾，从而造成浪费。于是学校会认为得不偿失，不愿继续在这方面进行投入。第二，很多课件资源具有一定时效性。资源库的课件经常跟不上时代的发展，要么图片质量不够高，要么技术陈旧，或者文字不适合自己的需要，需要进行较大的修改，就不如自己进行全新制作。比如小学义务教育美术教材配的PPT，很多图片的分辨率对现在来说已经显得很低，需要用新的图片替代，限于当时的PPT技术和制作时间短促，大多设计得十分粗糙，甚至存在文字和知识性错误。虽然有的课文配了好几个课件，也没有一个可以拿来就用，必须经过自己的修改完善，才适合当前的教学。特殊教育也是同样的道理。第三，有些资源，比如图书，因为教师经常有需要，可能在自己需要的时候已经被别人借去，甚至丢失，无法救急，所以常用的书最好是自己能购买。像各种教材用久了教师比较熟悉，学校也不会缺少，则可以从网上收集电子版的，有时使用起来更方便。第四，课件是离不开教师讲解的，每个教师的个性不同，学养有差异，只要不照本宣科，都会对现成的课件要作出一定的处理，做成适合目前自己和学生需求的课件。这些课件需要保留积累起来，以备今后使用。

可见，对于教学资源的问题，教师必须留心在意，根据自己的需要，立足长远的职业发展规划，主动建立属于自己个人的教学资源库。这样才能和学校的资源库相配合，满足教学需求。

一名新教师，更多地是用别人提供的资源库，但只要自己留心，注意积累，随着从教的时间增长，个人的资源库就会逐渐成形，这对自己的职业成长有着极大的促进作用。所以，这种建立教师个人资源库的意识最好从参加工作的时刻就重视起来。

对美术学科来说，教师个人资源库大概可以包括以下几个方面：

（一）书籍

书籍包括电子书和实体书。书籍就像教师的智囊团队，其重要性在教师专业成长的过程中作用是无可简化的。过去，由于获得书籍的途径十分稀缺，每一本好书都是教师珍藏的宝贝，反复阅读。现在，获得书籍的途径多种多样，各种书籍应接不暇，很多老师反而没有时间认真读一本书，更难得对某本好书反复阅读，但是，教师要想取得较快的进步，或者让自己的职业生涯变得轻松愉快一点，从"智囊团队"这里获取智慧和对策是必不可少的一条捷径。

美术教育教学的专业书籍，大概包括几个方面：

（1）教材资源，教材资源对培智学校来说是最重要的一个资源，所以把它排在第一位，包括国家义务教育培智教材，国家义务教育美术教材、幼儿园美工教材、校外美术教材。之所要搜集各种教材，这是智障学生智力复杂性决定的。培智学校的班级，智力程度好的，会适合普通小学低年级的教材，差一点的，适合幼儿园的美工教材，中度智障学生，可能适合培智教材，中偏重度的，就需要教师自己设计教学内容了。即使找到了适合的教材，也不是所有内容都适合，仍然需要适时进行处理，有的要减轻难度，有的要增加难度。

各种教材不是搜集一个版本就够了，最好是能搜集三个版本以上，比如目前国家义务教育美术教材有人教版、人美版、赣美版、湘美版等，多达十来个版本，虽然所授技能技法大致相同，但设计的内容并不一样，版面风格也不一样，有的严谨大气，有的活泼多变。教师通读几套国家义务教育美术教材，有利于教师把握教材的整体思路，在教学中能够随机应变。

一种技能，普通学生一次就学会了，但智障学生需要多次学习，有了多套教材，就可以从不同的教材中选择不同的课文来反复学习，以免反复学习同一本教材的同一个内容，学生会觉得过于枯燥、失去兴趣。

国家教材，一般学校都会根据教师的需求进行购买，注意要连着配套的教学参考书一同购买。通读教学参考书，可以快速增加教师的教学经验，包括教学思路、教学方法、材料使用，甚至教案写法等等。

国家义务教育美术教材的综合性较好，一册书里各种材料都会涉及。而校外美术教材专业性更好，比如《少儿剪纸》《少儿油画棒》等。一本书注重一种材料的技能技法学习，便于教师深入且全面地了解该种材料的使用和教学。对特殊教育来说，要特别重视技能技法的教学，因为特殊学生的手部神经肌肉控制能力较弱，技能训练有利于改善这些功能。

（2）著名教育家、美术教育家、学者的著作，如苏霍姆林斯基、陶行知、罗恩菲尔德、加德纳、杨景芝等，教师可以根据自己的兴趣和能力进行阅读研究，着重学习他们的思维方式和解决问题的方法。对自己的教学帮助比较大的著作，常读常新，值得反复阅读，就有必要作为藏书长期保存。

（3）优秀的大学教育学、心理学教材，阅读这些书籍可以从根本上提高自己的教育教学能力。教师在大学习都学过某套教材，现在社会知识更新速度很快，优秀的教材每隔三五年就会出新的版本，补充新的内容，教师通过学习这些教材可以获得最新的研究成果，是获取新知的最便捷途径。

（4）自己感兴趣的美术技能技法书籍，阅读这类书籍不断提高个人的美术专业修养。专业修养的提升不但可以让教师更轻松地应对教学工作，还可以提升教师的自信心和自豪感，避免产生职业倦怠。

（5）一些通俗的有针对性的教学方法、教育学、心理学著作以及关于工作法方法的书籍，这些书不一定是教育名家写的，但注重实用性，可以帮助解决工作中的特定问题。

（二）教学课件

如果用的是小学美术教材，可以使用配套的课件；如果用的是培智教材，可以从电子白板课件库下载课件，但一般都需要根据自己学生的具体情况进行修改调整，用完之后再进行完善保存。除了以上途径，还可以从网上搜索，但一般来说很少有刚好适合的，所以最好是自己制作教学课件，效率比较高。

（三）视频及图片

视频资源主要包括美术技能技法、美术欣赏、教学相关知识等，这些内容可以从某些视频网站进行下载或收集。

图片资源包括美术课经常用到的技能技法步骤图、名画名作、少儿作品、实物图片等，可以通过专业图片网站等进行收集。但因为网络资源具有一定时效性，过一段时间旧的资源可能就没了，所以遇到好的图片应下载保存。但同时网络上又会产生新的资源，新的资源往往质量更好，所以需要不断更新。

还有一个比较好的图片资源是书籍、杂志，可以使用手机进行扫描，从艺术图片到绘画技法步骤图，都可以扫描下来备用。

（四）卡片笔记的建立与使用

在读书和工作的过程中，教师可能会做一些笔记，写一点教学感悟，这时可以使用卡片笔记的方法。简便的方法是在电脑 Word 文档上建立一个有固定行列长度的 2×2 表格，一个单元格即是一张卡片。记录上内容后，卡片头上写卡片的主题和门类，末尾记录资料的来源出处，以备需要时查找原始资料。积累到一定程度后，单面打印出来裁开，整理好备用。平时翻阅卡片的时候有什么新的想法可以写在卡片的空白处和背面。这些就是教师积累的最珍贵的教学经验。

卡片笔记相当于是教师的另一个大脑，而且是一个可视化的大脑，任何时候都可以一眼看清里面的具体内容。它还有一个特殊的不同于人脑的功能——不会遗忘，随时可以调用。这些特点在做研究和写论文的时候，十分方便。

以上这些就是美术教师个人资源库的主要组成部分。这个资源库一旦组建起来，教师就不会在面对智障学生的时候，为不知道教什么内容发愁了。

第五章

培智学校美术教学特点及原则

　　培智学校的美术教学特点离不开两个方面：一是美术的学科特点；二是智力障碍学生的身心特点。我们必须结合这两个方面来思考智力障碍学校美术课程的教学特点。

一、美术的学科功能和特点

　　美术的学科特点十分鲜明，长期以来，美术被狭隘地认为是一门关于绘画的艺术，美术学习无非是一些绘画的技能技巧学习。实际上，绘画只是美术中的一个门类，它包括了雕塑、建筑、绘画、综合材料等。随着社会的进步、科技的发展，美术的内涵更加丰富起来，包括了工业设计、平面设计、景观设计等。随着当代影视艺术的发展，科技大量介入其中，为艺术创造打开了宽广的思路，美术所包括的内容呈爆炸式增长，它更多的功能也逐渐被西方的心理学家、教育学家所发现，如艺术治疗。

　　艺术教育是认知发展的一个重要基础，它能增进人的感受力、想象力、创造力，并能解脱心灵的桎梏，净化人心、升华情感，使人更具有人性，唤醒人对不同文化的尊重，强化自己对其他社会价值的肯定，是自然、和谐、统合的教育。艺术活动犹如一个个小型工程，包含了丰富的内容，为孩子将来从事复杂的创造性的工作建立了自信的基础。它的一些在以前看来很微小的功能，现在变得越来越突出、重要，逐渐升级为美术独有的特点。近年来，美术被很多国家列为核心课程，我国也应重新审视美术所具有的功能和特点。

　　第一，美术具有审美功能。美，是整体与局部的协调，是各种点线面、色彩丰富而有节奏的变化。大自然，是历经亿万年的进化、协调后产生的和谐的生态系统，每一种生物、每一处风景都达到了一种美的协调。人的审美心理是大脑对大自然所产生的良性适应。审美是美术最为核心的功能和特点。

第二，美术具有视觉思维的特点，具有独特的艺术语言。美术与其他科目最显著的不同之处是它的思维方式倾向于视觉的形象思维方式，我们称之为视觉思维。这不但是区别于数学、物理、天文、地理等自然科学的特点，也是区别于文学、音乐、舞蹈等艺术门类的关键之处。所以，美术是培养学生视觉思维能力，运用造型艺术语言进行艺术创造的一门科目。

第三，美术具有触觉思维的特点。美术不但包括平面造型，还包括了立体造型，如雕塑、泥塑等，这些艺术形式需要很强的触觉感知能力。随着现代科技的发展，人们开发出了大量不同的媒材，这些丰富的创作材料具有不同的肌理、手感，人的触觉的发展由此获得了前所未有的发展空间。触觉是人最基本的感知能力之一，敏锐的感知能力对人的智力发展又具有十分重要的作用，敏锐的触觉感知能力将会发展起触觉思维能力。各种复杂的艺术，都离不开触觉思维能力。

第四，美术能促进感觉统合，刺激智力的发展。在幼儿阶段，利用多种媒材进行的艺术创作活动可以增进孩子的手眼协调能力，促进视觉、触觉、嗅觉、听觉、味觉、运动觉等统合。

第五，美术具有创造性的特点。美术创作虽然很自由，可以任想象的翅膀肆意高飞，但这种自由背后是创造性解决问题的能力。教师可以有意识地通过艺术来培养孩子创造性地解决问题的能力。

第六，美术具有自由表现的特点。美术的表现手法多种多样，具有很强的自由性。艺术作品是人生经验的整合与表现，具有促进创作者自我认知与发泄、升华情感的作用。在培智美术教学中需要特别关注学生的自由表达创作，进行适当引导，不能因为学生画面混乱就制止学生的自由表达。

第七，美术能够影响人格的形成。艺术是一种能够促进孩子自我反省、自我认知、自我探索的创造性活动，因此，这种活动会影响到人的人格形成。

第八，美术能训练人的整体思维与局部思维相结合的能力。艺术创作需要从整体到局部，再从局部到整体，一步步地推进，不断地完善作品。教师有意识地训练学生这方面的能力，对学生解决问题的能力会有很大的提升。这种能力对于完成战略性的构思具有举足轻重的作用，很多人之所以成功，与他们具备这种思维关系极大。

第九，扩大信息处理的范围，能将潜意识里的信息表达出来。艺术是一种视觉语言，比一般的文字更直观，更能容纳从不同视角表达出来的观点，甚至能表达文字难以表达的抽象的感觉。实际上，这是由于在进行艺术创作的时候，人更多地关注到了微妙的感觉信息，这些信息处于潜意识当中，很难用书面语言、口头语言表达。所以，人们常常会觉得艺术感受十分微妙、难以言表。其实，这时的艺术，已经把作者的感觉表达得很充分了。

第十，美术具有情感性与装饰性的特点。这种情感性表现为，艺术作品对艺术家来说，往往具有强烈的抒情性，具有自我表现、净化情绪的作用。古今杰出的美术作品，都是在一定的情感驱使下完成的。同时，艺术作品还有很强的装饰性。优秀的艺术作品固然具有很强的装饰性，但其主导的因素是情感。而在工艺美术中，装饰性起到了主导作用，情感退居其次。除此之外，美术还在其他学科领域内具有实用价值，如用绘画记录动植物标本、地理地形等。

第十一，美术具有操作技能的特点。美术是一门操作性、实践性极强的科目，没有技能就无法达到美术教育的目标。可以说，技能是贯穿美术教育始终的重要内容。美术的技能，有的步骤比较复杂，有的比较简单，但都能创作出优秀的作品，那些步骤比较复杂的技能，对训练孩子的思维能力很有效。

以上十一点较全面地罗列了美术的特点，现在我国的美术教育虽然提倡促进学生的人格成长，但实际上方法并不明确。首先，最大的障碍在于班级人数过多，不利于人的个性发展。教师在教学的过程中应尽量积累经验，寻找衔接点，开展有针对性的艺术教育。其次，大家都意识到了艺术思维不同于逻辑思维，但很少有人清楚艺术思维的内在机制，所以只能用模糊的描述来解释艺术思维，而不能从脑科学的角度来更深刻地解释。从而导致在实际教学中很难把握诸如艺术技巧与艺术思维、情感与逻辑、艺术创造与艺术模仿、意识与潜意识、操作与理论、感觉与知觉、认知等之间的关系、界限，不知如何将教学继续向前推进。

二、培智美术教育的教学特点

根据美术学科所具有的特点和智力障碍学生的身心特点，我们可以推导出培智美术教育的教学特点。

（一）发展学生的触觉、视觉和触觉思维能力、视觉思维能力

美术教育要注重视觉的训练，兼顾多种感官的综合体验，重点发展学生的视觉感知和视觉思维能力。由于智力障碍孩子智力发育迟滞，各项感觉机能都处于比正常孩子低下的水平，而美术课是一门兼具视觉艺术的科目，自然要以发展学生的视觉感知机能为主，引导学生逐步达到有目的的、可控制的、细致的观察。但同时，由于学生感觉功能分化还不充分，特别是智力障碍学生的发展水平较低，教师还得兼顾触觉、听觉、嗅觉、味觉、平衡觉等多种感官的训练，以促进其各种感知机能的分化，为视觉机能的进一步发展打牢基础。教师要创造生活情景，引导学生更深切、直接地体验生活，激发他们的感情、愿望和好奇心，为感知的发展开拓广阔的空间。

案例

在教师自行设计的《汽车》一课中，教师先播放汽车的声音，让学生分别听一听汽车的喇叭声、刹车声、碰撞声，请学生逐一说出所听到的声音表达的内容。然后打开三个小瓶，从里面分别取出沾有酒精、风油精、汽油的棉花，请学生闻一闻，说一说哪种味道和汽车有关，是什么东西的味道。接下来，又取出两个不透明的袋子，里面分别是塑料、金属的汽车玩具，请学生伸手进去摸一摸、掂量掂量，说一说里面装的是什么，哪个轻哪个重，各自是用什么材料做的。最后请学生仔细观察玩具汽车，看一看它的形状、构造、颜色，并激发学生想象开汽车的情景，然后把自己想象的情景画下来，或者在仔细观察后进行写生练习。画想象画的时候，汽车的形状可以简单概括一些，重点在于想象；而写生的时候就需要多对细节部分进行描绘。这样，在一节课中就对学生的听觉、嗅觉、触觉、视觉进行了有效的训练。

案例

在《画苹果》一课中，教师先请学生看一看苹果，观察它的形状和色彩，然后摸一摸，闻一闻，熟悉苹果的味道和触感。之后打开一排不透明的瓶子，里面分别装有姜、葱、蒜、醋、巧克力、奶油、苹果等，请学生依次闻一闻，找出装有苹果的瓶子。完成后，又取出

一个不透明的袋子，里面装有土豆、梨、橘子、番茄、苹果等物品，请学生伸手进去摸一摸，把苹果取出来。取错的同学可以再来一次，成功的同学将获得一片果脯作为奖励。然后，教师请学生吃着苹果，用童话般的语言和学生闲聊苹果被人吃的时候的喜悦心情。最后，请学生画出一幅以苹果为主题的画。经过这样的活动后，学生的嗅觉、味觉、视觉、想象力都受到了训练。

以上案例针对的是前样式化期以上的孩子，对涂鸦期乃至感觉运动期的孩子来说，就显得非常不合适了。学校中涂鸦期和感觉运动期的孩子会越来越多，这些孩子需要接受更多的感觉方面的训练。教学中，可以让孩子多去感受媒材的质地、轻重、大小。比如，以苹果为例，教师可以把苹果和孩子不感兴趣的杂物放在一个口袋里，让他伸手进去摸，凭触觉判断哪个是苹果，并把苹果取出来。这样锻炼了孩子通过触摸苹果的质地、形状、冷暖来进行感知判断的能力。然后可以用苹果在学生的手背、手臂、脸、脖子上滚过或滑过，让他感觉皮肤接触到苹果时的感觉。教师还可以把苹果切开，让学生用它蘸上水粉颜色，在纸上盖印；还可以让学生用刀把它切碎，用纱布将切碎的苹果紧紧裹住，压榨出果汁等。这些活动似乎与美术没有关系，但事实上，这些孩子需要的就是这样的感觉训练。这个阶段，美术的学科特点已经不再突出。美术只是一种训练手段，而非学科教学。

（二）注重审美功能的培养

美术，一直是以审美为主导的，人类历史上留下了无数宝贵的艺术遗产，这些遗产最让人心动的不是它们所表现的内容，而是它们所具有的美感，这种美感一直主导着艺术，将来也将继续主导下去。虽然近、现代出现了以丑为美的艺术现象，甚至审丑的社会行为，但这其实是运用了美学中的形式原理和人的审美疲劳的心理，这些现象、行为很容易被人所抛弃，重新回到审美上来。因为审美具有一种健康积极的创造性，具有激发人的生命活力的功能，所以说审美是永恒的，审丑只是一种暂时的状态。让智力障碍孩子每堂课上都接受美的熏陶，不但可以激发他们的学习兴趣，还可以激发他们对生活的热爱，促进各种感知觉机能的协调发展。

案例

在《森林之王——老虎》（图 5-1）一课中，教师通过从网络上查询，精心选择了一些老虎的图片，编成校本教材。课堂上，通过出示这些老虎的图片，激发起学生的兴趣。从图片的选择来说，首先，注重摄影构图与图片的清晰度，把形式美感放在极为重要的地位。其次，兼顾动态与静态，既有虎头的特写，又有虎群的全景，还有成双成对的老虎；既有温馨的母爱，也有凶暴的打斗；既有大老虎，也有小老虎；既有正面照，也有背面和侧面照；最后，还有特殊品种的老虎。由此构成了一篇完整的课文。这样，学生很容易受到美的感染，同时带着极高的认知兴趣参与到教学中。长此以往，学生的审美能力和审美兴趣必然得到较大的提高。

森林之王——老虎

老虎是一种
大型肉食类
哺乳动物，
是陆地上强
大的食肉动
物，被称为
"万兽之
王"。

图 5-1　各种形态的老虎

（三）内在情感与外在形式的统一与融合

美术，从内在层面说，它表达了人的各种情感，并以此为首要目的；从外在层面说，它表现为一种形式上的美感。外在形式与内在情感的统一，将使作品拥有强烈的感染力。虽然二者的统一并不容易，但所有的艺术创造者都在为此而努力。即使难以统一，也要尽量把二者融合在一起，这样才能更生动形象地表现内在情感。对智力障碍孩子来说，他们像普通学生一样，这一特点是自发性的，形式与情感的统一具有偶然性，但由于无所顾忌，不担心画得像不像，加之孩子们全神贯注于创作，这种偶然性发生的概率会大大增加。所以，教师常常会感觉到，儿童作品的视觉冲击力和情感冲击力常常超过了成年画家的作品。

（四）注重实践操作与动作训练在教学中的重要性

美术是一项实践性极强的科目，只有熟，才能生巧。美术创作需要运用手眼协调的功能，更需要训练这种功能。可以说，美术就是通过对这些技巧、动作的熟练掌握才得以不断推进的。在培智学校里，大多数智力障碍学生的手眼协调能力需要从最基本的训练开始，以补偿他们过去没有得到充分发展的感知觉。如图5-2中的版画操作即训练手眼协调能力。技能技巧形式的掌握不应贪多，而应该

图5-2　低段学生正在进行漏印版画的操作

以精练为主，然后换着主题进行充分的练习、创作。这不但可以达到熟练掌握技巧的目的，还可以充分熟悉艺术材料，表达自己的情感，或者进行记录、表达、叙事、设计等活动。

（五）鼓励自由表现，教学中更注重"放"的一面

智力障碍学生常常显得胆小内向，缺乏自信，不敢轻易进行学习和尝试，教师在运用收放自如的教学手段时，更要注重"放"的一面，不但要打开学生的思维，更要打开学生的动作。特别是智力年龄比较低的孩子，会表现出各种"即兴的"动作，这些动作其实是他们思维的外显，是他们神经未分化的表现，打断了动作可能就意味着打断了思维。所以，教师要鼓励学生，不要为了形准的问题而给孩子各种过于具体的限制和要求。

图 5-3　涂色作品一

图 5-4　涂色作品二

图 5-3、图 5-4 这两幅涂色的作品，虽然学生无法准确地把颜色涂到自己想涂的位置，但他们都在努力地把颜色往线描稿上涂，而且两位同学都有了在特定位置涂特定颜色的意识，只是关节和小肌肉控制不太精确，导致画面显得粗糙。但这样的练习调动了孩子的思维积极性，打开了他们的动作，无疑是有价值的。

学生通过自我表现，把他们的人生经验通过画面进行整合，从而促进自我认知，并刺激智力的成长。大多数时候，智力障碍学生都会接受教师的引导，进行相关的学习、练习、创作。在这个过程中，孩子由于各自的经验、兴趣、性格、生活背景不同，画面的内容会出现异彩纷呈的状态。对于这种情况，现在的美术教师都能进行鼓励。但是，在另一些时候，学生同样在进行自由表现，但大多数教师却很难容忍，因为这时候，学生在表现手法上显得"十分混乱、甚至可怕"，看上去，学生的画面一团糟，没有形象，全然一片涂鸦。对于这类学生，教师依然需要多鼓励、引导，并注意观察导致画面"一团糟"的原因。实际上，他可能是因为智力发育迟滞，只能进行涂鸦；也可能是因为手眼不协调，无法画到他想画的位置。只要学生是在表现他的内容，画得"恐怖"一点，并没什么不妥。教师对涂鸦应该有正确的认识，了解涂鸦对儿童的重要意义，秉持积极的态度，并为他寻找更适当的表现材料，以支持他的创作。

图 5-5　男（智力障碍）12 岁《跳兔子舞的同学》

图 5-6　男（唐氏综合征）14 岁《跳兔子舞的同学》

图 5-5、图 5-6 是两名同班智力障碍男生画的《跳兔子舞的同学》，前面的同学前一年才转入该校学习，绘画能力较差，但是由于教师的鼓励与支持，他绘画时下笔大胆，与才到学校时只能画寥寥几笔线描的水平相比，已是判若两人。后者则是在培智学校学习了五年的唐氏综合征学生。

（六）注重教室的布置

教师应随时对孩子进行耳濡目染、潜移默化的教育，并准备多种媒材，便于开展教学。美术教室应该具有专业性的布置，使学生一进入就开始受到艺术的熏陶。这些布置能让学生很容易进入学习状态，并在学生的创作过程中提供一些创意的想法，降低创作的难度，有利于教学的开展。

美术教室应该像物理实验室、化学实验室一样，准备好各种媒材、资料，让学生随时可以对自己的想法进行实践、研究、验证。一般以为智力障碍学生的智力比正常孩子低下，思维必定呆板，但这很可能是多数人的错觉，智力障碍学生思维呆板也可能是环境造成的。在教学中发现，只要教师的教学适合学生水平，学生的思维也会变得十分活跃。他们无法弄懂那些需要复杂思维来理解的问题，所以不能完成复杂的智力活动。但在他们智力所能及的事情上，有的孩子的思维像正常人一样活跃，只是活跃的程度不高而已。教师提供适合他们智力的各种媒材，可以激发他们的思维活跃度，改善学习状态。如图 5-7，学生利用较大的宣纸进行涂色练习。

教师在上《面具》（图 5-8）一课时，为学生准备了彩色卡纸、皱纹纸、旧杂志、广告单、油画棒、胶水、纤维带等材料。在制作过程中，采取了合作的形式：动手能力强的学生画面具；动手能力一般的同学制作纸筒，从广告单上把各种形象撕下来；动手能力差点的同学则完成较简单的粘贴任务。

图 5-7　智力障碍学生在宣纸上专心作画　　　　图 5-8　师生集体创作《面具》

可见，只要学习的难度适合智力障碍学生，也可以收到很好的效果。

（七）促进学生的人格发展

在教学内容的设计方面，要更注重融入学生人格成长方面的内容，教育学生形成礼貌、团结、善良、助人的个性品质，为他们将来融入社会、家庭、社区生活打下良好的基础。

图 5-9 是表现学校手拉手活动的吹塑版画，类似的活动在培智学校是经常开展的，利用这个题材进行美术活动，学生很感兴趣，不但提高了学生的绘画造型能力，也在无形之中激发了学生融入社会的良好心态。但是，这个目的不是在美术教学的同时顺带完成的，而是一个潜在的主要的目的，这个目的是所有学科所要达到的最终目的之一。美术教师要意识到这个目的的重要性，有意进行设计。

图 5-9　女（智力障碍）15 岁《手拉手》

三、培智学校的美术教学原则

为了依据培智美术教育的特点，达成培智美术教育的目标，教师需要遵守以下培智美术教学的原则。

第一，审美性原则。在课堂上，教师出示的图片、例画，必须尽量具有审美的功能。这样才能在潜移默化中对学生进行美的渗透。对于学生的作品，教师也要以审美为主导进行辅导。这种审美不是以像不像为标准，而是以形式美感为标准。学生画画一般来说比较注重游戏、抒情、记录、叙事，画面可能会不完整，缺乏形式美感，教师的辅导主要就是要通过重复、对比、变化、夸张等艺术手段，让学生的画面具有形式美感，又不破坏学生的创作意图。当学生面对一幅通过自己努力完成的"好看的"作品时，其自信心就会得到培养，并不断加强。

第二，发展与补偿相结合原则。智力障碍学生由于脑功能在生理上有障碍，作品可能会带有一些特有的缺陷，这些缺陷着重进行补偿训练。但是，在补偿的同时，也要注意到，只要学生的缺陷没有影响到他的学习，那么，更主要的就是发展他作为一个普通受教育者的整体能力，实现三维目标，甚至有目的地发展他的优势，这样更有利于学生建立自信心。

图5-10是一位轻度脑瘫学生的作品，他的智力情况相对较好，对于这样的学生，在教学中可以侧重于发展性教学，发展他的智力优势，带动手臂的协调发展。

图 5-10　男（轻度脑瘫）9 岁　油画棒画

从画面上看，由于学生对教学内容兴趣浓厚，画好画的愿望非常强烈，线条虽然扭曲不直，但绘画的意念强烈，学习也非常努力，这样就促进了他协调能力的发展。

在美术教学中，一般来说涉及的知识面广，但深度不会太深。对于轻度学生，偶尔会遇到认知方面的问题，及时补充就可以了。但对于中度智障学生来说，美术课中涉及的知识很容易就超出了他们的认知范围，比如课堂内容涉及的蚯蚓、蝴蝶、蜻蜓、牵牛花、向日葵等常见动植物，他们可能会说没见过，或不认识，其实不一定是真的没见过，而是见过后就遗忘了。普通学生见过一次蜻蜓后，就记得了它的名字，下次见到就能回忆起来，而中度智障学生感知能力弱，需要反复认识才能记住，如果没有反复巩固认知，即使见过多次，也会被他们遗忘。有的中度智障同学上课时能认识图片上的向日葵，但见到真的向日葵时却不认识，因为图片上的向日葵很小，而真实的向日葵很大。还有的同学在数学课上认识了蝴蝶的黑白图形，但在美术课上见到真实蝴蝶的彩色照片时，又会说不认识、没见过。这是因为他们没有见过真实的蝴蝶，或者即使看见了真实的蝴蝶，由于视觉跟不上蝴蝶飞行的速度，不能好好观察蝴蝶，也就对蝴蝶也就没有什么认识。对于这类连常见事物都不认识的情况，一旦发现，就要及时想办法进行认知补偿，不能因为是美术课把这个问题给忽略了，因为如果不进行补偿的话，学生的认知能力得不到发展，后面会给自己进一步的教学带来困难。在进行这类认知补偿的时候，又会发现学生生活中的一些基础问题，比如家长很少带孩子到外面活动、忽视了给孩子必要的家庭教育，学生的感知经验、生活经验不足等，这些都是导致智障的外在因素，一旦这些因素被改变，学生就会出现明显进步。

第三，开放性原则。从艺术手段上来说，从拙朴简洁到极尽精细，从层层渲染到挥毫泼墨，从单色铅笔到多种媒材，手段几乎趋于无限；从表现的内容来说，从外在的自然社会、风情民俗、文化遗产到丰富的内心世界，可谓无所不包，均能在美术作品中得以呈现；从创作人的年龄来说，从懵懂儿童到耄耋老翁，都能参与其中，均能满足自己的创造心理；从教学目标的达成程度上来说，学到何种技能，学到何种程度，表达什么样的感情，都因人而异。所以，美术的世界是个无限的世界，美术是个极为开放的学科，关键只在于必须朝着目标不停地学习、实践。

案例

从图 5-11 到图 5-16 的几幅作品，是用铅笔、油画棒、丙烯、水墨、线描、版画等材料创作的作品，有的精细，有的概括，有涂鸦之作，也有形象生动之作，从各个方面表现了孩子们的生活。

图 5-11　集体（智力障碍）漏印版画

图 5-12　女（智力障碍）13 岁　丙烯画

图 5-13　男（智力障碍）13 岁　水墨画

图 5-14　女（智力障碍）11 岁　线描

图 5-15　男（智力障碍）10 岁　油画棒画　　图 5-16　集体（智力障碍）　撕贴

第四，注重感知训练原则，也叫直观性原则。对人来说，感知是一切的基础，智力障碍孩子恰恰在这一基础上根基不牢，未能充分发育。所以，必须通过训练对学生的感知机能加以激活、补偿。只有在丰富的感知活动中，智力障碍孩子的感知机能才能得到补偿性发展。例如，虽然处于涂鸦期的智力障碍学生画得"一塌糊涂"，但教师依然要为他们寻找各种感兴趣的课程内容，鼓励他们多多训练，借以发展他们的能力。对于处于样式化期或之前的学生来说，不断地重复尝试相同的内容是他们认知、把握世界的一种方式，教师不能自己认为这种重复枯燥无味就去断然制止学生。就像很多正常孩子反复看一部动画片，反复听同一个故事一样。当然，这种反复应该是学生自发的，而不是教师强制的。教师仍然应该提供多种感知手段和内容，然后由学生自由选择表现的内容或主题。

图 5-17 是教师让学生用压花机压出小片图案，然后把它们贴在纸上。看着那些精美的图案，学生兴高采烈。

图 5-17　男（智力障碍）10 岁粘贴作品

第五，鼓励创造性原则。创造性活动最利于激活智力、心理、身体机能参与其中，使创作者获得极大的心理满足，形成稳定的学习兴趣，并熟练技法技巧，同时给他人带来愉悦。所以，只要条件适合，就应该组织创造性活动，平时也应该随时鼓励创造性行为，让学生大胆地想象、创作，并坚持最终完成作品，获得满意的成果。

在图 5-18 中，学生用水墨画人物，然后用桑叶进行拓印，树上的桑葚也是用桑葚实物蘸颜料拓印的。

在图 5-19 中，学生用吹塑方式画出甲壳虫的形象，教师帮助他剪下来，让他自己涂上颜料，印在纸上，下面的草则是用草的实物蘸上颜料拓印的。

图 5-18　男（智力障碍）15 岁水墨 + 实物拓印　　　　图 5-19　男（轻度智力障碍）13 岁　吹塑纸版画 + 实物拓印

上面的创造方法采用的是美术课堂上经常使用的变换材料的方法，能提高学生动手的兴趣。

美术是一门非常利于培养学生创造性的课程，因为与机器创造、生物创造相比，绘画创造不需要复杂的机器设备、漫长的时间周期，但它需要教师对创造的方法有清晰的认识，能够自觉地培养学生的创造性。一旦学生掌握，这种创造的方法可以移植、泛化到日常生活和工作中。

创造看上去似乎需要很高的智力才能进行，实际上那只是因为创造性常常被人们无意识地与智力超常的人联系在一起，于是产生了错觉。

创造的方法并不像人们想象的那么神秘，它有一些固定的方法。其中最常见、最可靠、最广泛存在于世界上的创造方法当属繁殖法。大自然中的生物之所以如此丰富，异彩纷呈，令人叹为观止，全部仰赖繁殖得以发生，这种繁殖也包括了因生存环境不同而产生的变异。

顾名思义，繁殖法就是用两种事物杂合在一起产生一种新事物的方法。如图5-20，把骆驼、长颈鹿结合在一起创造一种新的动物，图5-21把大象、老虎、鱼合在一起创造一种新的动物，对于这样的内容，小孩子才听到老师的题目，兴趣马上就被激发起来，沉浸在创作中。这种方法提高的是学生动脑的兴趣，思维难度并不大，对轻度智障学生来说是可以尝试的。

图 5-20 女（普通学生）7 岁

图 5-21 女（普通学生）7 岁

其他常见的创作方法，如添加或缩减某个功能、替代、仿效、移植等，均属于创造性思维方面的内容。

创造方法当然还包括艺术创作方法，即各种对比手法、夸张手法的运用，点线面的构成关系，以及构图形式的选择等，教师都可以加以考虑，根据学生能力水平进行取舍。也可以借鉴其他艺术门类的方法进行创作，如文学中的拟人手法、排比手法，都可以移植到绘画中来。

图5-22中，学生把螃蟹拟人化，围坐在火锅旁，正在煮食大龙虾。拟人化是低年级学生常常无意识就在用的艺术手法。如果能够有意识地使用，创作中往往能起到良好的效果。

图 5-22　男（普通学生）7 岁

　　总之，对于培养学生创造性的问题，教师首先要打破关于创造性的神秘感，其次是要了解创造的常用方法，第三是要大胆进行移植其他艺术门类的创作手法，才能脚踏实地，把创造性的培养落到实处，否则就会成为空谈。培养学生创造性，也体现和考验着教师的创造能力。如果教师能自觉运用各种创造方法，教学往往也能做到别开生面。

　　第六，精讲多练原则。美术的技能技法虽多，但就学龄期义务教育阶段来说需要掌握的并不多。课堂上，主要是让学生运用自己掌握的方法充分表现内容，达到熟能生巧的地步。因为只有这样，学生才能随心所欲地运用艺术手段表达自己的感情和愿望，进行创造性活动。多练，并不是指枯燥地反复练习同一个内容，而是练习学生感兴趣的不同的内容，这样才能保持学生的兴趣，并促进学生的智力发展。精讲，并不意味着少讲，而是把关键的地方讲清、讲透，富有启发性，但不说废话。为了启发学生，教师还可以故意绕着主题兜圈子，和学生"聊天"，让学生充分感受、回忆、想象，挖掘出其生活中的经历，释放其潜能。

　　第七，面向全体与个别化相结合的原则。一个班级的智力障碍学生，智力、能力总是参差不齐，很难统一，但好在学习美术时，同一个内容，可以运用各种手段达到学习目的。教师的教学面向全体学生，不但可以让全体学生共同进步，还可以吸引少数能力特别差的学生积极参与教学。同时可以发挥集体智慧的优势，相互促进提高。

案例

　　表 5-1 是一种简洁明了的班级教学教案格式设计，可以看到右边为个别化的教学留下

了空间。在美术教学中，针对不同的学生，同一个内容可以有不同要求，但是有不少学生需要进行个别化的辅助，如果不事先计划好，那么在教学过程中就容易顾此失彼。在备课的时候做好准备，教学时就可以做到从容不迫、有的放矢。

表 5-1　简明教案设计格式

班级		时间	
教学内容			
重难点			
目的要求			
工具材料			
教学过程		个别辅导	
课后反思			

现在的教学提倡以学生为中心，希望教师能够在教学中更多地关照学生。对于有经验的教师，我们可以尝试一种简单的备课方法，即首先定下上课的主题，然后准备好材料，随即开展教学，不用写比较详细的教案。上课时，教师在与学生的互动中，密切注意学生的反应和变化，随机应变，和学生共同推动教学的开展，完成教学。下课后，认真回忆上课的经过，并进行详细的记录。这时候要写的内容就很多了，包括学生的具体情况、变化、问题、对策等。当然不是所有内容都记录，每个学生都不放过，而是根据直觉和判断有选择地对有价值的内容进行记录。然后有针对性地生成新的课程，并在后面的课程中不断改进教学。这种动态的教学看似容易，但实际上更需要教师细心观察学生的行为、心理动向，了解学生的问题所在，增强与学生的互动，避免脱离实际的教学。

第八，良好的师生关系原则。良好的师生关系是对学生学习效果有利的因素之一。教师不歧视智力障碍学生，接纳孩子的缺陷，热心研究学生的心理和病理，从接纳到理解，再到理性地支持学生，给学生以发展的机会和空间，给其以人情的温暖。这不但可以获得学生的爱戴，还可以获得家长对教学的支持与认同，从而使教学活动进入良性循环。同时，师生间的良好关系，也会吸引社会上的爱心人士和广大的群众关爱智力障碍群体，给予培智学校更加广泛的支持，甚至对改良社会风气起到推动作用。

第九，多学科融合原则。智力障碍学生由于感知能力分化尚不完全，智力停滞在学龄前期，甚至婴幼儿期，这时候的教学中学科也必须呈现未分化的状态。美术课里面会呈现很多体育、音乐、语文、数学、自然、品德、社会等学科的内容，智力年龄越低越是如此。只有当智力障碍孩子的能力达到正常孩子六七岁的水平时，学科的分化才变得特别有必要。而大多数智力障碍学生的智力年龄都停滞在正常孩子六七岁以前的水平上，发展缓慢，所以多学科融合对智力障碍学生来说显得特别重要。

案例

在教学《会飞的花——蝴蝶》（图 5-23）一课中，教师通过让学生仔细观察蝴蝶的身体结构，让学生了解了蝴蝶的身体，包括头、胸、腹、触角、足、翅膀，认识了蝴蝶的特点，学习了蝴蝶发育过程中的变态现象，把知识向生物常识方面扩展。当学生画完后，让学生数自己画面上蝴蝶的数量，进行了数数的教学。

图 5-23   男（智力障碍）13 岁丙烯画

四、基于脑科学的教学框架

由于科学技术的发展，包括计算机断层扫描、正电子发射断层扫描、事件相关电位技术、脑磁图、磁共振成像等无创性脑扫描技术和脑成像技术的出现，人们可以借助技术手段观测到大脑在进行认知任务时的活动状态。因这个成就，诞生了一门新的学科——教育神经学。这是在脑科学与教育学之间产生的一门交叉学科。

现代基因科学、脑科学的研究成果表明，人的发展是先天遗传和后天环境共同作用的结果。适当的环境会激活相应的基因，没有被激活的基因将会被搁置，直到相应的环境条件出现。大脑的神经元链接质量、数量与个人的遗传、营养状况，以及感受器、神经递质、大脑各部分的健康程度等有关。

当前，教育神经学的一些成果对智力障碍教育非常有用，这些成果有的是研究者熟悉的（如学习具有一个敏感期，学习中动手操作的重要性），另一些则颠覆了过去的认识（如脑具有很强的可塑性，情绪在教育中的重要性比之前研究认为的要重要得多）。在教育神经学没有发展起来之前，这些认识都是建立在观察经验的基础之上的，知其然而不知其所以然。在获取了教育神经学的成果后，研究者不但知其然，而且知其所以然，这样就增加了在教学中运用这些方法的灵活性和尺度，并避免了采用那些似是而非的方法，或者把握不好尺度，过度运用的状况。

过去，指导教学活动的理论是儿童发展心理学。可以说，这是一个战略上的理论，只有了解学生的发展阶段，才能设计适合那个发展阶段的内容对学生进行教学。到了具体教学的战术层面，就要依靠教育神经学，让教学过程适应学生大脑的学习特点，让教学变成一种有科学支持的行为，而不是仅凭经验办事，空洞地追求课堂气氛的活跃、手段的多样。由于过去的教学理论和现代教育神经学有很多交叉的部分，研究者可以根据二者的成果建立一个初步的基于脑科学的教学框架。

（一）掌握基础的教育神经学知识和美术学科体系

1. 熟悉基本的教育神经学成果

（1）脑的可塑性：

教育神经学发现，脑具有极强的可塑性，而且这种可塑性是终身性的，它不仅取决于先天的基因，还依赖后天的发展过程，这是人脑不同于动物的地方。这使得人类可以在不同的环境中生存。研究发现，老年人可以通过简单的朗读、计算来保持脑力，延缓认知能力的下降。在教育中、重度智力障碍孩子的时候，教师也可以让他们通过简单的操作、学习来提高其脑力，使他们得到充分的练习，掌握生活中最基本的、常用的技能和技巧。

（2）情绪的重要性：

教师都知道学生的情绪在教学中很重要，特别是在课堂教学中，都有一个激发学生兴趣的过程，利用学生的兴趣来进行教学。但是，绝大多数教师都仅仅满足于此而已。

然而，教育神经学研究发现，当外界信息进入人的大脑时，大脑首先处理的是关于危险的信息，如果发现自己处于危险状态，就会马上出现躲避或防卫等应激行为。其次是处理与情绪有关的信息。情绪是对潜在氛围的感知，这种氛围有时是危险的，有时是安全的、愉悦的，但它还没有上升到可以被意识所确定的层面。比如，人在森林中闻到了猛兽的气味，感知到了危险的存在，又不能确定是何危险，这时，人就产生了紧张的情绪。相反，人在空气中闻到了成熟水果的气味，虽同样没有辨别出是何水果，但情绪已随之变得舒缓。这种情绪感知是在人进化的过程中形成，通过后天的经验被激活的本能，并非人为的教育使然。在教育中，教师可以利用这一点营造适合的环境，促进教学。最后，大脑才处理与知识、理性相关的信息。所以，良好的情绪是有效的课堂教学不可分割的一部分，它可以激发学生内在的学习动力和进取精神，发挥学习潜力，调动大片的脑区参与思维活动，对大脑思维具有整合的作用。由此，情绪也成为学习过程中的一个至关重要的因素。现在，越来越多的证据表明，在巨大压力或者极端情景中，情绪甚至能够重塑脑组织。

教师应该在课堂上鼓励学生发展直觉思维，使学习更有效率。教师在课堂上营造一种社会性的情绪氛围，能保证大家在相互尊重的前提下积极体验成功与失败，使学生无论成败都能获得有价值的经验。教师一旦明白这一道理，在教学中就会有意识地去塑造情境，激发学生的正面情绪，让它成为有效教学中一个不可缺少的重要组成部分，而不是可有可无的教学辅助手段。

研究发现，最能激发人的情绪的感觉器官是嗅觉和听觉，这两种器官擅长于对中等距离的环境因素做出反应。淡雅的清香、优美的音乐，对人的情绪都有良好的调节作用，它们能激发人的安全感。不过，在教学过程中，教师对学生的关心、耐心、爱护，对他们发展过程中出现的缺点的宽宏、包容，最终会形成一种安全而稳定的氛围，这种氛围比刻意用音乐、气味营造的氛围更具有"润物细无声"的强大力量。

阅读中国优秀教师们的著作会发现，这些教师有一个特点，就是他们都像爸爸妈妈一样关心爱护学生。结合教育神经学关于情绪的观点，在情绪之上还有一个更重要的因素在提升教学的质量，那就是情感。情感是具有音乐性质的情绪。如果说，情绪是发于自然的一个节奏、一个声响，那么情感就是一段旋律，甚至是协奏曲、交响曲。它的内在是有理性支撑的，它在促进学生吸取知识的同时还会帮助学生整理知识。所以，教育的最高境界是师生之间情感的连接，这就是我国教育中广为提倡的教师对学生的"爱"。

教育中的"爱"是一种强大的情感力量，不仅仅包括师生之间的情感，也包括亲情、友情等深厚的情感，实际上，我国一直都十分重视这些方面的教育。但是，由于过去对情绪缺乏研究，对广大教师来说，情绪始终是教学中的一个难以控制的"破坏因素"，教师往往对它持排斥、反对、逃避的态度。但是，情绪是情感的基础，情绪不能正常发展，关于亲情、友情、爱国之情等的高级情感教育就失去了发展的根基，很容易流于空洞，没有实效，加上强制灌输的反作用，容易激发学生对这种教育的负面情绪。

教师了解到情绪发生的原因，在学生出现情绪的时候，教师就要去思考是什么因素让孩子失去了安全感，从而寻找这些情绪背后的原因。这样才能决定是排除导致情绪失控的因素，还是给学生一个适应的时间和空间，等待他消化他的情绪，逐渐平复。经历了情绪的良性变化，学生的情感才会顺利发展。

（3）记忆的重要性：

神经教育学发现，锻炼身体、主动运用脑、平衡饮食、足够的睡眠对记忆有重要作用，这与传统的经验相吻合。但是神经教育学也发现，记忆并不是无限的，遗忘也是良好记忆所必需的。这就为教学带来了一个问题：在教育评价中究竟应该评价学生的记忆，还是评价学生的理解、学习方法？或者进行全面评价，但其中各部分的比例如何分配？

神经教育学家们还发现，动手操作在记忆中具有重要意义，它可以使学生真正学会一样知识，从而使知识得以巩固。但是，当人投入另外的一项工作时，他可以主动地把原来的知识忘掉，以便于记住新的知识。这就带来了新的问题，教育中究竟以知识的学习为重还是以运用知识的方法为重？或者二者兼顾？那比例又是怎样？获取这些答案的过程肯定是极有价值、极有趣味的探索，值得广大教师为之努力。

皮亚杰也曾提出，教育要重视"动作的智慧"，就是说要在做中进行学习。神经教育学发现，手部操作所能调动的脑区十分广泛，教师必须注重孩子动手能力的教学，特别是孩子早期，需要发展他们的感官，完善他们的感知能力，动手操作就显得更加重要。在智力障碍教育中，由于智力障碍孩子的能力较为接近学龄前儿童，他们的思维能力比较弱，教学中可操作的内容显得十分狭窄。但在教学中重视感官、手部动作的训练，对孩子的思维发展具有较大的作用，可操作的空间十分广阔，值得广大教师在这方面进行探索。

（4）理解的重要性：

从神经科学的角度来看，理解就是在新旧认知之间建立牢固的联系的过程，这个联系体为两个或多个神经元模块之间建立了连接。简单地说，理解的本质就是建立新的有效的神经连接。这个过程可以是新旧知识之间的连接，也可以是旧知识之间的连接，还可以是新知识之间的连接，但新知识最终要和旧知识发生连接。连接越丰富，理解得就越透彻，越有利于消化知识。从这个意义上说，理解和记忆几乎是一回事，理解了就记住了。一堆孤立的知识几乎只涉及感知觉，知识与知识之间没有连接，也就无助于理解，所以难以记忆，即使短期内记住了，时间一长也会忘记。

教学要有效果，教师就要注重让学生了解所教知识之间的联系。比如对前样式化期的学生，一段时间内以日常生活中常见的日用品为主题进行教学，另一段时间内以常见动植物为主题进行教学。对样式化期的学生，则可以一段时间以大自然活动为主题进行教学，另一段时间以社会活动为主题进行教学。这样，所教内容之间充满了联系，学生容易理解，便于巩固。同样的，在学习技法的时候也可以把技法相似的材料放在一段时间内教授，如水粉画、重彩画、吹塑版画，涂色的技法基本一致。其区别仅仅于，水粉画画在水粉纸上，重彩画画在高丽纸上，吹塑版画先在吹塑上刻线，然后印在黑色卡纸上，多了印、刻两个工序。再如油画棒、炫彩棒、蜡笔、水彩笔的涂色技法也有很大相似性，可以放在一起作为一个单元模块进行。所以，教师要善于发现知识之间的联系，在设计课程内容的时候，有意识地安排教学顺序，有助于学生理解。

设计教学内容的时候，如果内容主题比较难，则可以采取内容主题不变，技法进行变化的方法。如果技法比较困难，就采取技法不变，内容变化的方法。这样既能增加学习困难内容的课时，又能增加趣味性，避免学生厌倦。

促进理解的方法有四种。

第一种是画思维导图，明确各种已有知识之间的连接，或者发现知识之间的缺失的部分，适时进行补充，使连接完整。这一点对技能同样适用。思维导图，因为它很像神经元的连接，故而也被称为脑图。无论智障学生看不看得懂，教师都应该自己画一画，这样对所教内容会有一个整体的把握，便于上课时灵活应变。思维导图的优点在于便于明确知识之间的大关系，便于进行系统思维，缺点在于不能对知识的内涵进行深入的挖掘。

针对其缺点，就需要用到第二种方法，即用对比、归类的方法发现事物之间的异同，进行分析、综合，深入知识的内涵，发现潜在的连接，界定事物的内在本质，达到理解事物本质的目的。这是对思维导图的有力补充。

第三种方法是提供新的信息，包括新的感知信息和知识信息，起到在两个知识之间搭桥的作用，帮助建立连接。

第四种方法是提高大脑兴奋度，即采用提高学习兴趣的方法，增加神经元建立连接的概率。

（5）睡眠的重要性：

在培智学校的课堂上，经常会看到一些重度智障学生莫名其妙地嚎啕大哭，身上没有病痛，但就是怎么劝都劝不住。有的自闭症学生动不动就发飙，不是攻击别人，就是咬自己的手、打自己的头，万分痛苦的样子，老师看着难过，却又无可奈何，不知道如何帮助他们解除痛苦。其实，这些学生可能有一个共同的问题：昨晚几乎没睡觉。他们虽然"休息"了一个晚上，实际上没有得到什么恢复。他们非常疲倦地来到学校里，想听听老师和同学们说些什么，但眼睛干涩，大脑一片混沌，只感受到一片嘈杂，老师上课的声音一大，他们就无法忍受，瞬间失控，有的号哭，有的发飙，甚至攻击被人。

缺乏睡眠的重度智障学生和自闭症学生，外在的表现最为明显。这一点很像三四岁的普通幼儿，到了晚上睡觉时间，但由于贪玩睡不着，稍不顺心就开始哭闹，边哭边玩，直到被父母强制睡觉方才停歇。

现在鼓励的教育严重低估了睡眠的作用，刻苦学习到深夜被作为榜样提倡，无形中让大家觉得睡觉是一种几乎等同于愚昧和懒惰的行为，以为睡觉是一种应该克服的不良习性。

实际上，睡眠不是什么都不干地简单休息七八个小时，更不是浪费时间和懒惰的表现。睡眠对人的身体健康和心理健康有着强大作用，在这七八个小时里面，人的新陈代谢、免疫系统乃至饮食功能都得到了恢复，甚至重置。一旦缺乏睡眠，人的新陈代谢、免疫系统、体温调控乃至饮食功能都会出现一定程度的紊乱，比如睡眠不够的人更容易感到寒冷，更容易感冒。缺乏睡眠还会让一些器官出现患病的风险，比如心脏会缺血缺氧，增加冠心病的风险，大脑会出现缺血缺氧症状，缺乏睡眠的老年人甚至有增加阿尔茨海默病的风险。有研究发现，睡眠可以帮助清理大脑中的代谢垃圾，所以人一觉醒来会觉得大脑分外清爽。睡眠就像把一杯浑浊的水静置后逐渐变得清澈，它将混乱的知识进行了自然整理，断开微弱的神经元连接，让那些强有力的神经元连接得以凸显，表现为巩固了白天的学习记忆。睡眠不足就相当于那杯浑浊的水一直得不到静置，那些次要的知识会一直占用着神经元连接，表现为难以集中注意力和记住重要的事情。

唐氏综合征学生在缺乏睡眠的时候，脾气会变得特别暴躁、固执，很容易被惹怒，莫名其妙地发火，不听教师的劝导。青春期的中轻度智障学生也容易出现睡眠问题，上课的时候两眼发呆、眼神迷离，一趴在桌子上就睡着了。

导致睡眠问题的原因除了自身生理原因外，一般人是睡前吃了咖啡、茶、酒精等导致大脑兴奋的食物导致睡眠不好，但对智障学生来说，还包括糖、辛辣物都会导致睡眠问题，而这两种食物在垃圾食品广泛存在，此外垃圾食品中还有其他的添加剂，对神经有一定危害，而智障孩子本来神经就比较脆弱，遇上这些东西之后很容易会有反应。所以，对于容易出现睡眠问题的学生，教师一定要让家长对学生的睡眠加以重视，不但要培养良好的起居习惯，按时睡觉，按时起床，不睡懒觉不熬夜，还要培养良好的饮食习惯，少吃或者不吃垃圾食品，这样才能减少睡眠问题的产生。

（6）艺术学科的重要性：

在我国的教育中，艺术教育得不到学校的重视，即使在特殊教育学校，艺术教育也常常是一种无路可走之后的无奈选择。但是，教育神经学研究发现，艺术是一种综合性的学科，当孩子参与艺术活动时，几乎需要调动所有的脑区。为了完成艺术创作，需要全部脑区的协同配合。同时，它是通往创造力的入口。在这里，任何人都可以反复运用一种或多种材料、技法，变换各种不同的组合形式，进行简单或复杂的创作活动。艺术教育与语文、数学等其他学科一样，应该是主要的学科。它不是为了眼前的考分，而是为人类长期的教育目标服务的。它为不同水平的学习者提供了挑战，它必须调用人所具备的各种能力，包括潜能，完成创造目标。这样，人就使包括大脑在内的全部神经系统活跃起来，并使其在完成目标的过程中得以整合，整合一旦完成，将会有助于完成新的任务，有利于其他学科知识技能的学习。

所以，艺术教育有利于发展那些需要长年累月的调整才能发展完善的神经系统。并且，效果一旦显现，将会无所不及，从精细的运动技能到创造能力，乃至平衡情绪的能力都会得到显著的提高。它对学生大脑发展的影响比我们想象的要宽广、深远得多。甚至有人提出：如果你不只是为了提高测验分数，而是为了培养更优秀的人，请在你的门口写上——"这儿教艺术"。

这个成果给了我们极大的启示，艺术需要的技巧可以是高难度的，也可以是极其简单的，智力障碍学生只要能够操作最简单的诸如揉、捏、粘、贴、涂、画、泼、洒之类的技能，就能进行艺术活动，发展他们的大脑。这给培智学校大力发展艺术教育提供了有力的理论支持。

（7）消除关于脑的错误认识：

过去，心理学家通过观察实验，提出了诸如"学习的关键期""左右脑的分工""边睡觉边学习""我们的大脑只用了10%"等观点，但由于没有脑科学技术方面的支持，在商业的助推下，大脑的这些特点和功能被推向极端，被神化。神经教育学则从科学的角度对这些观点进行了纠正。

现代脑科学认为，人的大脑发展是基因和环境之间复杂作用的结果，它既不会单纯地依赖基因，也不会单纯地被环境所控制。基因在适当的环境下开始表达，就像种子只有在适当的温度、水分、光线下才开始萌发一样。大脑发育后，外界环境的存在、变化促使大脑进一步复杂化。现代脑科学还认为，感觉涉及的是大脑某个单独的区域，但知觉与认知则是大脑不同区域之间相互作用的结果，并非特定区域单独在起作用。

2. 熟悉 0 ~ 18 岁大脑发育过程

18 岁以前是大脑快速发育并达到成熟的时期。了解大脑、思维发育的先后顺序，这有利于教师确定孩子的能力范围和智力特点，进行相应的教学。这方面的研究现在还在迅速发展、不断完善中。

3. 熟悉教学内容的学科体系

教师对每一个学科体系，都有一个由浅入深、由门外到门内的过程。过去说"师傅引进门，修行靠个人"，现在这个道理已经边缘化了。有的人学某个学科，学了一辈子也没有入门。学科的入门，其实就是用本学科的语言思考问题，数学得用数学的语言，美术得用美术的语言。现实中，学美术的人很少能用美术的语言思考问题。熟悉美术学科的学科体系，就是学习如何运用丰富的美术语言。

对于智力障碍美术教育，特别需要了解前学科阶段的学科内容，此阶段的学科内容绝大多数是未分化的、综合性的，是还没有进入美术学科之前的准备，是与其他学科的知识高度融合的。教师知道学科知识的来龙去脉，才可以确定短期的教学目标和目的，选择适合学生当前学习的内容，进行教学设计。

（二）设计教学环节

设计出教学中的各个环节，针对这些环节，关注相应的神经教育学研究成果，进行选择应用。这包括以下几点。

（1）确定教学的起点。对智力障碍学生进行个别化教育是大势所趋，但是，如何开展个别化教学却是一个需要不断探索的课题。在神经教育学的参与下，教师更容易发现学生的独特性，即每位学生的脑神经元链接是不一样的，智力障碍孩子尤其如此，他们可能年龄相同，但差距巨大。教师要通过行为深入观察了解学生的脑结构的层次，即了解他们的感觉、知觉、认知思维特点，而不是仅仅看到他们外在的行为表现。教育的起点是学生的现有知识水平、思维水平和学习能力。由于每位学生的经验、病理不同，他们的学习起点也是不一样的。

（2）创立学习环境。神经教育学研究发现，良好的教学环境能唤醒学生的整个神经系统，促进大脑的发育。学习环境不单包括桌椅、照明、通风等这些最基本的条件，更包括丰富的教学设施。充满积极暗示的教学布置，使学生一进入教室就能进入学习状态，在不知不觉中就得到教育。如可以在保证安全的前提下，让学生在美术教室参与布置他们喜欢的创意作品、图书、资料以及自己的作品等，并定期进行更换。还可以搜集、播放他们喜欢的音乐，营造和谐轻松的学习氛围。

（3）设立学习情境。学习情境的设置比学习环境的设计要更针对当前的教学，它的目的是减缓教学和学习的难度，消除威胁和心理压力，调动学生的情绪因素，这样有利于学生突破难点，顺利完成任务。对智力障碍学生来说，由于教学内容比较简单，没有必要使用注重灌输知识的复杂的教学结构。同时，他们需要学习的是综合性的知识技能，所以需要建立生活化、开放、自然的教学情景。由于班级人数少，教学内容简单，教师并不难控制这种开放的教学情境。这是培智学校与普通学校的结构化教学情境区别最大的地方。

（4）进行体验、操作的学习，注重知识之间的关系。操作体验可以学到活的知识，有利于学生进行创造性思考。如艺术课中注重艺术实践、创造，能够牢固地掌握艺术创作的方法和技巧；语文课在童话、戏剧表演的过程中进行学习，学生的语言能力、理解能力都会得到较快的提高；数学、劳动课也应该在生活中实践。

（5）掌握概念、技能和内容。掌握概念、技能和内容是教学的三个重要部分，三个部分可以互相穿插，教师应该灵活掌握。技能可以促进概念的理解，概念可以促进内容的学习，内容可以深化概念的应用，概念的应用又促进技能的掌握。教学中，有时需要概念优先，有时需要技能优先，从动手开始，在操作的过程中促进概念的理解。美术课更加需要如此。内容的不同，难易的不同，切入点定然不同。

（6）拓展和应用知识。在这个阶段，教师虽然应该让学生及时应用所学的知识进行拓展与应用，但是并不一定需要强制进行。大多数时候，学生要经过充分应用知识的过程，对知识的理解进一步加深后，才能灵活地应用知识，这时的拓展就变成了自然而然的需求。如果在不能熟练地应用知识时就开始进行拓展，大多数学生都会觉得十分困难。

（7）评价学习效果。提倡多种评价方式，比如平时的表现，独立或者合作完成的作品情况等。应把技能、知识、创作分开进行评价，使评价成为促进学生成长的一个重要部分。

（三）强调师生在教学中的情感

如前所述，教师要在教育中用情感与学生紧紧地联系起来，只有这样才能发挥教育促进脑发育的最大功能，健全学生的人格，达到的教育目标。

情感，顾名思义，是对情绪的感知能力。情绪是比感觉更加基础的一种对外界的反应，它比感觉显得更加微妙、宽泛、不确定。但是，师生间一旦建立起情感的沟通，就意味着师生对对方的情绪变化有着良好的感知觉。由于这种沟通本身是微妙宽泛的，所以对促进教学活动的开展十分有利。不过，由于师生关系天然"对立"，这种"对立"情绪其实影响着绝大多数课堂，需要教师耐心细致地努力改善。

要想建立师生间的情感沟通，首先，教师必须对学生的情绪有较为敏锐的感知，了解学生的喜怒哀乐，作出有利于学生的反应，获得学生的信任。在此基础上，学生也会逐渐对教师的情绪感知更加敏锐。师生间情感沟通的成功建立，会极大地激活学生的大脑，使其活跃，提高学习效率。

（四）注重学习的过程

人的大脑的变化平时是看不见的，但是在学习的过程中，有的行为会刺激大脑产生积极的变化，有的行为会刺激大脑产生消极的变化。美术学科一直以来都比较重视最后呈现出来的作品，在画出最后成品的过程中，教师可以采取无数种方法，如描摹、临摹、跟画、写生、想象、自由创作等，配合水彩笔、油画棒、水粉颜料、油画颜料、超轻黏土等媒材。如果我们重视中间的过程，就会发现，孩子们在探索的时候，经历了大量脑力劳动，这些劳动无疑增加了孩子们的智力经验和处理问题的途径，同时也增加了大脑神经元连接的数量，甚至有质的飞跃。如果教师只重视成品，不重视完成作品的过程，可能就会因为作品完成得不理想而否定孩子的学习，给孩子受挫的感觉，更看不到孩子的大脑可能会发生的巨大变化。

美术教师不但要看学生画出来的作品，更要看学生画画的过程，从过程中观察学生的兴趣、情感、意志，观察学生之间的互动，观察学生的努力与思维的变化。教师从这些学习过程中，可以获得比最终作品更丰富的信息。

在智力障碍学校建立基于教育神经学的框架，从手段上看，与传统的教学和新课程所提倡的观点似乎大同小异，没什么独特的地方。它的关键之处在于，它的理论基础是脑科学，而不是长期积累起来的教育教学经验，也不仅仅是传统的心理学原理。它使教育由一门更像艺术的学科转变为一门建立在科学基础之上的艺术。教育神经学的应用无论在国外还是在国内，虽然都还只是刚刚起步，但是它的迅猛之势让人不容小觑，教师只有在学习最新教育神经学成果的基础上，结合过去的教育教学经验，认真实践、研究、总结，才能使教学跟上时代的步伐，有效地提高智力障碍教育的效果。

五、个别化教育

脑科学揭示出，每一个人的大脑都是不同的，随着教育的精细化程度越来越深，又进一步发现这些差异是巨大的。每一个人都是在先天遗传基因的基础上，受生活环境、经历影响，产生出与别人不同的大脑神经元链接。

在班级内部，智障孩子的差异是非常明显的，相同的年龄，在心理、智力、行为上都有着明显的巨大差异。所以，在智障教育领域，很早就提出了个别化教育。个别化教育的发展，虽然受制于经济文化发展水平，但一直都是教师们探索的重要领域。但由于这个词语的字面意思容易让人产生理解偏差，认为个别化教学的理想状态就是一对一的教学。这大概是中西方文化差异导致的理解歧义。实际上个别化教学与我国因材施教的意思更接近，可以把它理解为标准化了的因材施教。由于智障学生的复杂性，需要教师们具有很强的创造性和开拓精神，借鉴前人的研究成果，去设计适合自己和本校学生的个别化的教学方法、手段和组织方式。

在班级内部，智力障碍孩子的差异是非常明显的，相同年龄的智力障碍孩子在心理、智力、行为上都有着明显的差异。所以，在智力障碍教育领域，学者们很早就提出了个别化教育观点。个别化教育的发展，虽然受制于经济文化发展水平，但一直都是教师们探索的重要领域。在这方面，由于现阶段不可能达到纯粹一对一的教学，需要教师们具有很强的创造性和开拓精神，去设计个别化的教学方法和组织方式。

在组织个别化教育的课堂时，需要尽量地将程度接近的学生组织在一起，除非有特别的需要，才可以将不同发展阶段的孩子组织在一起。在美术课堂上，由于是相同发展阶段的孩子在一起，他们的心理接近、兴趣点接近，教师可以设计一个共同的主题，具体的技能根据学生的不同设定不同的目标。能力强的难度大一些，能力弱的难度小一些。比如，同样是前样式化期的智力障碍学生，有的可能是才从涂鸦期过渡来的，画出的形象十分简单，多为一些圆圈；而有的已经到了前样式化期中期，可以画出人物、房子等多种多样的形象。在教学中可以采用各种媒材进行教学，不断地刺激、丰富学生的感觉经验，然后设计丰富多彩的、学生感兴趣的内容，让他们淋漓尽致地进行创作。

例如，教师设计关于秋天的树的主题，能力强的孩子可以用水墨画出树干、叶子、果子；能力中等的同学可以随后加入一些果子、叶子、枝条；能力差的同学可以在上面搓擦一些肌理。虽然风格不同，但仍然可以各尽其能，共同创作出一幅完整的画作（图 5-24）。

艺术最大的优势就在于，无论是简单的还是复杂的技法、材料都能创作出具有一定美感的作品，使人获得美的享受。它们或者具有宣泄功能，解除焦虑心理，让创作者获得愉悦；或者具有叙述功能，让创作者记录自己感兴趣的经历，便于进行个别化的教学。在创作的过程中，教师自己要有意识地淡化技能技法要求，虽然教学中有技能技法的要求，但当孩子的作品更具有艺术价值的时候，就要更

图 5-24 集体合作 《秋天的树》 前样式化期

注重其艺术价值而非技能技法。

当然，并非所有的智力障碍学生都适合这种集体的个别化课堂。例如，智力年龄在2岁以下的学生，就很难参与教学，他们需要一对一或一对二的个别化训练，内容更倾向于知觉、动作训练，而不是感受与表现。这一点必须区别清楚。

对于中重度智障学生的课堂，因为没有轻度的学生带领，一旦涉及的知识稍微广一点，就会超出学生的认知范围，很少得到他们的回应，课堂内容无法设计得比较丰富，只能限制在很小的认知范围内，结合他最近发展区的认知兴趣，针对感知觉、神经肌肉进行训练，这时就需要用到较为个别化的教育和训练。

个别化教学是通过调整教学的内容、水平、速度和成果，以适应常规课堂中不同学生的不同需求。它包括一对一的教学，但并非仅仅是一对一的教学。教师可以把它理解为为了达到因材施教的目的而采取的一整套结构化措施。"个别化教学"是西方教育背景下产生的概念，它对应的是我国的"因材施教"这个概念，是使用结构化的方法实施因材施教的具体手段。因民族传统差异这两个概念在细节上有所差异，但不影响我们的理解。

个别化教学包括了测评、计划、实施、评价四个阶段，这个普通教学并没有什么不同，区别就在于普通学校入学的学生发展程度大致相同，所以可以省了测评这一环节，而才入学的智障孩子发展水平差异极大，故而在智商测评的基础上，还需要具体的学科测评。所以，这里只具体讨论一下与普通教育差异较大的测评和计划。

六、测评

对中重度的智障学生进行个别化教育，首先要进行测评，而要开展个别化教学的测评，教师就要对所任学科体系有深入的了解，特别是 0~9 岁这个阶段的学科体系有清晰明确的认识。这样才能判断出智障学生当前的学科水平。就像一名数学老师在面对一名 9 岁普通小学生的时候，能够马上设计几道题测出该学生是达到三年级还是四年级水平，更具体的细节则可以在日常课堂教学中一一解决。培智教师的困难在于，中重度智障学生的学业水平大多处于 0~6 岁之间，就是前学科阶段，很多教师不知道自己所任学科在前学科阶段需要学习或训练一些什么内容。实际上，在前学科阶段，很多学科是融合在一起尚未完全分化的，比如绘画在 4 岁以前是由玩具、识图、手工、游戏、涂鸦等不可分地融在一起状态，之后在幼儿阶段分化为绘画与手工，到小学阶段又逐渐分化为绘画、工艺与鉴赏，最后到大学分化为国画、油画、雕塑、平面设计、美术教育、环境艺术等等细分领域。明白了这一点，针对中、重度智障学生的美术测评才能进行。

测评工作，由任教的学科教师来设计会比较方便，因为前学科阶段的内容并不复杂，只要明白了其中的原理，教师就可以自行设计。学科阶段虽然复杂性增加了不少，但有现成的小学美术体系参照。所以只要对本学科的体系有整体的把握，就可以自己设计测试。其道理和小学开学的摸底考一样。

下面以绘画能力的检测为例，首先根据学生的智商和年龄算出智龄，看该学生处于哪个绘画发展阶段，然后重点用那个阶段的内容进行检测，如果发现学生的实际情况和计算的结果不符合，再使用其他阶段的题目进行测试。

如表 5-2 中绘画能力的测试，就是以测试学生的绘画发展水平为目的的。

表 5-2 绘画能力检测

检测题目	要求	目的	发展阶段
画曲线、直线	画出有意识的直线，无需达到笔直的程度	检测学生对肩关节的控制能力，并确定学生是否能够控制自己的意识	涂鸦期
画圆	画出封闭的圆形	检测学生是否能够画出闭合的圆形，测试控制铅笔的能力	
画方形	能画出方形	考查学生的大脑是否具有加工概念的能力	前样式化期
画三角形	能画出三角形	考查学生是否具备进一步的抽象能力和更高的手眼协调能力	
画房子	画出简单的房子。	考查学生是否能够利用几何形进行组合简单组合，见此是否具有简单的思维能力	
画人	画出完整的人，包括头、身体、四肢。头部有眼、眉、耳、鼻、嘴、头发等器官	检测学生是否能画出完整的人，是否具有准确的身体意识	
临摹装饰性线描作品	临摹复杂的装饰性线描作品	检测学生的思维在简单平面图形方面所能达到的复杂程度	
写生单个毛绒玩具	通过观察写生，画出简单的毛绒玩具。不一定画得像，但尽量把所具有的形体、物件都画出来	检测学生是否具有客观的观察能力、认知能力、手眼协调能力	样式化期
写生多个静物（包括瓶罐、植物）	通过观察画出静物，能表现出简单的遮挡关系	检测学生是否具备更复杂的认知能力	
写生人物、动物	通过观察抓住人物和动物的特征人物	检测学生是否具备更复杂的手眼协调能力	
三棱锥	能临摹或写生三棱锥	检测学生是否具备了初步的立体造型能力	写实期萌芽期
正方体、长方体	能临摹或写生正方体和长方体	检测学生基本的立体造型能力	
圆柱体	能临摹或写生圆柱体	检测学生立体造型能力	
球体结构（或光影）	能临摹或写生球体	检测学生是否具备复杂的立体造型能力	
写生静物、景物、人物、	用线条相对准确地画出静物、景物、人物的形象	检测学生的认知水平和手眼协调能力	拟似写实期

从上面的表格中的测试内容可以看出，检测的目的是了解学生的发展水平，它不包括想象力、创造性的测试。测评一般与学生的观察能力、认知能力有关，与想象能力、知识经验没有关系。通过这个测试可以确定学生的能力水平，确定学生可以完成哪些材料的操作，进行哪个阶段的学习。

进入具体的教学中，教师常常发现智障学生的家庭对他们的教育是很欠缺的，学生对很多常见的事物都不清楚，比如不认识牛、羊、向日葵等常见的动植物，大阴天的时候不知道天是被云朵遮住了，以为天上没有云；爸爸妈妈没有接送自己上学放学，就会说自己没有爸爸妈妈等。这就涉及了认知补偿的问题，需要以及时地进行辅导，必要的时候还需要进行课后的辅导和训练，这些也都属于个别化教学的一部分。

有时候，教学内容在原来的教学体系中没有体现，在教学的时候如果需要进行测评，就需要教师根据平时的教学经验进行总结，设计出测评的题目。比如超轻黏土，这是十分适合智障学生使用的一种材料，经过教学发现学生学习它的顺序基本和幼儿是一致的，只是幼儿在学习的时候进度要快一点，而智障学生的进度要慢得多。

在设计测评内容的时候，基本上可以把教学的内容用于测试，选择一至三项进行，达到了解学生发展水平的目的即可。

另外一种测评法是根据教学需要进行的，测试的内容就是教学的内容。下面以超轻黏土的测评为例（表5-3）。

表5-3　超轻黏土水平测评

项目序号	题目	完成情况	思维能力与发展水平
1	搓条状物：方便面、米线、树枝、文字、笔筒……		
2	搓球状物：小汤圆、手链、彩色球、小球、笔筒、水滴形……		
3	拉：拉面		基本技能（涂鸦期）
4	压：薄饼、面片、卷粉、春卷、羊肉卷、汉堡、饼干、树叶、擀面皮、套模……		
5	捏：饺子、方块		

续表

项目序号	题目	完成情况	思维能力与发展水平
1	动植物：珊瑚、章鱼、蛇、瓢虫、蜘蛛、蜻蜓、小鸡、大树、葡萄、西瓜、枇杷、黄瓜、水仙花、菊花、梅花……		概念与逻辑思维的建立（前样式化期）
2	日常用品：锅碗、罐子、花盆、桌椅板凳……		
3	环境：建筑、民居、树林、街道、公园……		
1	日常活动：做操、跑步、踢足球、打羽毛球、打篮球、春游、秋游……		创意与表达（样式化期及以上）
2	绘本、童话故事：《小蝌蚪找妈妈》《蚂蚁吃西瓜》《小怪物》……		
3	成语、寓言故事：刻舟求剑、掩耳盗铃、乌鸦喝水、狼和小羊、老马识途、守株待兔、开天辟地……		
备注	1.测评的时候从每个项目选择三个以上内容，100% 完成算成功。 2.每个内容都可以作为平时上课学习的内容。		

　　测试的时候从上表中依序每一行挑选 3 个以上进行测试，如果均能完成，说明学生已达到该水平，可以继续检测下一行的项目。这里要注意的是，上表中样式化期的内容，需要完成的是一幅包括多个形象，甚至背景在内的完整的作品，目的是测试包括想象力、创造性在内的综合创作能力，并非比较基础的制作能力。所以像《小蝌蚪找妈妈》这种内容会显得比较简单，有些前样式化期的学生也能制作出小蝌蚪，但要加上水草、荷叶等构成一幅画，就会有一定困难。根据成语故事制作超轻黏土作品适合轻度学生，对人物的精细程度可以不作要求，表达出意思即可。

七、个别化教学计划

　　测评完之后进入下一个环节：个别化教学计划。这个计划可分长期计划和短期计划。

　　长期计划可以长到孩子九年义务教育完成时的目标，这个目标看起来难以预测。实际上根据学生的智商和年龄一算就大概可以知道该学生毕业时可以达到普通学生几岁的水平。比如一个智商为 50 的学生，毕业时年龄为 15 岁，那么他大概能达到普通孩子 7.5 岁的水平，虽然实际上会有出入，但平时的教学可以朝着这个目标做计划，并适时进行调整。对于这个最终目标，教师至少做到心里有个底，做最积极的打算，这种期待有利于激发学生的潜能。

一般来说，教师都要做学期计划，一般来说这就是短期计划。比这更短的计划比较容易制定，故而这里不作讨论。学期计划一般也是根据学生所处的绘画发展阶段来设计的，绘画发展阶段的目标就是学期计划目标。设计学期计划时，先看一看哪些目标已经达成，哪些目标还未达成，已经达成的目标可以进行巩固训练，追求达到熟练的程度，促进没有达到的目标的实现。重点学习没有达成的目标。比如前样式化期的中度智障学生，年龄已经 15 岁了，虽然能够画一些形象，但剪纸都还很困难，剪直线还很粗放，没法剪出比较规则的三角形、圆形，那么他在继续学习剪纸的时候，可以继续训练剪直线，同时学习剪圆形、三角形、剪废图画书上的不规则的，如动植物、卡通形象等图形。由于剪直线已经掌握，只是精确度不高。新学期剪直线的训练目的在于提高精确度，促进控制神经肌肉能力的提高。对于较难的剪不规则图形，目的在于避免剪圆形、三角形的训练过于枯燥，提高学习兴趣。虽然剪不规则图形实际上远超过他们的剪纸操作能力，但他们的内心十分希望能剪下这些好看的图形。

剪纸精确度提高了，与控制神经肌肉能力相关的绘画、折纸、搭积木，以及日常劳动等的精确度也会随之提高。看到这一点，教师就不要把剪纸看作一种孤立的学习内容。

同理，在对中重度智障学生的教学中，教师使用一些玩具进行教学，其目的也是训练学生的感知、神经肌肉控制能力、思维能力等，而非简单的玩一玩，消磨一下时间。教师不明白这一点，当看到其他培智学校课堂上使用玩具，自己也跟着使用的时候，自己达到的可能就只是一个消磨时间的目的。

针对中重度智障学生的学期计划，由于学科之间的融合度比较高，在内容方面可能会和其他科目有重复，所以同一班级教师之间要多沟通，避免简单重复。

第六章

培智学校美术教学方法与手段

教学的因素包括教师、学生、内容三者。教学方法不但包括教师的教法和学生的学法，还包括了学习内容的呈现方法。所以，培智学校美术教学方法可以从教师的教法、学生的学法，以及学习内容的展现方法三个方面进行叙述。

一、教师的教法

智力障碍孩子智力年龄较低，接近于幼儿，所以在进行教学的时候需要借鉴幼儿的教学方法，可以更多地采用玩耍的方法，在玩中学、在动手动脑的过程中学，无须像普通小学教育那般以讲授为主。大多数时候，教师以一个主题、话题、操作开始课堂活动，在一系列的动手活动中逐渐渗透行为习惯的养成，培养学生的形象思维能力和抽象思维能力。在一些课堂习惯较好的班级，智力障碍孩子在课堂上即使听不懂也不会捣乱，于是教师就满堂灌，结果孩子们一节课下来什么都没有学到。所以，教师在课堂上切忌大量的语言描述，因为孩子们听不懂。低龄的孩子基本上是用感觉、动作进行思考的，教师设计教学的时候要立足于促发学生的感觉、动作、知觉，以动作产生感觉，感觉产生知觉，知觉产生感知，感知产生认知，认知产生思维。所以，教学中教师要立足于在学生大量行为、感觉的基础上促进思维的产生。

（一）讲授法

讲授法是一种使用非常普遍的教学方法，目的是通过语言描述、说明和解释，向学生传递知识和信息。由于美术是一门艺术，具有情感性、形象性的特点，教师在运用语言的时候，应该追求一种丰富的、生动的、富于童趣的语言，同时可以调动肢体语言，刺激孩子的想象力，激发孩子参与教学的兴趣。也有的教师善于使用简洁、准确的语言进行讲授。无论风格怎样，都需要语言形象具体、准确生动，富有感染力。

这里需要注意的是，对于美术学科的概念性知识，教师不要过度强调，这是因为美术学科的概念性知识实际上是很抽象的，应该通过大量的创作、欣赏来逐渐体悟、理解。对智力障碍学生来说，逻辑思维能力本来就是他们的短处，即使达到小学低年级的水平都很困难，理解复杂而抽象的艺术概念就更加困难。

由于我国现在很多教师经过多年的训练已经习惯了应试教育这套模式，不看对象的特点而盲目"讲授"，加上智力障碍学生即使听不懂也不会主动和教师交流，教师上课就成了个人演讲。这一点必须加以纠正，特别是美术课堂，要立足于让学生多动手、动口，而不是教师的讲授。

考虑到智力障碍孩子的特点，在教学的时候更是需要少讲多练、边讲边练，在动手的过程中完成学习任务。

（二）启发法

简单地说，启发法就是通过引导、提问等手段，开启学生的思路的一种方法。在美术教学中，启发法常用于教学的开头和整理完成作品的时候。教学开始，需要打开学生的思路，让学生大胆积极地进行思索，确定自己的艺术创作思路。在创作过程中，智力障碍学生仍然容易思维贫乏、画面单调，仅有主体物存在，画面缺乏感染力。这时，启发法就显得更为重要。教师可以从画面的主体开始启发学生，让学生从人物、环境、事件、装饰、细节等方面进行深入刻画。经过这些努力，学生的画面会变得完整、生动，富于感染力。启发法并不局限于语言，有时也可以用动手操作的方式进行启发。特别是美术学科，是一门具有很强技能性的学科，学生因胆怯等原因，总是犹豫不决，无法下笔的时候，教师可以帮他代笔，参与孩子的画面构建，对孩子的思路进行启发，最终带动孩子大胆参与到创作当中。

启发学生最常用的方法是提问，一般来说提问时要由浅入深，逐步深入，逻辑思维要清晰，有条不紊。如果师生之间比较了解，教师也可以采取比较灵活的提问方式，比如可以直切问题的核心，或者直接询问学生感兴趣的问题。这样做虽然显得突兀，但意外的问题可以使学生精神一振，激发他们的兴趣。教师提问之后，要给学生一段思考的时间。在上公开课的时候，经常会看见教师提问之后，学生几乎不假思索就进行回答，而且回答正确，就以为这样的问答方式才是正常的，实际上好的提问是需要学生经过思考之后才能回答的问题。特别是在中度智障学生，即使他们知道问题的答案，也要反应一会儿才能回答，经常有老师见学生没说话，就以为学生回答不出来，然后自己进行解释回答，就没有起到启发学生的作用。

启发法的另一个常用方式是讲故事，打比方。教师可以借用别人创作的故事，也自己编一个故事，但使用的主角应该是学生熟悉的动物或人物，对中度的智障学生最好是他们的同学，他们对同学之间发生的事情有很好的代入感，而对常见小动物之间稍微复杂一点的故事就反应不过来。

（三）演示法

演示法是指教师通过示范作画、表演，展示模型、教具等给学生观看，使学生能够直观地理解知识和掌握技能技法的一种方法。对于智力障碍学生，教师演示的速度应该慢一点，步骤的分解要细一点，这样更便于学生掌握。演示的时候，教师不单单可以演示技法，对于已经掌握了技法的学生，还可以用速写的方法演示思路。

（四）尝试练习法

尝试练习法就是学生在教师的辅导下，对所学的内容、技法进行尝试练习，获得初步经验，并发现问题和困难，在将问题和困难反馈给教师后，教师针对问题，解决难点。这种方法在传授新课时，教师对学生的最近发展区不是十分有把握的情况下比较实用。在一个班级中，学生的智力、能力参差不齐，对新课内容的反应差别很大，尝试练习法就可以帮助教师在极短的时间内摸清学生的情况，进一步开展有效的教学。

（五）游戏法

游戏法是通过游戏的方式，让学生在游戏活动中实现教学目的的方法。这也是一种比较适合中低段智力障碍学生的方法。在各种游戏中，学生可以提高多种感官的感受能力，展现真实自我，并体验游戏的快乐，达到寓教于乐的效果。现在，游戏的方式在多样化，并向各方面渗透。美术课以它独有的特点，如手段多样、材料多样、内容多样，更适合应用游戏的方法开展教学。美术教师也应该比其他科目的教师更加关注各类游戏的发展，并有意识地与其他科目进行融合，开发、设计出各种适合智力障碍学生的游戏，以利于开展教学，提高学生的兴趣，让学生在学中玩、玩中学，从爱学转变为乐学。

（六）多媒体的运用

多媒体包括计算机、手机、投影仪、数码相机、音响等设备，未来可能还将包括更多的设备。现代社会，多媒体的运用不但改变了教育、改变了社会，还改变了人们的生活方式和思维方式。在教学中，多媒体多半被当作一种辅助手段，但多媒体成为人脑的延伸已经是科技发展的趋势，多媒体技术会越来越集成化、简单化、智能化。教学中，教师一方面要了解多媒体复杂的一面，但也要清醒地认识到，多媒体的应用必须恰到好处，当其只是一种辅助手段的时候，不要过度应用，以致影响了正常的教学，甚至给学生造成不良的影响。另一方面，某些多媒体，如智能手机、笔记本电脑等，已经多方面地渗透到了人的生活中，对它们的功能、作用，教师必须做跟踪、了解，并熟练掌握，必要时可以应用到教学中。图 6-1 是智力障碍学生用多媒体工具画的画。

（七）任务分解法

任务分解法即将教学任务分解成多个小任务或小步骤，一直分解到智障学生能够接受的程度。教学的时候每次只教一个小步骤，只有在学生掌握前一个步骤之后才能教授后一个步骤。这种方法适合各种程度的智障学生。教师可以用这种方法来处理普通小学的教材，使之适合轻度和中度智障学生，对于重度智障学生，则可以用它来把任务分解为最基础的训练。

在工作中，有些任务看起来已经足够简单，但重度智障学生还是很难接受，这时教师会很困惑，不知道该怎么办。比如教师教用超轻粘土搓细长条，而有的学生拿到超轻粘土之后总是要把它吃了，并非吃过一次之后就不再吃。这说明该

图 6-1 男（智力障碍）13 岁 电脑画

学生的智龄可能还在三岁以下，那么对超轻粘土的内容无论怎么分解都不适合该学生。这时需要考虑 3 岁的普通孩子的教育方式，乃是更多的大肌肉动作，那么可以给学生一块较大的深色黏土，让他需要费一点力气才能操作，这样感觉像拿着个玩具而不是吃的，在教师的指导监督下揉捏玩弄，通过发展粗大动作促进精细动作的发展。这个过程实际上是把精细动作分解到了更基础的任务——粗大动作的训练。

教师在对中度智障学生和重度智障学生使用任务分解法的时候，由于常常会把任务分解得过细，以至于缺乏趣味性。这种时候，教师可以采用及时的积极反馈提高学生的兴趣。开始的时候，学生正确完成任务时，可以给予食物做奖励，便于吸引学生的注意力和提高兴趣。当学生愿意参与学习活动之后，就逐渐换成小红旗、五角星、小红花之类的精神奖励，获得奖励的频率逐渐减少，也可以灵活调控，难的内容奖励频次多一点，简单的内容奖励频次少一点，直到学生的兴趣被学习本身所吸引，即可不再使用这些外在的奖励手段。

二、学生的学法

这里所说的学法，是指课堂上教师组织学生进行学习的方法。

（一）个人创作

个人创作在培智学校美术课里之所以被当作一种学习方法，是因为很多时候，智力障碍学生必须在以教师辅导为主的前提下进行创作，没有教师的辅导，学生就无法完成练习和创作，这也区别于经常使用的多人集体创作方法。智力障碍学生的个人创作虽然也需要教师的辅导，但这并不意味着教师必须进行指导，大多数时候教师辅导得比较少，只是在关键处、必要时才进行指点和帮助。学生独立地进行个人创作有利于培养自主性，发挥个人的创造性和抒发个人情感，作品形象风格也比较统一。

（二）集体创作

集体创作是指学生在教师的组织和指导下多人共同创作，完成个人难以完成的任务。由于一个班级中的人数并不多，教师可以把学生按一定的方式进行组合，这样有利于大家共同合作完成创作任务。教师可以先让几名能力强的学生带头铺陈画面，让能力不足的同学添加自己擅长的内容配景、涂色。教师的作用主要是鼓励学生发挥群体的智慧与力量，并启发学生，推动创作的发展。有时，教师也可以参与到学生的创作中来，但教师要尽量少动手，就算动手也应该是模仿某位学生的创作风格，对画面进行补充。这种方式在高段学生中可以多加进行，可以用全开纸张或者多张全开纸拼接在一起，围绕主题，每位学生发挥自己的特长，合作完成创作。这种作品的视觉冲击力比较强。让每位参与的学生都认为这幅画是自己完成的，利于提高学生的自信和兴趣，同时，也能让他们感受到集体的力量。

（三）探究式学习

在培智美术课上，探究式学习主要是指学生在教师指导下，通过实验、操作等探索活动，获得技能或进行创作的学习方式。无论对什么样的学生，探究式学习都带有一定的挑战性、自主性，能够激发学生的学习主动性。这种学习方式在智力年龄在 6 岁以上的学生中相对容易开展，而在智力年龄在 4 岁以下的学生中则比较困难。因为智力年龄在 6 岁以上的学生有主动探究的意愿，也具有相应的能力；而智力年龄在 4 岁以下的学生思维惰性较强，缺乏探究意愿。对智力年龄在 6 岁以上的学生，探究活动可以和艺术创作联系起来，这样更有利于学生的艺术创作，并培养学生的创造性。

艺术具有扩展性、探索性、动态性，这些特点也决定了课堂创作过程中的探究性。教师在教学中必须尽量广泛运用这一学习方法，挖掘智力障碍孩子的艺术潜能。

案例

教学内容：实物版画

教学准备：叶子、纽扣、硬币、瓶盖、泡沫、海绵、麻布、图章、水粉颜料

教学过程：教师先做示范，然后让学生用各种材料进行实物拓印，探索应用的方法。通过探索，学生们做出各种肌理效果，有的是一种肌理，有的是多种肌理铺陈，有的是两种或多种肌理混合。学生不但玩得十分开心，而且收获很大。

（四）合作式学习

合作式学习是指在教学过程中，教师、学生分成若干小组，小组成员通过讨论、交流等方式，共同完成学习任务。与集体创作不同的是，合作式学习倾向于学习知识和技能、技法，而集体创作倾向于共同完成作品。这是美术学科中合作式学习的内涵与其他学科的不同之处。（图 6-2）

（五）过度练习

学习美术免不了要进行训练，不同智力程度的学生训练的强度有所不同，这种强度表现为一定程度的过度练习，即在已经掌握学习内容的基础上，还需要花一定的时间进行巩固。对于普通学生，心理学家建议是 150% 强度的练习，这个标准其实很难把控，教师只需知道学生要想掌握一项技能，都需要进行过度练习，以能够进行知识迁移为最终标准。

由于智障学生的大脑神经元连接更容易消退、断裂，所以需要更多的过度练习。我们可以建立一个"心理标准"，比如轻度学生需要强度 200% 的练习，中

度智障学生需要强度 300% 的练习，重度学生需要强度 500% 的练习，在心理上重视过度练习的作用。

通过长期的训练，大脑神经元之间可以建立稳定的连接，这些连接将为成为未来学习的桥梁，可以促进其他能力的提升。在普通学生的教学中发现，很多学生某一科目学得好，会带动其他科目逐渐好起来，其实就是这种道理，通过对一个学科的深度学习建立起来的大脑神经元连接，对其他科目的学习是有帮助的。

下图 6-3 和图 6-4 是两位几年前能力相近的中度智障同学的画，画面内容是湘美版 1 年级下册第 8 课《袋鼠妈妈的口袋》，图 6-3 的同学因为参加了美术活动小组，在小组活动中教师针对他的能力和兴趣，进行了三个学期的涂色训练，从一开始喜欢用一个色涂完整幅画，到后来能够用多种色涂，但颜色总要涂出线

图 6-2 合作式学习

图 6-3 《袋鼠妈妈的口袋》画 1

图 6-4 《袋鼠妈妈的口袋》画 2

图 6-5 画 2 涂色效果

外，到现在能够把颜色图在线内。而图 6-4 的同学没有进行过长期训练，虽然画面形象和图 6-3 差不多，但从绘画的速度、涂色的能力来看就相差较大，最后涂色效果如图 6-5，虽然能有意识地对准画面形象涂色，但只喜欢红色，或与红色相接近的棕色，不愿用其他颜色。另外，两人虽然认知能力接近，但图 6-3 的同学就显得更加自信、大胆，也说明此项技能的巩固给他带来了更多成功的喜悦和自信。

在进行过度学习的时候需要注意：

（1）过度学习要有针对性，针对学生的最近发展区的关键能力进行训练。首先，训练不是想起什么训练什么，或者发现学生缺什么就训练什么。如果该项能力不在学生的最近发展区，远远高于最近发展区，那么训练可能就是一种折磨，学生无法完成任务，教师也充满了挫折。其次，要训练的是关键能力。比如在绘画方面，持笔、运笔能力、涂色、观察、线描造型等就是关键能力，在剪纸方面，使用剪刀（剪碎纸），剪直线，剪螺旋形等就是关键能力，解决了这些问题，学生的能力就上一个台阶，能进行很多新的学习。否则，很多学习内容都进行不了。在教学中教师要善于发现这些关键能力，知道学生被"卡"在哪里，然后解决它。

（2）形式多样，避免枯燥无趣的训练。训练，特别是枯燥重复的训练，无论对普通人来说还是对智障人士来说，都不是一件愉快的事情，普通人会很快就厌倦，智障学生会表现得慢一点，但时间一长也会厌倦。如果强度大的话，很快就会拒绝训练。如果强度适合的话，由于他们思维上的惰性，加上完成任务后教师的表扬，他们就会"沉迷"在训练活动中，这一点在中度智障学生身上表现得比较明显。所以，训练既要长期坚持又要形式多样，避免形成思维惯性和思维惰性。比如涂色练习，不能使用相同的线描底稿进行训练，要采用适合他们认识能力、心理发展水平的底稿，同时要考虑他们的兴趣，不是每一幅画都是他们感兴趣的，在他们兴趣低落的时候，就要采用他们喜欢的内容进行调节。教育是综合性的，没有哪一种方法是绝对万能的。为了同一个目标，采用各种方法相配合，多种形式穿插使用，才能达到最好的效果。

三、媒材与艺术形式

这里所谓的艺术形式，是指学生的学习目标可以通过哪些内容、手段实现，而这些内容、手段又通过哪种形式、材料由学生呈现出来。也就是平时所说的造型艺术的门类、画种。

从幼儿园到大学，不同层级的学校呈现的艺术门类、画种并不相同，之所以不相同，是因为学生的年龄、心理、生理特点不同。那么培智学校应该设置哪些比较适合智力障碍孩子学习的艺术门类、画种呢？这还需要教师们不断进行探索、研究、挖掘、总结和归纳。

对正常孩子来说，有的画种如写生、水粉、水墨等，以前被认为是不适合幼儿使用的。但随着教育实践的开展，已经有不少切实可行的方法，使这些画种在幼儿中得以开展。这种现象在培智教育中也同样存在。

智力障碍学生最大的特点，首先是智力年龄与生理年龄的不同步；其次是由于中枢神经受损导致的感知机能与生理年龄不同步；最后是社会、家庭的歧视导致孩子产生了各种心理问题。考虑到这些因素，我们通过教学总结了一些比较适合智力障碍孩子开展的艺术门类。其共同点是，材料简单，表现力强，容易掌握并能制作出效果良好的作品。下面介绍几种有代表性的形式，更多的形式还需要广大教师继续探索。

（一）写生

写生的目的并不是画得像，而是训练学生的观察能力，使其深入、细致地感知周围的世界，同时也可以训练学生的触觉、嗅觉、听觉等。在写生的时候，教师应该引导孩子多注意细节、观察细节，这里要和正规艺术训练区别开来。正规艺术训练比较注重整体，需要到十几岁才进行。对年龄较小的孩子来说，他们需要发展细致的观察能力，这就不能让感官停留在粗放的形象上，必须深入到细节中。我们要坚信，孩子看到多少就能画多少，感知到多少就能画多少；并鼓励孩子把看到、想到的东西都画下来，让他们在大脑中积累各种形象资料。可以说，此时，他们在画面上要一直做的是不断添加细节和新形象，使画面尽量丰富、饱满。这样比较有利于学生智能的发展。写生所用的材料可以是多种多样的，铅笔、彩色笔、油画棒、水粉等，只要孩子能够掌握，都可以使用。

写生的对象可以是实物，也可以是照片。能用实物作对象的尽量用实物，不能用的再用照片。用实物写生可以让学生充分感知物体的整体和细节，使用照片可以把学生写生的范围无限扩大。写生对孩子们认知的发展十分有利，是一种可以广泛使用的教学方法。

我国著名的美术教育家杨景芝发现，从写生入手来发展学生的造型能力，儿童的写实期就不是在 9 岁以后，而是在 6、7 岁。通过写生教学，智力年龄在 6、7 岁的孩子的绘画能力会更好一些。

图 6-6 所示，学生画的是神舟十号宇航员王亚平，就是用王亚平的照片（图 6-7）进行的写生，材料是油画棒和牛皮纸。这名学生智商 45，年龄 15 岁，智力年龄为 6.75 岁，从画面上可以看出他的写生能力是比较强的。

图 6-8 同样画的是神舟十号的宇航员。为了使画面显得饱满，学生在两边加了两名宇航员，看上去就像是宇航员在太空中飘荡，很有想象力。

图 6-6　一名宇航员　　图 6-7　王亚平　　图 6-8　多名宇航员

（二）线描

线描是一种非常好的艺术形式，具有很强的装饰性，是一项传统艺术。无论是抽象的符号，还是具象的形体，都可以用线描的形式进行创作，通过教师的不断启发、学生的逐步提高，只要是进入前样式化期的孩子，基本上都可以完成很好的线描作品。（图 6-9）

（三）油画棒

油画棒色彩丰富、覆盖力强，可以在画面上调色，粗细容易把握，配上我国传统的温州皮纸、高丽纸，可以在背面刷底色，使得学生的创造性得以发挥。哪怕学生还处于命名涂鸦期，也可以创作出一幅具有视觉冲击力的作品。

图6-10、图6-11两幅作品，前一幅是低年级学生在素描纸上集体完成的作品，后一幅是高年级同学用温州皮纸独立完成的作品，两幅作品都运用了油画棒作为绘画材料。

图6-9 男（智力障碍）16岁 实物写生线描 电动车　　图6-10 低年级集体作品图6-11 高年级独立作品

（四）版画

版画的种类从简易到复杂，方法多种多样，非常适合智力障碍孩子学习。

要制作版画，需要使用拓包，这里先介绍拓包的简单制作方法。

材料：袜子、橡皮筋、餐巾纸（图6-12）。

图6-12 制作拓包

方法：把餐巾纸整包地放到袜子里面，用橡皮筋扎起来。

吹塑纸版画

①用水彩笔在吹塑纸上画出形象。

②用铅笔或圆珠笔在吹塑纸上顺着线条刻画一遍，要求划痕刻得深一点，画的时候笔可以多倾斜一点，这样可以画出比较流畅的线条。

③进一步刻画、装饰。

④在吹塑纸上刷上版画油墨或水粉颜料，用素描纸、生宣纸或皮纸进行印制。

图 6-13、图 6-14 都是吹塑纸版画，前一幅画只用油墨进行印刷，后一幅画则用油画棒进行了进一步加工。

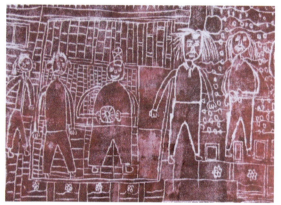

图 6-13　吹塑纸版画

图 6-14　吹塑纸版画

纸版画

先撕出或剪出各种形象，把它们贴在一张纸上，组成画面，形成凸版，上墨或上色后，覆盖上纸，然后进行拓印。

漏印版画

选择卡纸、塑料布、胶片等薄而易刻的材料，在上面刻出需要的形状，然后将它放在画纸上，用颜料或油画棒通过刷、涂、喷等方法，把形状印在画纸上，反复多次。还可以用绘画的方法进行进一步加工，直到完成作品。（图 6-15）

实物版画

利用现成的物体，刷上颜色后，用纸拓印。如树叶、花瓣、硬币、标本、指纹等，效果也很好，如图 6-16、图 6-17。

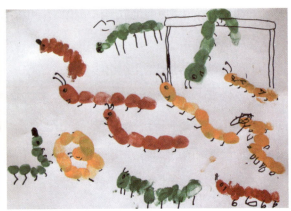

图 6-15　漏印版画　　　　图 6-16　利用树叶上的叶脉进　　图 6-17　手指画
　　　　　　　　　　　　　　　　　　行拓印

这些方法都因为其材料简单、易于操作，虽然有时也需要教师的协助，但都可以制作出完整的作品，让学生体验到成功的喜悦。

此外，还可用泡沫板、KT 板、石膏等材料进行版画制作，方法非常多，但还需要教师设计出适合智力障碍孩子操作的方法。

（五）水墨画

水墨画以其大气、效果多样的特点，深受孩子们喜欢，智力障碍孩子也不例外。教授智力障碍学生画水墨画，可以移植线描、写生的方式。它们的不同之处仅在于

图 6-18　男（轻度智力障碍）10 岁

工具。水墨画用毛笔、宣纸、水和墨汁，材料需要掌控好。尽量简化作画的程序，让学生大胆试验。对于传统水墨画的技法，大多智力障碍孩子难以掌握，可以不用教授，当然，如果孩子有能力，也可以尝试。

智力年龄 4 岁的学生可以尝试着玩水墨游戏，智力年龄 5 岁的学生可以画出一些形象，而智力年龄在 6 岁以上的学生就可以进行大幅的创作。相同智力年龄的智力障碍学生与正常学生相比，由于生理年龄较大，手指的控制力较强，具备了足够的创作能力。所以，这里以智力年龄为标准是比较适合的。（图 6-18、图 6-19）

图 6-19　男（轻度智力障碍）16 岁

（六）水粉画

中高年级智力年龄（智力年龄 5 岁以上）的学生可以进行水粉画的学习，甚至可以使用丙烯颜料、油画颜料。技巧不要

太复杂，勾线填色、直接涂色造型都可以。其困难之处在于颜料可能会弄得到处都是，有条件的可以让孩子穿着工作服进行创作。

图 6-20、图 6-21 是丙烯画作品，前一幅用的是勾线填色的方法，后一幅用的是直接画法。丙烯颜料与水粉相比，饱和度较高，比较适合作画；缺点是画在桌子、衣服上不容易清理。

（七）吹画

这种形式看起来很简单，但对于低年级的智力障碍孩子来说却可能十分困难，因为他们不会吹气，或者会把口水吹得到处都是。如果孩子掌握了吹气的方法，这就是一种很简单的创作方式。吹画方式可以配合绘画来进行。（图 6-22）

（八）撕贴、剪贴

将废旧书报上面的图画撕下来，重新组合成新的作品，是一种非常简单有趣的创作方式。从作品图 6-23 可以看出，学生不但将自己喜欢的图片进行了撕贴，而且用色彩进行了进一步的加工。

这幅作品是二年级的智力障碍学生集体完成的，学生把"小熊维尼"从旧杂志上撕下来，贴在纸上，然后用油画棒涂上底色。

（九）彩泥或超轻黏土

对智力障碍程度较重的低年级学生来说，彩泥是一项比较好的造型活动，可以利用模具，通过简单地搓、揉、捏、压等动作，进行简单的造型，既能锻炼手指的精细动作，又能锻炼感知能力。对于程度较好的学生，则可以进行更复杂的造型练习。（图 6-24、图 6-25）

（十）壁画

可以把平时学生较好的作品挑选出来，用丙烯颜料画在学校

图 6-20 男（智力障碍） 10 岁

图 6-21 女（智力障碍）10 岁

图 6-22 吹画

图 6-23 撕贴画

图 6-24 彩泥作品

的墙壁上，既符合学生的水平，又贴近学生的生活，学生会非常喜欢。

图 6-26 中，学生把在动物园里参观金鱼展览的情景画在了学校的墙上。

图 6-25 　超轻黏土作品 　　　　　　　图 6-26 　壁画

此外，现在的媒材越来越多，积木、雪花片、刮画纸、压花、炫彩棒、压模等，令美术课成了一门让人非常开心的创造性课程。教师要与时俱进，开发新的材料，一方面满足教学的需要，另一方面，也与学生一同享受创造性教学活动带来的快乐。

四、怎样把练习变成完整作品

大多数孩子都很喜欢画画，这跟他们的认知发展很有关系。对他们来说，绘画是一种认知，一种了解、把握客观事物的成果。他们很乐于画画，常常极快地画出他们最感兴趣的事物。但是，在其他方面，就显得思维贫乏、想象枯竭了，这是因为他们的兴趣仅局限在认知所涉及的狭小范围。为了让孩子的这种认知成果变为审美成果，教师需要辅导学生，把他们即兴的零星创作变为具有保存、交流价值的艺术作品。这不但可以提高孩子的兴趣，还可以提高他们的自信心和审美趣味。另外，这也是一种以发展为导向的教学方式，注重于学生的未来发展。如果是注重补偿缺陷的话，就可以不必注重作品的完整性，而只是注重让学生通过完成作品的过程来补偿其缺陷。

那么如何做到这一点呢？首先，作品需要内容。教师要启发学生画出与主体事物相关的环境、人物、情节及其细节，引导学生尽量把画面丰富起来。其次，作品需要艺术技巧，即点、线、面，对比、重复、节奏、韵律等艺术手段的使用。教师要对画面的形式美进行辅导，哪些形象需要画得大一点，哪些形象可以重复多画几个，哪些地方可以加点细节上的装饰，这些在学生看来无关紧要的问题，却是使画面具有形式美感的关键因素。作品可以一次完成，也可以多次完成。但每完成一幅作品，这幅作品就会成为对孩子的一次永久性的实质性奖励，他会体验到成功的喜悦和审美的喜悦，从而产生自信心、自豪感。这对智力障碍孩子乃至正常孩子来说都是十分重要的。

第七章

培智学校美术教学评价

培智学校美术教学评价虽然主要指的是对学生美术的评价，但需注意的是，要对美术教学作出全面的评价，还需要包括对教师、教学内容的评价。评价的目的，并非仅仅在于给学生一个定性的评价或者定量的分数，给家长、上级部门一个交代，更重要的是激励学生努力学习，建立自尊、自信和对未来学习的兴趣。评价要能促进学生自我认同，建立具有独立性的认知和审美的世界，并逐步扩大这个世界的范围，最终与真实世界同构。评价同时也是教师设计课程、改进课程的依据。现在的美术课程标准更加重视学生学习的过程，那么评价时也要注意观察教学过程中学生的各种表现，作为设计新的课程的依据。

一、对学生的评价

在对学生的评价中，不要把复杂的教育评价简单化为数字上的量化评价，这样不但会歪曲教育评价信息，甚至会丢失重要的信息，造成误评。对学生的评价应该提倡质性评价。所谓质性评价，就是力图通过自然的调查，全面充分地揭示和描述评价对象的各种特质，以彰显其意义，促进理解的评价方式。也被称为自然主义评价。它包括学生的课堂行为、学生作品，以及给学生评价的方法与形式三部分。

（一）对学生课堂行为的评价

学生在课堂上的表现，是教师设计下一堂课的重要依据，这涉及教师本堂课的教学内容是否适合学生的年龄、心理特征，方法是否利于学生的发展，作业是否适合学生，以及针对这些情况，教师应该如何设计新的课程。对学生的课堂行为进行评价，可以把教师的注意力集中到学习的过程中，而非只关注学习的结果，意识到过程与结果同样重要。以下这些学生的行为变化大多十分微妙，如果教师没有刻意进行观察，很可能就被忽略了，但实际上这些行为在教学中都十分重要，教师必须逐渐学会进行细致敏锐的观察，保持积极的态度，适时引导学生，使课堂教学效果达到理想状态。

1. 课堂教学的参与度

从学生课堂教学的参与度，可以看出孩子对教师设计的课程是否感兴趣，难易度是否合适，孩子的行为是否异常等。

2. 课堂学习情绪的变化

学生的情绪朝稳定积极的方面变化虽然是需要长期努力才能获得的结果，但是在每一堂课上，仍是教师需要关注的重要内容。教师通过调节教学活动，找到能够稳定学生情绪的方法、授课模式，是形成学生良好情绪的一个重要因素。

3. 课堂学习态度的变化

课堂上，学生学习态度是积极、逃避还是抵触，是教学能否有效持续下去的重要保证。教师应通过观察，寻找学生学习态度消极的原因，进行适当调整，或者寻求、取得家长的帮助，尝试改变学生的学习态度，为学习的顺利进行提供有力的支持。

4. 课堂行为的变化

学生课堂行为的变化有时只是量变，但有时也会发生质变，教师应当在追求量变的过程中增加质变的可能。与此同时，教师也应注意到某些行为可能是退缩行为，需积极寻找原因，解除学生的困扰，使学生的行为回到正轨。有时学生在前进的途中会经历一些挫折，这时要对学生进行鼓励、赞扬，适当协助他们克服困难，获取进步。

5. 情感的变化

课堂上，学生情感的变化不会像情绪变化那样迅速突然，可一旦发生就可能会持续一段时间，甚至一直持续下去。如果朝积极的方向变化，自然十分可喜；但有时也会朝不好的方向变化，那就需要十分重视，必须找出原因加以解决，否则将对孩子的未来产生不好的影响。在学校中，由于教师对孩子的态度都比较积极，情感一般都会朝好的方面发展，但不排除因为家庭原因导致孩子情感发生消极的变化。一旦发现这种变化，学生未来很可能会出现辍学等情况，教师对此应该有一定的预见性和心理准备，并采取积极的方法应对。

表 7-1 是教师设计的观察记录表，目的是通过观察问题学生在艺术活动中的表现，找出学生的问题所在，但这样的观察记录表也有利于教师对学生的学习作出有效的评价，从而找到问题、激励学生、改善教学。教师可以根据自己的需要，进行修改利用。

表 7-1　艺术活动观察记录表

教师				活动日期									
活动内容				座位布置									
活动步骤													
活动过程													
学生姓名	活动前		活动中						活动后				备注
	情绪	行为	材料选择	专注力	情绪	行为动作	语言	实践	情绪	行为	语言	作品形式	

记录者：

（二）对学生作品的评价

对学生作品的评价，第一，最重要的是确认该学生当时所处的绘画发展阶段，这相当于确认学生的心理年龄和智力年龄。一旦确认，很长一段时期对学生的教学都是在那个时期，教学的目标就是朝着下一个阶段努力。例如，学生虽然有 12 岁，但他的画面明显处于前样式化期，那么就可以确定他的智力年龄相当于正常学生的 4 ~ 7 岁；再根据学生画面中的形象细节、不同形象的数量，又可以确认该学生是才进入前样式化期，还是已经快接近于样式化期了。如果是才进入前样式化期，那学生就需要很多的训练进行巩固；如果已经到了前样式化期中段，那就需要多进行创作，增加形象认知，熟练技法；如果到了前样式化期末期，即将进入样式化期，那么就要在技法、材料上进行进一步的指导，帮助学生为进入样式化期作准备。在教学中，这是一个很重要的方面，体现了教师教育能力的专业性，教育建立在这个基础上，就不会失去目标和依靠。

第二，要观察学生是否利用艺术形象来表达他们的情感和经历。艺术不仅仅是画得像不像，更重要的是具有艺术特点，即应用视觉艺术的方式表情达意。有的教师的课程设计总是有新的内容要求，每次都要求学生学习画一个新的东西、新的主题，采用新的媒材。似乎没有新的东西就表明教师的教学没有突破、没有前进。实际上，每一个艺术家都有自己表达情感、思想的固定形象符号，中国画中的牡丹、荷花，西方绘画中的人体，以及徐悲鸿的奔马、齐白石的虾，这些形象其实是一种表情达意的符号，艺术家借助这些形象化的符号来表达自己的情感思想。对孩子们来说也是一样的，用熟悉的形象语言来表达感情与认知，这才是艺术的本来面目。当孩子们能够不受技能技巧的束缚，毫无顾忌地表现身边熟悉的人物、事物时，他们才能够熟练地用这些形象来表达自己的情感和意图。

教师不能陷入认知型的美术教学中，把美术课上成认知课，把学生的美术教育引入歧途。在欣赏学生的作品时，教师可以把注意力集中于观察学生是否利用艺术形象来表达他的情感和经历，而不是注重画得像与不像。

第三，要通过作品发现学生的认知兴趣、情感特点、性格特征、形象风格等个性因素，有针对性地进行教育教学。这样才能帮助孩子认识自我、教育自我，发展自己好的一面。

对学生作品的评价，需要教师具有相关的知识和长期的经验，这并非一时之功。经验丰富的教师可以很快就从学生的作品中看出学生的性格，实际上也是长期了解学生的结果。

案例

学生的真实性格特点有时是被隐藏着的。隐藏的原因有时复杂，有时也不复杂，美术教师往往可以从孩子的画面中看出端倪。图 7-1 是一个轻度智力障碍孩子的作品，这个孩子三年级时由于行为问题从普通小学转到培智学校，逆反心理一直都很严重，对教师、同学很不友善，课堂上起哄，威胁其他同学，不理睬教师的批评，一副桀骜不驯的样子。但是，教师从他的绘画作品中看到的却是一个有着善良品质、丰富情感的孩子。后来教师了解到他的家庭中有一些问题（这些家庭问题不是教师能够帮助解决的），教师能做的只是对这个孩子保持希望，耐心教导。毕业后，孩子找到了工作，具有了一定经济能力，变得温顺、善良，完全像变了一个人。他多年后回到学校，对美术教师十分感激，承认自己在学校期间"很不懂事"，并为那时的事情感到十分惭愧。

图 7-1　男（轻度智力障碍）12 岁

第四，通过作品分析发现学生的心理问题，必要时可以进行艺术治疗。当然，艺术治疗需要专业的知识技能，不是普通教师能够胜任的，但是具备一些艺术治疗的常识可以帮助教师发现问题，协助解决问题。

案例

孩子 4 岁，教师教他画画时很困惑，反映说："孩子画画时无论有没有主题都是画这些东西（图 7-2），要不就写自己的名字，或者数字。手工作品，无论有没做完，做了就拆，母亲怀疑他智力有问题。"从这幅画来看，孩子处于涂鸦期，与生理年龄相称，且用笔很重，

图 7-2　（智力不详）4 岁

说明控制笔的神经、肌肉发育正常。而红色黑色都是情绪很强烈的颜色，表示孩子的情感受压抑很厉害。后来通过询问，发现孩子会弹钢琴，表明智商应该没有问题，问题出在母亲每天都要让孩子弹钢琴、写字，此外还要参加其他兴趣班。从母亲与教师的对话来看，母亲性格比较专制，导致了孩子心理十分压抑，需要宣泄。

当然，以上案例只是间接地进行分析，要作出确切的判断，需要与孩子进行面对面的接触。作为评价手段来对学生的作品进行技术分析，需要着重分析以下几点。

1. 是否独立创作

独立创作说明学生的创作能力较强、性格独立。有的孩子只愿自己单独创作；有的孩子愿意与他人一起共同创作，也愿意自己独立完成创作；有的孩子需要在教师辅助下才能进行创作。

现代教育开始提倡集体合作创作的形式，这样可以促使学生相互学习对方的技能技巧，但是，依然不能排斥个人的创作。个人创作的时候，更利于表现个人的情感和经历。

2. 学生对自己作品的自我感觉

学生对自己的作品感觉如何，是沉醉在画中，为作品感到骄傲，还是仅仅以完成任务为目的？如果是后者，虽然完成了任务，教师仍然需要关注，寻找激发孩子兴趣的内容，或者改变教学方法来激发学生的兴趣。

3. 风格

有的学生风格小心谨慎，有的学生喜欢大气磅礴；有的学生喜欢潦潦草草，有的学生喜欢密密麻麻。无论哪种风格，教师都要寻找方法，立足学生自己的风格，辅导他们创造出具有艺术趣味的作品。不能以尊重孩子的艺术为理由过于放任，使孩子的认知能力得不到充分的发展。

4. 色彩

在智力障碍学生中，有不少是色盲或者色弱，教师应当鼓励学生运用各种颜色来进行绘画创作，以刺激视觉细胞的生长。有的学生比较偏爱某些颜色，教师可以进行有意识的矫正，但是，这并不是强制性的，只能建议孩子多用一些颜色，提醒他使用从来没用过的颜色。

使用颜色的过程也像一个冒险探索的过程，孩子没有用某些颜色可能是因为自己在生活中从来没有注意过而忽略了它，或者天生就不喜欢那种颜色，或者对那种颜色有不好的印象。当他用了那些颜色之后，发现也很好看，就会主动去运用更多颜色进行创作。通过自然的探索形成的色彩风格，往往具有一种天然的协调，不像经过专业学习后形成的色彩风格。智力障碍孩子由于智力较低的原因，难以理解复杂的色彩理论，最好以自身的感受为基调进行天然协调。

案例

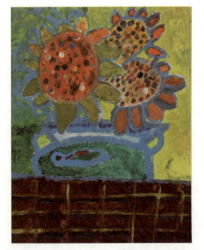

图 7-3　（唐氏综合征）13 岁

学生小非是唐氏综合征儿童，男生，从小喜欢画画，家长也十分支持。但是，由于家长也不知道怎么教他画画，只能给他水彩笔任由他随便画。进入学校后，教师发现他勾画形象还不错，但在用色方面却没有任何想法，每次涂色的时候只使用两三种颜色，大多数是大红、深绿、黑色，偶尔用深蓝、柠檬黄、橘黄。经过观察，教师发现他只是缺乏色彩训练，不知道颜色是需要相互搭配的。他以为画好了画后，只要涂上颜色就算完成。于是教师就让他尝试着用所有的颜色进行涂色，目的只是把画面画得更好看。于是，他开始了探索。在这个过程中，教师发现，除了红色，他并没有比较偏爱的颜色。但如果他觉得画面中不应该出现红色，那么他也会放弃使用红色。可见他的色彩感觉应该是比较全面的。经过一段时间的色彩创作体验，他形成了自己的色彩风格（图 7-3）。

5. 形象

教师要关注学生画面中的主体是否突出，各个形象细节是否丰富，给学生确定努力的方向。有的孩子的画面中会反复出现某个形象，这时需要寻找原因。可能是因为学生特别喜欢这个形象，也可能是因为受到了某种刺激，需要艺术治疗的介入。

案例

学生小耿，男，12 岁，轻度智力障碍，一直在普通小学上学，毕业后由于学习太差无法进入中学学习，转入培智学校。才到学校的时候，其作品画面单调，形象细小。教师故意安排他用四开图画纸作画，画完教师规定的内容后可以自由添加自己喜欢的形象。第一次，他不知道该画什么，就从参考书中找了一只螃蟹画下来。虽然那只螃蟹与那幅例画整体上并不搭配，但形象画得不错，于是教师及时表扬了他，他自己也很骄傲。后来这只螃蟹多次出现在他的画中，几乎成了他作品的标志。虽然大多与画面环境并不相称，但教师并不制止，因为这是他的自信心的起点，一旦建立起自信，以后他就会突破这只螃蟹。果然，第二个学期，他的画面上就再也见不到那只螃蟹，他的绘画能力很快就名列前茅。

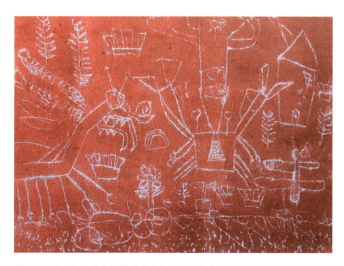

图 7-4　这只标志性的螃蟹是学生自信心的起点

（三）对学生进行评价的方法与形式

对学生的美术学习进行评价，方式很重要，这体现了教学中采用的是学科本位还是学生本位的思想，对学生未来的学习也有着巨大的影响。前面说过，评价的目的，并非仅仅在于给学生一个定性的评价或者定量的分数，也不仅仅在于给家长、上级部门一个交代，更重要的是能够激励学生努力学习，建立自尊、自信和对学习的兴趣，促进学生自我认同，建立具有独立性的认知、审美世界，并逐步扩大这个世界的范围，最终与真实世界同构。

艺术是一门非常个性化并具有创造性、探索性的学科，个人色彩非常浓，此外还和学生的生存环境、知识积累、智力程度关系密切。在以学生发展为中心的教学模式里，用一个分数、一个等级很难准确、真实地反映学生的艺术学习状况。相反，分数和等级的评价方式只会把学生的注意力转移到创作以外，从而失去通过学习艺术促进自我发展的意义。

所以，美术评价的方式，必须是一种生态化的、全方位的评价方式，它可以逐步唤醒学生的自我意识，鼓励学生从自己的作品中获得最大满足，通过自评、他评和多种方式的展览、加工，促进学生的自我认知和自信、自尊，从而达到美术教学的目的。

1. 及时评价与延迟评价

评价，有时需要及时进行，或激励学生完成作品，或肯定学生的努力；有时需要延迟评价，让学生有时间冷静面对自己的作品。有时学生画累了，觉得自己的画也画完了，但此时教师给一个最终的评价又有不妥，就需要教师延迟评价，让学生休息一下，下一节课再继续作画。一般来说，到了下一节课，学生积蓄了精力，马上又会投入到画画中。经过多次努力，画面自然会达到理想效果。这种方式与画家作画的方式是一样的，最终的成果不但可以扫除沿途的所有劳累，而且能够使学生加倍地产生自信、自豪与满足感。

2. 有针对性的评价

有时在学生的创作中，某个细节出现了进步，教师一定要抓住时机进行评价；如果出现较大的退步，则要进行关注，弄清原因再做评价，以期学生改正。

3. 他评与自评

通过课堂上的他评与自评，教师可以了解学生对自己的作品的看法，也可以了解其他学生的看法。而学生则可以不断了解自己与他人之间的评价差异，逐渐了解自己、了解别人，使自我意识健康发展。

4. 多次递进式评价

学生的作品一开始是在当次课程结束时获得评价，这是与所在班级的同学同台获得评价；期末的欣赏课上，教师总结一学期以来学生的作品时，就可能与本年级、本段的同学同台获得评价；到了节日画展的时候，就可以与全校的同学同台获得评价。层层递进，不断获得同学、教师、家长的肯定与鼓励，这对培养学生的自信心十分有利。（图7-5）

图7-5　通过六一儿童节举行画展，对学生的创作进行肯定与激励

5. 校内校外展览（包括网络展览）

学生的作品参加画展，是学生获得肯定的一个重要方式。美术教室、班级的画展是第一级画展，起到非常及时的评价作用。这种评价虽然悄无声息，但力量巨大，教师一定要善于利用这个平台。在班级教室里的画展（图7-6），一旦管理不好，学生的作品可能会遭到破坏，所以要取得班主任的支持，由班主任管理，并形成爱护学生作品的风气和习惯。而美术教室的画展则更为重要，因为这里是学生"工作的地方"，墙面上的作品对学生起到了潜移默化的作用，这里展出的作品更"专业"、更具有及时性。美术教师可以把美术教室布置为一个工作室，随时对外开放，激励学生。

图7-7是校外少儿美术工作室，教师将学生的作品进行及时的展示，不但是对学生的肯定与鼓励，也是塑造美术工作室文化的一种有效手段。培智学校可以

图 7-6　在班级中进行展览

图 7-7　校外少儿美术工作室

图 7-8　用学生作品设计制作的书签

在考虑学生安全的前提下进行借鉴，设计自己的美术教室。

此外，教师还可以在网络上利用 QQ 空间、百度空间、博客、微信等平台进行网络展览，使学生在任何地方都可以展示自己的作品，更方便获得学生的家长、亲戚、朋友的肯定与鼓励。其实，来自家庭的支持才是最有力的支持。

6. 加工成工艺品

教师把学生的作品加工成书签、日历等精致、巧妙的小工艺品，也可以极大地调动学生的兴趣。这是一种肯定孩子作品的评价方式。图 7-8 是用学生的作品设计制作的书签，使学生体验到了成就感，提高了学生的学习兴趣。

7. 集录成作品集

教师把学生的作品集录成书，更利于欣赏，看上去似乎也更有档次。这同样是对学生作品的肯定性评价（图 7-9）。

图 7-9　学生作品集

8. 义卖、馈赠

学生的作品可以进行义卖，这样既肯定了其作品的价值，又支援了需要帮助的人，还培养了学生关爱他人的品德，提高了孩子们适应社会、融入社会的能力。（图 7-10）

图 7-10　为地震灾区孤儿进行的义卖场面

9. 定量评价与定性评价

对于极重度智力障碍的学生，除了训练，很难再进行更高层次的教育。对于这类学生，教师可能需要设计个别化的评量表进行逐项的评量。这样才能看到学生经过教师的训练之后出现的变化。

但是教育是一种灵活的实践活动，在使用定量评价的同时还需要定性评价，在学校中如何利用量表来协助教学 ，是一个值得探讨的问题。美术是一门具有技术、技巧的人文学科，针对技术、技巧可以进行定量评价，而针对作品则需要进行定性的评价。

对于能够进行创作的学生，对他们的美术作品进行定量评分，实际上是有害的，会把学生的注意力引导到艺术创作、自我认知以外的目标，对美术教育的目标起到了干扰的作用。教师一开始就应该把辅导学生完成的作品当作对学生最大的奖励。只要学生坚持完成了作品，就应该受到鼓励和肯定，这样逐步把学生的注意力吸引到他自己完成的作品上来。有的学生在绘画时只能涂鸦，那就让他涂鸦，为他寻找更适合表达的媒材，帮助他表现自己的情感与认知。对于不便于保存的作品，可以用拍照、摄像等方式进行保留。总之，教师要想尽一切办法为学生创造体验艺术的成功经历，使他获得强烈、持久的影响。

二、对教学内容的评价

对培智学校的美术教师来说，组织和编写教学内容的工作几乎一开始就由教师自己来进行。因为在一个班级内，智力障碍学生差异巨大，国家统编的教材无法满足所有学生的需要，这就需要教师掌握设计、编写课程内容的方法。教师设计了课程，进行了教学之后，自然需要进行一番评价，不断地进行改进和完善。

1. 是否符合国家的教育目标

是否符合国家教育目标是评价教师设计的课程的第一要点。一个国家有其培养学生的最基本目标和最高目标，在制订目标的时候是非常慎重的，它体现了一个国家的发展方向和价值取向。所以，教师需要认真学习、认真解读这些目标。一旦出现偏差，会给学生未来的发展造成不必要的，甚至非常大的困扰。比如现在国家提倡素质教育，要培养创造性的人才，这是社会发展变化的必然要求。但依然有很多学校执着于应试教育。未来，这些应试教育的人才到了工作岗位上，不但难以适应工作，而且可能会很难适应未来社会的生活。这种错误的教育给学生带来的可能是一生的禁锢。

2. 是否适合学生的年龄心理特征

学生的年龄心理特征是教学有效性的主要依据，虽然智力障碍学生的年龄心理特征比较复杂，但正如前面所述，它离不开三个方面：一是学生的智力年龄；二是学生的生理年龄；三是学生的病理可能导致的异常行为和心理障碍。综合考虑这三方面的因素，就可以全面地进行分析，从而设计好相应的教学内容。

案例

小刘的逆反心理实际上是唐氏综合征患者因不熟悉学校环境造成的，小凌的心理问题是在普通学校受到压制后造成。前者需要降低要求，给予安全感，建立自信；后者需要关爱、鼓励，建立信任感与安全感，且由于这位学生智商过低，需要进行行为训练（表7-2）。

表7-2 学生信息表

姓名	性别	年龄（岁）	智力年龄	病理	心理
小刘	女	8	3.5	唐氏综合征	退缩、胆怯、逆反
小凌	男	12	7	极重度智力障碍	胆怯、防御、行为固执

3. 是否易于调动学生的学习兴趣

学习兴趣是促进学生主动学习的主要动力，而美术的内容无所不包，选择的范围十分宽广，教师就要善于选择学生感兴趣的内容作为载体，这样易于激发学生的学习愿望。

在普通小学美术课程教育中，有很多课程内容都适合智力障碍教育，但在技法上相对较难，或者在内容上不适合智力障碍学生，这样就难以提起他们的兴趣，需要教师对原教材进行改编，以适合智力障碍学生。

案例

中国卡通

图 7-11　课例《中国卡通》

图 7-11 中的《中国卡通》一课，原是普通小学美术教材中的内容。但是，原课文中的内容比较陈旧，很多智力障碍学生都没有接触过那些形象，如《大闹天宫》中的孙悟空等，因为没有看过，所以缺乏兴趣。于是教师把原来的课程内容进行了修改，添加了正在放映的动画片《西游记》中的孙悟空形象，然后又增加了正在播放的《三国演义》《小鲤鱼历险记》《喜羊羊与灰太狼》等学生熟悉的动画片。这样一来，内容得到了学生的喜爱，激发了他们的学习兴趣。

4. 开放性与独立性

教学内容的开放性是指教学内容的设计具有向外延展性和非结构性，这种特性引导学生积极向相关内容进行扩展与自由探索，或者向语文、数学、自然、音乐、体育等其他学科扩展。而教学内容的独立性是指教学内容在体系上有一定的完整性和结构性，无须向其他内容或科目扩展就已十分完整。如绘画技法的学习，就具有很强的独立性。这种技法的学习不需要别的知识准备，学完后也无须向别的领域扩展，如传统工笔画的分染技法、实物拓印技法等。当然，这种独立性并非封闭性。作为一个独立的体系，仍与别的内容有千丝万缕的联系。比如对某种技法的学习，在课程设计上就可以先强调其独立性，一节课或几节课解决一个内容。当学生初步掌握了这种技法后，课程的设计又着重于开放性，强调把这种技法应用于不同的形象塑造。

5. 思想性

思想性也是衡量课程好坏的一个重要因素。学生在学校里学习的时间是有限的，教师要把最有意义的内容传授给学生，就必须强调课程内容的思想性。没有思想性的教学内容，很大程度上是在浪费学生的宝贵时间。由于长期以来对教学内容思想性的强调停留在形式上，教师们对这个问题感觉麻木、不以为然，甚至有人认为是在洗脑，以致误入歧途。

　　培养智力障碍学生乐观积极、与人为善、礼貌大方、温和、自信的性格对他们的未来生活十分有益，在教学内容的设计中就要有意识地渗透这些方面的内容，培养他们的良好品性，使他们成为积极融入社会的现代公民。

　　要在教学中更体现思想性，教师就要善于发掘生活中的素材。在我们的生活中有很多素材可供挖掘，教师要把这些素材及时、自然地加入我们的课程中。教师一旦在这个方面具有自觉性，就可以避免把高尚的思想变得庸俗化、低级化。

　　比如，图 7-12 表现的是抗旱救灾的场面，画中人物正抬着矿泉水来到灾区进行捐赠，地上那些圆圈表示开裂的土地。

图 7-12　主题为抗旱救灾的画

6. 技法

　　在美术中，技法是一种语言，起着文字符号的作用。而语言文字，看似没有多大用处，实际上它乃是一个民族最重要的文化基因之一，就像空气一样重要。技法对美术的重要性，就像空气对于人类一样不可或缺。而且，现在对中国象形文字的研究表明，语言文字中蕴含着丰富的民族文化基因，可以说是文化的遗传密码。近年来对美术技法的消解，认为美术技法不重要的观点比较流行，其目的也在于革新美术技法，并非真的认为美术技法不重要，但很多教师照字面意思去理解，那就误入歧途了。

　　虽然对智障学生来说，他们能掌握的美术技法十分有限，但反而凸显出美术技法对培智美术教学的重要性。采用什么美术材料几乎决定了能不能正常开展美术课，教给学生哪些相应的技法、如何教，都是教学内容设计的重点。很多基础技法承担着补偿学生缺陷的功能，训练学生的感知能力和粗大动作、精细动作等神经控制肌肉的能力，重要性不言而喻。

有的学生智力虽好，但带有别的病症，如脑瘫，自闭症等，增加了学习的难度，他们有时会对特定的媒材、技法十分感兴趣，甚至迷恋。唐氏孩子性格倔强，但对美术常常十分喜爱；可如果不喜欢的话，有时八匹马拉不回头，十分倔强，需要换种思路去疏通。轻度智障孩子可能因为感受到社会的歧视，心理扭曲，更需要心理的认同。这一切都需要教师认真考虑，精心设计，善于借鉴、探索新的技法，让适合的技法在适合的时间起作用。这样不但可以激发学生的学习兴趣，也可以提高智障学生的创造能力。

所以，美术技法就像军事上的枪炮一样重要，有先进的枪炮，对战争的胜利起着巨大的保障作用。教育的改革，其中一个重要的方面就是技法的革新，轻视技法的作用，只强调发挥人的创造性，如同无米而炊，实际上反而会把人的创造性由理想变为的神话，由可能变为不可能。这一点在智障教育中又显得尤为突出，因为智障教育历史短，从事此项工作的人数较少，经验欠缺，沉淀的有效成果较少。需要当代的教师在教学中敢于创新，借鉴，大胆试验，改造，总结出更多适合智障学生的技法。

图 7-13 女（智力障碍）8 岁 漏印版画

案例

漏印版画是一种十分有趣的技法，能够控制手臂的学生都可以尝试。但是，要学生把版画中的形象从纸上刻下来，对他们来说却是难以完成的，也是危险的。于是，教师就改变了教学步骤。首先，教师让学生选择自己喜欢的图形，并把它画出来（学生画不出来的可以由教师帮助）。然后教师刻出来，让学生知道这一步骤的操作方法。最后才让学生进行拓印。这样就减小了技法的难度，让学生体验到漏印版画的乐趣。对于能力更强一点的学生，教师还安排他们在版画的基础上进行添画。图 7-13 中的女孩是漏印版画作品，其中她的五官、旁边的小鸡是学生添加的内容，学生还给女孩的手和衣服涂了颜色。

三、对教师的评价

1. 教学思路逻辑清晰

教学思路是否清晰是衡量一名教师能否胜任教学的最基本的标准，这对从事培智教育的教师来说显得特别重要。智力障碍学生的学习能力偏低，教学中似乎不需要太多的学科知识，更多的是想办法教授学生生活自理能力和最基本的自然、社会、生活常识，这些内容简单琐碎，难成体系。因此，教师的教学思路就容易变得混乱不清，有的教师一堂课思路是清晰的，但整体来说却是混乱的；而有的教师则从一堂课到课程整体架构都是混乱的。在美术教学中，要教给智力障碍学生最简单的美术知识和技能，也存在类似的问题：一是不知道能简单到何种地步；二是欠缺对美术体系的整体把握能力，结果导致教学思路不清。要想做到教学思路从整体到局部都十分清晰，首先要对美术学科的整体进行了解，其次是要对学生的现状有清楚的了解，最后才能设计出适合学生的教学内容。

2. 学科基本功

学科基本功是教师教学能力的基础。虽然教智力障碍孩子看上去不需要多少学科知识和学科技能，但对教师的学科创造能力却要求颇高。设计适合智力障碍学生的课程，对教师创造能力的考验就比对普通教师的要高。因为普通教师只需考虑学生的年龄心理特征，而培智教师则要同时考虑学生的智力年龄、绘画发展阶段和生理年龄，并将普通的技法改造得适合特殊学生学习。此外，还常常要考虑智力障碍学生病理导致的异常行为，以及社会、家庭歧视造成的异常心理。学科基本功不扎实，就很难自如地兼顾多方面的因素。

3. 组织教学的能力

组织教学的能力不单单是指把学生"教得听话"的能力，还包括倾听学生、观察学生的能力。培智学校班级的学生人数虽少，但常常是各种类型都有，差异极大，教师就需要具有敏锐的观察能力，并迅速制订出相应的对策。

以上三点虽然是别人评价的依据，但更主要的作用是令教师据此进行反思，不断改进自己的教学。

4. 和学生"聊天"的能力

曾有人说，教师最大的本领就是能和学生聊天。聊天的能力，就像一根深入学生大脑深处的井绳，担负着把学生生活经历、思维成果打捞出来的任务。教师要在爱的前提下，与学生进行有目的的聊天，把学生的兴趣、经历、想法了解透彻，从而引导学生进行艺术创作。

聊天，能让学生产生安全感，并在有意无意中深入学生的生活，了解他们生活中的喜怒哀乐，让师生之间产生深深的信任感。其实，真正与学生聊天并不容易。首先，教师要有一种师生平等的意识，其次是要能做到师生平等。新教师可能对学生很陌生，有一种好奇心，加上没有教育教学"套路"，很容易和学生天南海北地聊天。但是工作一段时间之后，有了各种"套路"，对学生不再好奇，和学生谈话时，无意中就会流露出高高在上的态度，此时和学生聊天就会颇为困难。所以，"聊天"这种能力看似简单，实际上并不简单。教师应该有意识地保持赤诚的心，能和学生平等相处，这样才能深入了解学生，增加教学的深度。

第八章

艺术治疗

艺术语言，是一种比口头语言、书面语言等显意识语言更为基础、广泛的语言。它通过使用形象的或抽象的符号来表达隐晦的、潜在的，用逻辑语言说不明白的情感、思想。

人获得信息，处理信息时，并非全部信息都会在第一时间被认知处理。人的感觉器官将各种感受到的视觉、触觉、听觉、嗅觉、味觉信息传入大脑，这些信息虽然被感觉到了，但由于刺激的强度不够，数量不够，没有引起人的注意，于是就仅仅被存储在大脑里，可能转瞬就被遗忘了。

还有一种情况是，人虽然注意到了某些现象，但大脑里没有足够的概念、语言来对现象进行描述，各种现象只能以画面的形式存储在大脑里，形成尚未进入知觉层面的潜意识。这些信息一时间很难通过逻辑思维被表达出来。

但是，人可以通过艺术的手段，把存储在大脑中的这些无法用语言、概念表达的现象、画面、经验表现出来。这时，在艺术治疗师或教师的帮助下，他们使用更成熟的认知方式，重新唤醒记忆，调用大量处于潜意识中的感觉信息，让这些信息进入显意识，重新进行认知加工，使用准确的概念、语言对经验进行描述，最终形成新的经验，建立起神经元之间的高效连接。

这种通过艺术而非逻辑推理的方式，调用过去的感知觉信息，从新的认知角度进行处理，从而获得不同以往的知觉经验，促成人的整合、提升乃至成长，实际上就是艺术治疗的目的。

艺术治疗是以人自身的发展和心理理论为基础，帮助个体调和情绪冲突、降低焦虑、提升自我意识、发展社会技能。它以心理学、艺术学、社会学、哲学等学科理论为基础，以促进人的身心和谐为目的，帮助人们在艺术活动的心理场中自由、自然地表情达意，释放被压抑的负性情绪的同时提升人们自我觉察能力，从而有建设性地整合自我、提升自我，促进自我的人格成长。

对于普通人而言，三岁以前的阶段是人一生中发展最为快速的阶段。但是，由于这段时期孩子身体十分柔弱，理解能力、语言能力都还很低下，和成年人之间的交流不顺畅，成年人在对他们进行教育训练时很难把握合理的尺度，更多的只能采取较为笼统的手段。孩子由于缺乏有目的的摸爬滚打、韵律、涂鸦等丰富的感觉、知觉活动，能力很难得到充分的锻炼。有的孩子由于家庭的原因，受到冷落或暴力对待，导致一些心理上的创伤和障碍，变得胆怯、退缩、固执；或者由于错误的教育训练，形成了错误的交往方式。对智力障碍孩子来说，这种情况出现的概率大大增加。那么，在教学中就有必要了解一些艺术治疗的手段，对孩子进行定期的艺术治疗活动，为他们提供长期而稳定的心理支持，这有助于他们的心理康复。

艺术治疗根据艺术所具有的特点，为受众提供一种非语言的表达和沟通机会，通过有效沟通，帮助受众解除心理故障，增强自我认知，获得成长。

艺术治疗有两种主要取向：一种是把艺术创作当作个人的内在与外在沟通的桥梁，通过艺术创作，抒发负面情绪，达到缓解情绪上的冲突的目的，有助于人的自我认识和自我成长；二是通过艺术创作，补偿、提高人的感受能力和洞察能力，达到更真实地反映客观现实的目的。前者倾向于治疗，后者倾向于发展。对教师来说，其没必要去做学术上的二选一，而应该视自己的教学需求，选择当时需要的理论，支持自己的教学。

在具体的操作中，教师要十分熟悉皮亚杰的儿童发展阶段理论和罗恩菲尔德的儿童绘画发展阶段理论，通过儿童一段时期内的绘画作品，判断出儿童当前的发展阶段，然后观察其心理、智力、情感是否异常，并有针对性地应用艺术治疗手段开展教学，这时选择的取向是第一种。如果没有异常，那么就选择第二种，即发展取向的艺术治疗手段。当教学以学科技能知识掌握为目的时，教学就脱离了艺术治疗，而进入了学科教学的领域。事实上，治疗取向、发展取向、学科教育都是我们美术课的内容，教师都应当掌握并进行灵活的选择。

艺术治疗专家陆雅青提出了"艺术教育治疗"的观点，将艺术治疗理念渗透到教育中来，这一观点比较符合当代艺术课程的发展现状。即艺术教育除了以提升儿童的美感经验为宗旨之外，还通过人本的艺术教学活动，统整学生的学习经验，解除或缓解生理的束缚和情绪的困扰，使儿童发展明朗而积极的自我概念，增强生活适应能力。这种取向不但可以用于特殊学生，而且同样适用于普通学生。只是对普通学生来说，发展的分量重于矫正的分量。

由于艺术治疗的取向是发展学生的感受能力，所以，陆雅青总结了如下以艺术治疗为取向的艺术教育目标：

①发展手部操作技能；②发展动作的模式；③发展社交沟通能力；④能从控制媒材和工具的使用上，获得掌握环境的能力；⑤鼓励观察；⑥能识别色彩、形状、质感；⑦刺激想象；⑧鼓励自我认同，强调创意和提供有意义的经验。

陆雅青认为治疗取向的艺术教育课程应能发挥以下功用：①能提升学生的自我概念；②能培养对家庭、学校和社会环境的适应能力；③能培养独立思考和创作的能力；④能由浅入深地呈系统化的规划，并针对学生的需要，做适度的调整；⑤重视分享的历程；⑥提供真诚而具体的回馈。

对于智力障碍孩子，由于其能力所限，要注意以下几点：①教学中要限制媒材的种类，防止学生掌控媒材时感到困难。②在艺术创作过程中，要根据学生的情况设计适当的步骤，要避免步骤过多，学生难以完成。涂鸦期的同学一般一个步骤即可，样式化期的孩子可以达到三个步骤。③反复练习同一种媒材或艺术经验，有助于孩子掌握技能技巧，更好地进行创作与表达。④避免高难度的技巧，比如过于精细的操作对智力障碍孩子来说十分困难。⑤在学生的技巧日趋成熟后，提供成功的机会，如展览、比赛等，使其获得有效的艺术经验。

可见，艺术治疗非常重视媒材的选择与使用，特别是初次和新生打交道的时候，要获得学生的信任，心理上有安全感，材料就必须精心挑选，不能太难，要便于学生掌握，利于艺术表达。以前教师习惯初次见面给学生一个下马威，以树立教师权威。对于智障学生，这样做的结果是令他们产生极大的不安全感，退缩，抵触，像蜗牛一样蜷缩躲藏起来。所以，要想让智障学生信任教师，大胆表现，选择适合的媒材是非常重要的。

此外，结合动作康复的理念，考虑到早期儿童动作的发展是促进儿童认知发展的重要因素，而美术课中有着大量精细动作的学习训练，故可以将这一内容结合艺术治疗的理念融入教学中，使用各种艺术材料进行搓、揉、捏、拉、压、吹、弹、撕、剪、贴、拼、搭、涂、染、描、画、刻、缝、穿、拓、印、甩、刮等精细动作的学习训练，从而促进智障学生的发展。

在正常孩子的教育中，年龄越低越倾向于使用多种媒材进行教学，其原理也是如此。这样不但发展了多种感知能力，同时促进了认知的发展，美术技能的学习也渗透在这个过程当中。而且，多种媒材的使用，符合低龄儿童兴趣容易转移、注意力不容易长时间集中的特点。教学中经常转换媒材，这样会给予学生新鲜感，是使他们保持新鲜感和兴趣的有效方法。需要注意的是，中重度的智障学生学习一个简单动作所需的时间比较长，可以和其他动作一起进行多次循环教学，不能像轻度学生或正常儿童那样短时间就换媒材。

当孩子到了写实萌芽期的时候，手部的力量、精细动作等都发展得比较充分，注意力也能够长时间地保持专注，就可以比较自如地运用各种媒材进行更加自由大胆的创作，而不是到这个时候才来学习多种媒材的应用方法。写实萌芽期的孩子，无论是智力障碍孩子还是普通孩子，都会希望自己创作的形象比较逼真。如果过去不熟悉媒材的使用，在使用新材料进行创作时就会感到困难、不易把握，创作出来的作品十分粗糙，他们会对此感到十分不满，继而失去信心。

总之，培智学校的美术课堂中，教师要借鉴艺术治疗中先进的手段和方法，补充教学方式，使教学更加有效。

美术课程体系和课例
（按智力年龄和绘画发展阶段计算）

绘画发展阶段	门类		
	手工	绘画	欣赏
感觉运动期 （智力年龄 0～2 岁）	看、摸、揉、捏、拉、拍、撕、贴、扔、听、尝、滚、爬、走、跑等		
涂鸦期 （智力年龄 2～4 岁）	橡胶泥 超轻黏土 撕纸 玩具	粉笔 水彩笔 油画棒 水粉 实物版画 漏印版画	绘本
前样式化期 （智力年龄 4～7 岁）	橡胶泥 超轻黏土 撕贴 剪纸 折纸 创意手工（纸制瓷器、面具、彩色玻璃瓶、纸盒建筑、立德粉勾线填色等）	吹画 油画棒 水彩笔 线描 水墨 水粉 重彩画 创意绘画 漏印版画 实物版画 吹塑版画	儿童画 绘本欣赏与创作 摄影 动画片
样式化期 （智力年龄 7～9 岁）	超轻黏土 剪纸 折纸 创意手工（纸制瓷器、面具、彩色玻璃瓶、纸盒建筑、立德粉勾线填色等）	线描 水墨 水粉 水彩 油画 重彩画 光影素描 创意绘画 漏印版画 实物版画 吹塑版画	儿童画 摄影 影视 绘本欣赏与创作 名作欣赏与临摹
写实萌芽期 （智力年龄 9～12 岁）	超轻黏土 剪纸 折纸 创意手工（纸制瓷器、面具、彩色玻璃瓶、纸盒建筑、立德粉勾线填色等）	线描 水墨 水粉 油画 重彩画 工笔画 写意画 光影素描 结构素描 漏印版画 实物版画 吹塑版画	儿童画 摄影 影视 绘本欣赏与创作 名作欣赏与临摹

课 例

本书选择了一些教学中的典型案例供参考，选择的标准是每个儿童绘画发展阶段都选择几个，便于大家举一反三。从最基础的建立自我概念、实体概念开始，到基本绘画手工动作技能的学习，再到表现主观想法、客观存在乃至社会现象、艺术追求。前者是感觉运动期、涂鸦期、前样式化期的内容，后者是样式化期、写实萌芽期的内容。从前样式化期开始，教学内容就可以从幼儿园、小学教材中进行挑选、改编、处理，处理的过程中需要考虑认知补偿、技能补偿的问题，还要考虑内容要适应学生当前的心理水平，特别是 12 岁以后的学生。因为他们常常有一颗青春期的心，但只有 4~6 岁的本领。

为了方便阅读，本书的课例只简单记录了大概的教学步骤，每节课具体的情境创设需要教师自己精心设计，创造性发挥。

考虑到绘画部分的内容小学教材中比较多，教师也比较熟悉，所以选择的课例相对比较少，而超轻粘土、绘本既可以进行训练性课程开发，也可以进行发展性课程开发，相对案例要多一点。像归类识图、剪撕贴、涂色、玩具操作等内容挑选的多半是比较简单的内容，有的简单到了不可思议。因其乃是学生学习起步的地方，很多教师都没想到学生竟然会连这些简单的内容都要通过很多训练才能学会，只有遇到这类学生感到束手无策的时候，才能看到：原来这些学生还能学会一点东西，学生也是借着这点成功的体验才有了自信和学习的动力。

认知补偿

绘画发展阶段	感觉运动期、涂鸦期
教学内容	新学期入学新生点名训练
教学目的和要求	让学生能够在听到教师念自己的名字时能够起立答到
重点	学生能对自己的名字建立清晰的概念
难点	听到老师的点名能够回答
工具材料	学生的姓名卡片、奖章（或者食物）、适合二至四岁儿童观看的动画片
教学过程	一、教师请一名能力较好的同学进行示范，对着学生的名字卡片念出该同学的名字，学生听到后起立，回答"到"。如果没有语言，或者腿脚不便不能站立的同学，只要能够听到自己的名字时有所表示，也算完成任务。回答正确后教师把他的名字卡片贴在黑板上。 二、依次分别念出所有同学的名字，进行练习。 三、轮完一遍之后播放学生喜欢的动画片，长度五到十分钟，视学生的情况而定，目的是稳定学生的情绪，以准备下一轮的训练。 四、按照前面的方法，进行第二次点名，对于能够正确应答的同学给予一枚奖章，贴在名字卡片后面进行肯定和鼓励。 五、一节课中可以进行多次练习。 六、总结评一评谁的奖章最多，给予食物或其他实物作奖励。 （加学生名字卡片照片、奖章的图片）
备注	1.对新入学的、能力在感觉运动期和涂鸦期的新生来说，这是非常重要的一课。如果学生对教师念到自己的名字不敏感，教师的教学就很难有收效。这个训练可能要持续很长时间，一开始用整节课的时间来教，学生明白规则后每节课仍要花五分钟左右的时间来进行本训练，直到学生听到自己的名字能敏锐地作出反应为止。 2.这个过程也是在学生大脑中建立自己名字的概念的过程，这个概念和爸爸妈妈等一样是儿童在大脑中最早建立的概念。但是学生还没有在这个概念和教师之间建立连接，对教师念自己的名字不习惯，缺乏敏感，不明白教师念自己的名字是什么意思，这对开展教学是非常不利的，所以需要进行训练。学生对自己的名字越敏感，就越能提升其他概念建立的效率。 3.经过这个训练，学生除了认识自己的名字外，还对其他同学的名字有了认识，可以减轻对新环境的焦虑，对教师和同学产生安全感，为后面的学习打下基础。 4.用食物做奖励的时候，事前要了解学生会不会对该食物过敏，给予的食物数量要少，避免影响其他教师的教学，或者吃多了会影响胃口。 5.及时而积极地反馈是抓住学生注意力的好办法，一开始可以慷慨一点，频繁地给学生卡片做奖励，培养良好的课堂常规，随着学生逐渐适应课堂教学后，慢慢减少奖励次数。除了卡片，偶尔也可以用食物作奖励。 6.奖励用的奖章，可以使用多种学生喜欢的形象，以增加新鲜感，吸引他们的注意。

绘画发展阶段	感觉运动期、涂鸦期
教学内容	认识我的同学
教学目的和要求	认识同班同学
重点	能够听名字指认同学，并和他握手问好
难点	指认自己
工具材料	学生姓名卡片、奖章或食物
教学过程	一、点名训练。能够正确起立答到的同学，教师把他的名字卡片贴到黑板上。 二、请一名能力较强的学生到前面做示范。教师念出一名同学的名字，请他用手指出这名同学是谁，然后跟他握握手，说："你好！"能够顺利指出一半以上的同学可以获得食物奖励或一枚奖章贴在他的名字后面。 三、依次请其他同学完成训练。 四、播放学生喜欢的动画片，稳定学生的情绪，以准备下一轮的训练。 五、进行新一轮指认同学的训练。如果学生能够顺利指出其他同学，则可以念他自己的名字，让他也能够正确指出自己（很多本阶段的同学能够指出别人，但却不能指出自己，因为这是从客观的角度看自己，是一种新的思维角度）。 六、总结，评一评谁的奖章最多，以食物或其他实物作奖励。
备注	1.本课是对点名训练的扩展，目的是认识同班同学，减少某些不喜欢陌生环境的学生的焦虑感，建立和其他同学连接，形成班集体意识。当学生相互熟悉彼此的名字后，会形成很强的班集体意识，仿佛其他同学也是他们身体的一部分，当老师呼唤其他同学时，他们会作出反应，这是因为他们智龄较低，意识缺乏分化所致。这种情况在正常人身上其实也有表现，比如从小一起生活的几个孩子，长大后会觉得彼此关系犹如兄弟姐妹。 2.用给学生看动画片的方法稳定学生情绪是因为学生才入学，几乎没有什么其他手段吸引他们的注意力，让他们安坐下来。如果学生情况较好的话，能够顺利进入学习，就不必用这种方法。 3.自闭症的孩子可能认识他的同学，但不愿意指认并和他握手接触，也可能很长时间都不认识同学，需要注意观察区分。天宝·格兰丁认为自闭症的大脑各脑区内部的神经元连接比较丰富，但各脑区之间的神经元连接却比较少。所以他们即使认知能力相对较强，也不喜欢和他人交往。 4.有的智障学生认知能力很差，却能认识所有同学，这可能说明他的各脑区之间的连接相对比较丰富，而各脑区内部的神经元连接却比较少。

绘画发展阶段	感觉运动期、涂鸦期
教学内容	常见动物（大象、老虎、兔子、熊猫、猪、马、牛、羊等）的认识
教学目的和要求	归类识图，认识常见动物
重点	认识常见动物，建立常见基本概念
难点	识别常见动物
工具材料	PPT 或视频、A5 图片、奖章或食物
教学过程	一、点名练习，把顺利应答的同学的名字贴在黑板上。 二、在白板上出示大象的图片，请学生说一说这是什么？（对不能发音的学生，教师也要带着他尝试发音，以熟悉动物名称）。（对说得正确的同学给予奖章贴在名字后面作奖励。） 所有学生说完后，教师带领大家齐读几遍进行巩固。 三、用相同的方法依次认识其他动物。（对回答正确的同学给予奖章奖励。） 四、看动画片或别的休息活动五分钟，缓和、安定学生的情绪。 五、巩固练习：教师将动物图片贴在黑板上，然后用 PPT 中依次出示动物，请一名同学把对应的图片找出来，一人一幅图。（对回答正确的同学给予奖章奖励。） 六、练习：教师依次出示本节课学习的动物，请一名同学把它们依次全部找出来。（对回答正确的同学给予奖章奖励。） 七、总结，数一数谁获得的奖章最多。给予食物或图片奖励。
	 A5 大小的卡片（大约半张 A4 纸），过塑后，背后用透明胶布贴强力钕铁硼磁铁，便于贴在黑板上操作。	 奖励卡片，可以用各种学生喜欢的形象制作，过塑后，背后用透明胶带把强力钕铁硼磁铁贴上，可以吸附在黑板上。需要注意的是过了塑的奖励卡片因为太硬，四角比较锋利，有安全隐患，一般不发给学生。

续表

		这是没过塑的奖励卡片，选择一些教学用的图形或者学生喜欢的卡通形象，用普通 A4 纸打印，可以发给学生做奖励。既可以提高学习兴趣，又可以巩固所学知识，还便于随着教学需要不断更新。
备注	1.所谓常见动物并非限定于生活中的常见动物，也包括影视、图画书、宣传画等中的常见动物，因数量较多，可以按难易程度一次学习五到十种，分多次学习。 　　2.处在感觉运动期和涂鸦期阶段的学生认知风格是图形认知，这一点在认识交通工具的时候表现得十分明显，比如有的学生认识救护车，并非因为上面写着120，而是根据整个车的样子来判断这是救护车。所以动物图片上不要有文字提示，但最好有背景，表明动物生活的环境。 　　3.这个阶段的学生，认知方面常有明显的缺失，美术课上要注意发现，并进行认知补偿。否则后面的教学很难继续深入。所以，认知不是语文课的专属内容，美术课要从识图的角度进行相应的训练。 　　4.分类是最基本认识事物、进行思维活动的方法，但是如果没有一定的实体概念积累，这种最基本的思维也难以进行。所以美术课中要通过分类识图的学习，渗透分类的意识，促进学生思维的发展。	

绘画发展阶段	感觉运动期、涂鸦期
教学内容	常见水果（苹果、梨、香蕉、西瓜、橘子、草莓、樱桃、石榴、菠萝、葡萄）的认识
教学目的和要求	进行归类识图，认识常见水果物
重点	认识常见水果，建立常见基本概念
难点	识别常见水果
工具材料	PPT、A5图片、奖章或食物
教学过程	一、点名练习，把顺利应答的同学的名字贴在黑板上。 二、在白板上出示大苹果的图片，请学生说一说这是什么？（对不能发音的学生，教师也要带着他尝试发音，以熟悉水果名称）。（对说得正确的同学给予奖章贴在名字后面作奖励。） 所有学生说完后，教师带领大家齐读几遍进行巩固。 三、用相同的方法依次认识其他水果。（对回答正确的同学给予奖章奖励。） 四、看动画片或别的休息活动五分钟，缓和、安定学生的情绪。 五、巩固练习：教师将水果图片贴在黑板上，然后用PPT中依次出示水果，请一名同学把对应的图片找出来，一人一幅图。回答正确的同学给予奖章奖励。 六、练习：教师依次出示本节课学习的水果，请一名同学把它们依次全部找出来。（对回答正确的同学给予奖章奖励。） 七、总结。数一数谁获得的奖章最多，给予食物或图片奖励。
备注	1. 本课的结构和上一课基本相同。属于归类识图的内容，目的是促进学生的思维发展，为后面的教学打下基础。 2. 本类型的课程内容还有交通工具、日常用品、常见蔬菜、常见植物、常见花卉等等。到了中高年级还可以细分为常见哺乳动物、常见昆虫、常见鸟类、常用炊具、常用电器等等。对普通学生来说，这样的分类很容易，一点即破，似乎不用学都可以自己归纳推理出来，但对中重度智障学生来说，必须经过学习才能明白。

绘画发展阶段	前样式化期、样式化期
教学内容	豆类蔬菜
教学目的和要求	1.认识常见豆类。2.进行实物写生或图片写生创作
重点	1.认识豆类蔬菜。2.观察与写生的方法
难点	观察与写生的方法
工具材料	豆类蔬菜图片、花豆实物（如果没有就用图片代替）、马克笔
教学过程	一、出示豆类的图片：蚕豆、豌豆、毛豆、黄豆、黑豆、绿豆、红豆、四季豆、小白芸豆、红芸豆、大白芸豆、花豆等，引导学生逐一分辨、认识。（因学生对这些豆类大多有经验，所以不会太困难，只是认识有点模糊，需要明确认识。） 　　在介绍的时候，需要重点介绍扁豆、四季豆必须煮熟煮透了才能吃，否则容易中毒。各种芸豆、花豆都属于四季豆，用水泡了之后也需要煮透了才能吃。 　　二、继续出示蚕豆、豌豆、毛豆、扁豆、四季豆、花豆在田地里完整植株上的样子，请学生分辨。 　　三、重点请学生观察花豆的特点，包括形状特点、颜色。 　　四、进行示范教学，用马克笔画出花豆。 　　五、学生跟画带壳花豆，多画几根，注意遮挡关系。完善画面的时候可以多加点豆。 　　六、学生继续作画，教师巡回指导。 　　七、总结、讲评。

| 备注 | 1.这一课同样属于归类识图的内容，但是针对的是中高年级的同学。这时他们已经进入前样式化期以上，积累了很多生活经验，可以进一步学习更细致的分类。

2.对中高年级的中重度智障学生来说，分类识图似乎很难作为教学重点出现。但实际上，确实会发现他们经常忽略很多常见的事物，对之视而不见，所以很有必要专门学习，进行认知补偿。本课就是在高年级的教学中偶然发现学生竟然不认识长在植株上的豌豆和蚕豆，也分不清四季豆和豇豆，所以用写生的方式，设计了这个内容。

3.学生跟画的时候，一开始可以边讲解边画，教师画一笔学生画一笔，否则很多学生会不经过观察就"想"着画，结果形象简单、缺乏细节。

4.有时个别学生（特别是自闭症学生）可能会喜欢画别的形象，可以尽量劝他跟着老师一起学，如果他仍要坚持，在不影响大家学习的情况下，可以让他画他喜欢的形象，比如上面的第四幅作品，没有和大家一起画花豆，而是画了扁豆等形象。 |

玩　具

绘画发展阶段	涂鸦期－前样式化期
教学内容	管道玩具拼接训练
教学目的和要求	学习并练习拼接插口动作
重点	能分辨大小口，并将大口和小口拼插在一起
难点	拼出自己喜欢的形状
工具材料	管道拼接玩具
教学过程	一、出示用管道玩具拼接好的形象的图片，请学生说一说这是什么？ 二、教师出示拼搭玩具，介绍管道玩具的接口分为大口和小口，必须大口和小口相接才能插在一起。 三、练习：教师分别出示大口小口，请学生判断。 四、教师进行拼接示范，制作一根直线。 五、学生练习拼接直线。 六、教师示范拼接人、小狗。 七、学生练习拼接人，教师巡回指导。 八、展示学生成果，点评、总结。
备注	1. 对正常幼儿来说，玩玩具是他们发展精细动作的有效手段。玩具的历史长，品种多，趣味性强，具有多方面的训练作用，且价格低廉，特教教师可以多开发这方面的课程内容，对中重度的智障学生进行有针对性的训练。 　　2. 本课主要针对涂鸦期和才进入前样式化期的学生，其中涂鸦期的同学精细动作较差，可能连积木玩具都很难拼搭在一起，就只能使用管道玩具进行训练。一开始需要多训练插直线。插直线的目的只是防止他无意识地拼插，这类学生的大脑比较容易疲劳，疲劳的时候可以让他随意拼插，玩耍一下。对于智障程度较重的学生，他们的动作训练将是长期的。 　　3. 在同一发展阶段的能力较强的同学如果掌握了拼插方法，愿意自由拼插的话，也可以让他们进行自由拼插、玩耍，教师适当进行一些引导。 　　4. 对中度偏轻度的中高年级同学，对拼插的动作毫无困难，可以重点学习看图拼插较复杂的形象，然后进行自由创作。

绘画发展阶段	涂鸦期－前样式化期
教学内容	积木玩具拼搭训练
教学目的和要求	学习和训练用积木玩具进行拼搭
重点	用积木玩具进行拼搭
难点	用积木玩具进行拼搭
工具材料	积木玩具
教学过程	一、教师出示积木玩具拼搭好的图形照片，请学生认一认是什么？ 二、教师示范拼搭的方法。 三、学生围坐在一起，教师发给学生积木玩具，进行自由拼搭。 四、教师进行巡回指导： 1.重点指导不会拼的同学，让他们先练习把方形积木摞搭在一起。 2.帮助学生改进失衡的造型，防止积木翻倒。 3.制造一些简单的形象给学生，如汽车小狗等，增加学生的兴趣。 4.带领学生玩即兴游戏。 五、总结。
备注	1.积木的难度比管道玩具稍大一点。如果学生拼搭管道玩具没有困难的话，就可以进行积木玩具的学习与训练。玩具的主要形式是玩，用于教学训练的时候，玩和训练的主次比例要根据教学需要灵活调整，不能只是玩或者只是训练。 　2.玩的过程中，教师最好是起到参与或者带领、指挥的作用，而不仅仅是指导的作用。即教师要和学生一起玩耍，学生年龄越小越需要这样。 　3.积木玩具类型比较多，一般不混用，防止多种玩具混在一起，给使用带来困难。 　4.积木有拼装式的和累叠式的。拼装类的积木玩具比较方便，垒叠式的积木玩具没有卡口，需要学生有较强的平衡的能力，实际上中重度智障学生的平衡能力一般都很差，加上精细动作的不足，很难往高处垒，容易失去兴趣。所以教学中一般使用拼装式的积木。

绘画发展阶段	涂鸦期－前样式化期
教学内容	雪花片拼插学习与训练：圆圈、花
教学目的和要求	学习雪花片的拼插方法
重点	卡扣对准，再用力往里面推
难点	卡扣对准，再用力往里面推
工具材料	雪花片
教学过程	一、出示雪花片搭的圆圈，示范套圈的游戏。 　　二、示范搭雪花片的方法：卡扣对准，用力往里面推，要推到底，卡紧。用这种方法先搭成一条直线。 　　三、学生尝试搭直线，教师巡回指导。 　　没有困难的同学搭到一定长度后将雪花片首尾相接成为一个圆圈，完成两到三个。有困难的同学就先练习两片相连。 　　四、教师示范搭花的方法。 　　五、学生练习，教师巡回指导。根据学生会颜色的掌控能力需要分为几个层次：A 层的学生要求每一层花瓣用一种颜色，B 层的同学要求用一种颜色搭一朵花，C 层的同学搭出花来即可，不必区分颜色。

备注	1. 对中重度智障学生来说，手指常常使不上力，或者卡口对不准，这样就很难把雪花片拼插在一起，对这部分学生需要从两片雪花片的拼插开始训练，然后增加到五片、十片、三十片、三十片首尾相接成圆形。对拼插没有困难的中重度同学可以训练制作。 2. 中度学生学会搭圆圈之后可以练习制作雪花、花、花篮、方形、六边形、方柱、六边柱等规则形体，其中正方形一开始要先学习边长为三片的正方形、边长为五片的正方形。中度偏轻度的学生还可以学习利用六边形制作圆球。掌握这些比较规则的形状的同时，可以进行一些自由创作，搭建各种游戏性较强或者他们喜欢的造型，提高学习的兴趣。 3. 对中重度智障学生来说，搭建规则的形状是比较困难的。这可能是因为认知能力的限制，使他们对事物的对称性不太敏感。 4. 智障程度越重的中重度学生，利用雪花片进行动作训练的成分越大，玩耍的成分越小。

绘画发展阶段	前样式化期、样式化期
教学内容	拼豆
教学目的和要求	精细动作训练
重点	拼搭出一定的图形
难点	拼搭出一定的图形
工具材料	拼豆、模具、电熨斗等相关工具
教学过程	第一课时 一、出示示范作品，请学生了解。 二、讲解制作方法：将模具放在下面，选择适当颜色的拼豆，拼出指定的形象。 三、学生挑选自己喜欢的形象，开始操作，教师巡回指导。 四、学生制作好之后，教师用电熨斗进行烙印，固定。 第二课时 一、教师介绍另一种制作方法，使用大的正方形底板，下面放图纸，并用胶带把图纸固定好，照着图纸上选择颜色进行拼豆。 二、学生选择自己喜欢的图片进行操作，教师巡回指导。 三、学生制作好之后，教师用电熨斗进行烙印，固定。 四、展示学生的作品，讲评、总结。   

备注	1. 拼豆是一种很简单的操作技能，很多中度智障学生会乐此不疲。但有的同学不讲究颜色，只管按上去就是。对这类学生需要有一定的颜色要求，不能任由他们漫无目的地拼。 2. 拼豆颗粒很小，需要一定专注度才能进行，具有一定稳定情绪的作用，在学生激动焦躁的时候可以利用来缓解情绪。 3. 年龄小的智障学生精细动作还较差，容易顾此失彼，且有的同学会把它往嘴里送，所以要到中高年级才能进行。

涂色训练

绘画发展阶段	感觉运动期、涂鸦期
教学内容	认识红、黄、蓝三种颜色
教学目的和要求	认识三中基本颜色，并能对三种颜色进行分辨
重点	能对三种颜色进行分辨
难点	能对三种颜色进行分辨
工具材料	红黄蓝三种颜色的剪成长条的皱纹纸、卡纸。代表三种颜色的苹果、香蕉、天空、气球等图片。半开图画纸。红黄蓝三色油画棒
教学过程	一、点名训练，把顺利应答的同学的名字贴在黑板上。 二、新授。 三、1.出示红色卡纸，请学生说一说这是什么颜色？ 2.教师出示一个装着三种颜色皱纹纸的盒子，请学生找出红色的皱纹纸。教师拿着它，半悬在空中，先示范用嘴将它吹高，然后由学生来依次吹，成功的同学可以得到卡片奖励（本练习不但可以巩固对红色的认知，还可以训练学生的口部肌肉控制能力，并提高学生的学习兴趣）。 3.用同上的方法学习黄色。 4.用同上的方法学习蓝色。 四、扩展练习：涂色。 1.出示红色的苹果，请学生说一说它是什么颜色的，然后用手指出相应的颜色。 2.出示黄色的香蕉，请学生说一说它是什么颜色的，然后用手指出相应的颜色。 3.出示蓝色的天空，请学生说一说它是什么颜色的，然后用手指出相应的颜色。 4.出示半开图画纸，贴在黑板上，分别用红黄蓝油画棒画出三个气球，（或者苹果、香蕉、衣服也可以）请学生用相应的油画棒涂色。涂的时候注意观察学生状态，如果厌倦了就换人继续。能按要求涂出颜色的同学可以获得奖励卡片。 五、总结。数一数谁获得的奖励卡片最多，给予食物或卡片奖励。

备注	1.学生识别三种颜色顺利的话，才能进行扩展练习，促进知识迁移。一般来说，感觉运动期的学生涂色会有一定困难，涂鸦期的同学就比较顺利。如果困难的话就需要进行多次学习和训练。涂色的环节主要是为涂鸦期的同学设计的，这个阶段的学生并不能准确地把颜色涂在教师指定的地方，练习目的是训练手眼协调能力，并非准确地把线稿涂满颜色，教师不能因为学生不能准确地把颜色涂满形象就判定学生失败。 2.涂色练习要用半开大的纸，便于学生操作。这时还不能发给这个阶段的学生美术课本纸进行独立涂色，因为他们拿到纸之后可能会撕了、扔了，甚至吃了。 3.用相同的思路设计"认识绿橙紫三间色""认识粉红色、深绿、深蓝、咖啡色、黑色、白色"等教学内容，完成总共十二种常用颜色的学习。 4.对涂鸦期的智障学生来说，这个学习内容需要持续一段时间才能真正掌握。所以需要设计各种类型的巩固游戏和练习。

绘画发展阶段	涂鸦期 – 前样式化期
教学内容	涂色练习
教学目的和要求	学习涂色的方法，用粗头水彩笔进行涂色
重点	1.涂色的方法。2.用色正确
难点	能用正确的颜色涂满水果，但不涂到线外
工具材料	粗头水彩笔、水果图片、A3、A4 纸
教学过程	一、复习水果名称： 　　1.教师出示水果图片，请学生说出名称，可以让分辨不清的同学多读几遍，然后把图片贴在黑板上。 　　2.教师说水果的名称，请学生把水果找出来。 　　二、复习颜色名称： 　1.出示水彩笔，请学生说一说是什么颜色？ 　2.看水果图片说一说各种水果的颜色。 　　三、教师画出水果的线稿或出示现成的底稿，示范涂色的方法。 　1.小块小块地涂，积少成多，直到涂完。 　2.注意要涂满，但不要涂出线。 　　四、让多位学生到黑板上进行尝试，教师注意观察学生的表现，并进行指正。 　　五、根据学生的喜好，帮他画出底稿或发给打印好的底稿，请他找出适合的颜色，进行独立涂色练习。 　　六、展示学生的作品。

教学过程	
备注	1.本课内容适合涂鸦期和向前样式化过渡阶段的学生。前面认识了各种水果和基本颜色，并在各学科的学习中经过了一段时间的精细动作训练，故而可以进入美术学科的学习。 2.才开始涂色尽量采用适合的工具，比如油画棒、粗头水彩笔，不要用细头的水彩笔或彩色铅笔，因为粗头的笔容易见到涂色效果，提高学生的兴趣。 3.涂色的纸张要用大一点，形象也要尽量画大一点，才不容易涂到线外。这样可以增加学生和教师的成就感。 4.线稿可以用事先打印好的，也可以现画，事先打印好的比较规整美观，现场画的可以根据学生的需求随机应变，且可以让学生看到绘画的过程，激发他们的学习愿望。 5.虽然常有人认为美术涂色不必和真实的事物一致，但是对智障学生来说，有必要区分本课的内容是注重认知还是注重艺术，如果学生需要认知补偿，就要以认知为主，尽量采用和真实事物一致的颜色，即随类赋彩。如果学生不存在认知问题，用色的时候就可以以画面感觉为主，即随意赋彩。 6.在各个教学环节，教师也可以根据自己和学生的具体情况，设计更有创意的方法。

绘画发展阶段	前样式化期中期
教学内容	坚果壳涂色
教学目的和要求	给坚果壳涂上颜色，训练精细动作
重点	涂色
难点	涂色
工具材料	水粉颜料、水粉笔、小盘子、调色碟、各种坚果壳
教学过程	一、出示夏威夷果、核桃、板栗、松子、花生、开心果等坚果的果壳，请学生认一认，说一说它们是什么东西的果壳？ 　　二、教师示范涂色方法，把果壳放在手上，用水粉笔蘸颜料进行涂刷。注意不要涂在衣服上，涂在手上则不用担心，过后可以洗掉。 　　三、学生涂色，教师辅导。 　　四、展示，点评，总结。
备注	1.纹理粗糙度不同的果壳适合不同程度的学生。比如夏威夷果果壳比较光滑适合初学的同学，花生壳有点粗糙适合能力稍强的同学，核桃壳表面凹凸较深适合能力较强的同学。 　　2.在涂花生和核桃的时候，由于其纹理比较好看，可以使用丙烯金属色，效果更好。

绘画发展阶段	涂鸦期、前样式化期
教学内容	涂色：书包
教学目的和要求	分辨书包的不同部分，尽量用不同的颜色分块涂色
重点	分辨书包的不同部分
难点	用不用的颜色分块涂色
工具材料	水彩笔或油画棒
教学过程	一、请学生拿出自己的书包，说一说是什么颜色的。 二、教师选择一个功能比较全面的书包进行展示，请大家仔细观察，然后说一说各个部分有什么用途？ 三、教师出示书包线稿，请学生说一说看到了什么？如果有涂色软件的话可以顺便给每一个部分涂上颜色。最后出示完成涂色的范画。 四、教师演示涂色的方法，按顺序小块小块地涂，积少成多，线内要涂满，但不要涂出线外。不同的部分尽量使用不同的颜色。 五、学生涂色，教师巡回指导。 六、展示学生画好的画，并进行讲评、总结。

续表

备注	1.本课属于训练课的内容，面向中重度的智障学生，目的是训练他们的精细动作和辨色能力。 　　2.有的学生识图能力较差，分不清或者看不明白底稿画的是什么内容，加上这些学生往往没有语言，或者他们说的话教师难以听懂，会给教学带来很大困难。有的同学特别偏向使用某种颜色，比如有的学生只用红色，有的只用蓝色。有的同学只顾涂色，涂得虽然好看，但却不顾画面内容，颜色跟画面几乎没有关系，他们不单面对复杂的画面如此，面对简单的画面也如此。这些都需要在教学辅导中不断提醒学生。但这些学生又不是教师提醒几遍就改正得过来的。 　　3.根据控笔能力差异，选择使用油画棒还是水彩笔。控笔能力越差使用越粗的笔，能力越好则使用越细的笔。

撕、剪、贴

绘画发展阶段	前样式化期、涂鸦期
教学内容	撕纸：彩色纸小碎花
教学目的和要求	1.巩固对色彩的认识；2.进行精细动作的训练；3 培养审美情趣
重点	把彩色皱纹纸撕成指甲壳大小的小方块
难点	撕成指甲壳大小的小方块
工具材料	剪刀、皱纹纸、透明矿泉水瓶、白乳胶
教学过程	一、复习颜色名称。 二、教师出示制作好的作品，请学生观察，猜一猜是怎么制作的。 三、教师进行示范：1.先把皱纹纸剪成指甲壳宽的长条，2.把皱纹纸撕成小片，提醒学生越小越好。实际上可以容许学生会按自己的能力来撕。有的只能撕成长条，但教师仍然要求尽量撕短一点，以达到训练要求。 四、教师把皱纹纸剪成指甲壳宽的一段提供给学生，学生把它撕成小片。 五、将撕好的碎纸片装进矿泉水瓶里，对程度较好的学生可以要求将纸搓成圆球或细绳状，进行一些创意变形。 六、装满各种颜色皱纹纸的瓶子可以摆放在教室里做装饰。 七、多余的彩色纸还可以粘在其他物体上起到装饰效果。比如纸杯、药盒等，把纸杯、药盒刷上白乳胶，把撕好的彩色纸撒上去即可。 八、展示、总结。 
备注	

绘画发展阶段	前样式化期
教学内容	彩环
教学目的和要求	学习用报纸塑造圆形的方法、涂胶水的方法、粘彩纸的方法
重点	粘彩色纸
难点	制作报纸圆环
工具材料	报纸、胶水（白乳胶加一倍水稀释）、皱纹纸、笔刷、塑料瓶、餐盘
教学过程	一、制作报纸圆环：1.将报纸扭成一根细棍。2.将其首尾相连，成一个圆环，用胶带固定住。 二、撕彩色纸： 1.教师用剪刀把成卷的彩色皱纹纸剪成一厘米宽的细条，发给学生。 2.学生把皱纹纸展开，撕成小段，装在塑料瓶或小纸盒里，防止纸片被吹飞。 三、学生把撕碎的皱纹纸集中到一个大纸箱或大盆里。 四、将报纸做的圆环刷满胶水（注意胶水不要多到能滴下来），然后放到装着彩色纸片的纸箱里，正反两面沾满彩色纸，放在餐盘或其他不容易粘住的板子上面晾干。
备注	1.用胶带粘报纸圆环的时候，有时需要教师帮忙。 2.本内容适应的场景较多，节日、美化家居等均可，教师可以根据适当的场景来设计本课。

绘画发展阶段	前样式化期前期
教学内容	撕、剪纸条
教学目的和要求	训练精细动作
重点	能够均匀地把纸撕成长条，但底部不撕断
难点	撕出来的纸条宽度均匀，底部不撕断
工具材料	裁成 A4 纸大小的旧报纸或旧书、透明胶带、剪刀、小棍或吸管
教学过程	一、教师出示撕好的成品，提起学生的兴趣。 二、示范撕纸的方法：取一张裁成 A4 纸大小的旧报纸，顺着纸的纹理从一头撕起，一直撕到底，但不撕断。 三、对能轻松掌握的同学，可以进一步用剪刀来剪，这样可以剪出更细的纸条。 四、将撕好或剪好的纸不断对折成一束，用胶带粘在吸管上，成为拂尘。也可以剪得浅一些，粘贴成高矮不同的创意造型。
备注	1. 本课是使用剪刀的基础课，中重度学生需要做很多次的练习，而轻度学生则学得很快，一次课就足够了。不让学生把纸条撕断的目的是让学生有意识地控制手部动作，避免无目的地乱撕。 2. 报纸一般都有固定的纹理，如果不顺纹理撕，很容易会撕歪，但顺着纹理撕就容易撕整齐。 3. 有的同学受能力限制，总是会撕断，或者撕得很宽，可以让他继续撕细小一点。 4. 用软吸管的目的是出于安全考虑，防止学生在甩着玩的时候相互戳到。

绘画发展阶段	前样式化期前期
教学内容	剪螺旋形训练
教学目的和要求	训练精细动作
重点	把一张纸用剪螺旋形的方法剪成一条直线，看谁剪得长
难点	剪得细而不断
工具材料	旧书、剪刀
教学过程	一、教师示范把一张纸用剪螺旋形的方法剪成一条线，激起学生练习剪线条的兴趣。 　　二、学生进行练习，教师巡回指导。学生剪完一张纸后把剪成的纸条它贴在黑板上，比一比谁剪的线最长。 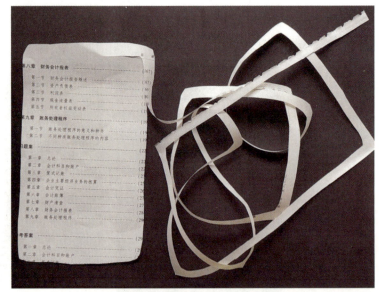
备注	这个练习是学生最感兴趣的练习之一，他们也会挑战别人，挑战自己，看到自己超过别人，超过自己，心里会很高兴。经过一段时间的练习，会发现有的学生剪得很宽，无论怎么努力都剪不细，每一次剪出来的线条都几乎一样长，似乎已经到达了他的能力极限。如果逼着他再剪细一点，他会非常恐惧，因为他觉得那样会剪到手。这大概说明这个极限是他的生理极限，而并非他不愿努力，他已经达到了他所能控制的最精细的程度。

绘画发展阶段	前样式化期
教学内容	粘纸圈
教学目的和要求	将纸粘成圈
重点	将纸粘成圈
难点	涂胶水、粘贴
工具材料	胶棒、纸条
教学过程	一、教师出示制作好的纸圈作品，给学生欣赏，激发学生的兴趣。 二、教师示范纸圈的制作方法：取一张纸条，在一头涂抹上胶水，然后首尾相连粘住，成为一个圆圈。 三、发给学生纸条，学生制作纸圈。 四、取一张纸条，从两个纸圈中间穿过后首尾相连粘好，这样就成了三个相连的纸圈。同样的方法把纸圈连成一长条。不会从里面连圈的同学可以从外面粘连，形成新的造型。 五、粘纸圈熟练后，可以继续学习将纸圈连在一起，形成一长条的纸圈链。 六、展示、讲评。   从外面粘连的纸圈　　　　　　从里面粘连的纸圈  纸圈链

续表

备注	1.本课是基础纸工的一个教学案例，适合涂鸦期和才进入前样式化期的学生。 2.教学中可以把纸剪得粗一些，或细一些，增加练习的趣味性。 3.从外部粘纸圈到穿过内部粘纸圈，根据学生智障程度的不同，有的同学过渡的时间会长一点，可能要几周的时间，中间可以学习其他的内容。有的过渡快一点，甚至一节课内就可以。 4.有的同学能力较差，需要多练习，这时可以用彩色纸或旧彩色杂志，做好后挂在教室里做装饰，提高学生的学习兴趣。

绘画发展阶段	前样式化期前期
教学内容	彩色贴纸：花、蘑菇
教学目的和要求	有意识地应用不同颜色贴画，训练精细动作
重点	分颜色贴画
难点	将彩色纸贴在指定位置
工具材料	花和蘑菇的实物、彩色纸、胶水或胶棒、线描底稿
教学过程	一、教师出示花和蘑菇的实物，发给学生，请学生拿起来进行观察。 二、分别说一说它们的气味、颜色、对比它们的大小和重量。 三、出示花和蘑菇的照片，扩展认知，说一说你见过哪些花？吃过哪些蘑菇？ 四、教师出示线描底稿，示范撕纸贴画的方法，要求注意 1. 撕纸的时候要撕小一点。2. 不要把纸贴到画外。 五、学生操作：先把需要的彩色纸撕好，再用胶水把它们粘到画上。 六、教师巡回指导。 七、展示学生作品，讲评，总结。
备注	本技法可以扩展的内容很多，可以结合学生的认知进行选择。对于中重度学生，一开始重点放在粘贴上面，教师为他挑选好一两种颜色即可。能够粘贴之后，再增加颜色。

绘画发展阶段	前样式化期
教学内容	撕贴
教学目的和要求	训练手指的力量和精细动作
重点	把废旧彩色杂志撕成指甲壳大小的小方块，贴在教师画好的底稿上
难点	撕纸是个难点，这一步一些学生会没有耐心
工具材料	废旧彩色杂志、A3 纸、胶棒（或胶水）、深色彩色笔
教学过程	第一课时 一、教师出示撕好的碎纸给学生看，请学生猜一猜这是要干什么？ 二、出示撕贴示范作品和学生作品，请学生说一说是怎么制作的？ 三、教师示范撕纸的方法，把一张彩色杂志撕成指甲壳大小。 四、发给学生废旧彩色杂志，学生撕纸，要求撕得有指甲壳大小最好。 第二课时 一、教师询问学生想制作什么？ 二、学生回答后，教师用 A3 纸为学生打出底稿（形象要大，画的时候可以模仿本班学生的最佳水平，省略细节）。 三、发给学生胶棒，学生进行贴纸。 四、展示学生作品，点评、总结。
备注	1.本课内容主要是通过粘贴创作，进行精细动作训练。 2.给学生画底稿的时候可以模仿本班学生的最佳水平，贴合学生的心理，使他们在创作的时候更放松。 3.中高年级涂鸦期的学生也可以操作此课，低年级涂鸦期学生会比较困难，可以尝试粘贴较简单的图形，如太阳、茶杯等。

绘画发展阶段	前样式化期
教学内容	彩色皱纹纸撕贴：水果
教学目的和要求	利用彩色皱纹纸进行撕贴，进行精细动作训练
重点	贴纸
难点	贴纸
工具材料	皱纹纸、白乳胶（按1:1的比例兑好水）
教学过程	一、准备好三张全开纸贴在黑板上。 二、出示各种水果的图片，教学生认一认。 三、教师在纸上画出来，再请学生说一说水果的名称、形状、颜色。可以再请学生说一说他们认识的相关物体，在画面上进行补充。 四、教师作示范，将皱纹纸撕小，然后贴在水果上。 五、学生贴纸，贴纸的颜色不一定要符合水果原来的颜色。 六、展示。
备注	1.本课是另一种形式的贴纸训练，采用了较大的纸张，充分调动学生的手部动作，既训练了胳膊，也训练了手腕和手指。 2.颜色是否需要与实物一致的判断标准是：如果学生对实物的颜色还存在模糊，就要求他选择与实物一致的颜色。如果已经熟练掌握了实物的颜色，那就可以照自己的喜好来选择颜色。

绘画发展阶段	前样式化期
教学内容	撕贴：太阳
教学目的和要求	学习撕贴的方法，并撕贴出太阳
重点	太阳的形状
难点	中间的圆形（可以有教师帮学生撕好）
工具材料	报纸或旧彩色杂志，胶水，彩色卡纸
教学过程	一、教师出示撕贴作品：太阳。请学生说一说这是怎么制作的？ 二、教师示范： 1.取一张彩色旧杂志纸，撕出圆形贴在卡纸上。 2.将剩下的部分杂志纸，撕出条状贴在圆形的四周。可以贴在圆形上面，也可以隔着一点再贴。 三、如果学生撕圆形比较困难，教师可以为学生提供彩色的圆形，由制作成彩色的太阳，完善画面。 四、展示学生作品。 五、讲评，总结。
备注	1.本课的撕贴训练的方式是直接撕出图形进行粘贴，没有事先画出线描底稿。 2.很多学生撕圆形比较困难，可以引导学生制作不规则的太阳。还可以发给学生大小不同的圆形，让他们直接在上面贴上纸条，成为独立的太阳，不用固定在大纸上。

绘画发展阶段	前样式化期中后期
教学内容	绘画剪纸涂色：衣服
教学目的和要求	画并剪衣服，然后涂色。训练精细动作
重点	涂色
难点	剪纸
工具材料	油画棒、深色水彩笔、剪刀，全开图画纸
教学过程	一、请学生观察班上各位同学的衣服，说一说它们的式样、颜色、质地等。 　二、请学生说一说喜欢谁的衣服，教师进行示范，用油画棒或深色水彩笔把这位同学的衣服画在大纸上。 　三、学生在图画纸上画出自己或别人的衣服（提醒学生尽量画大一点）。 　四、学生将纸上的衣服剪下来，用油画棒涂上颜色。 　五、展示自己的衣服，并拍照。 　六、讲评、总结 
备注	1.如果学生使用剪刀有困难，可以由教师代劳。 　2.也可以先涂色，完成后再剪下来。先涂再剪和先剪后涂，给人的感受不一样，两种方式都可以尝试。

绘画发展阶段	前样式化期
教学内容	绘画与剪贴：下雨啦
教学目的和要求	感受并了解下雨这种自然现象，并用绘画的方式表现下雨
重点	观察下雨中的人物表现
难点	使用各种方法表现下雨的情景
工具材料	2k 图画纸、A3 纸，水彩笔、油画棒、剪刀、胶水
教学过程	一、请学生仔细录音（雨声），然后说一说这是什么声音？如果路上遇到下雨你会干什么？ 二、出示 PPT，请学生逐一观察下雨的照片说一说下雨的时候人们的表现，雨的样子，以及环境的变化等等。 三、继续出示 PPT，观察学生的作品，注意画面中的人物动态、行为、场景特点等，说一说画面中是怎么表现下雨的？ 四、学生用 A3 纸画出雨中的人物和场景，请学生注意要画大一点，便于后面剪下来。 五、请学生用剪刀把自己的人物和场景剪下来，然后贴到 2k 图画纸上，组合成为一幅新的画面。 六、请大家油画棒或水彩笔在 2k 纸上添加云、雨、风、水等，也可以添加人物和景物，使画面更精彩，完整。 

备注	1.这是人教版小学美术教材一年级上第四课的内容。上课的学生是四年级，前样式化期学生为主，内容刚好合适他们的能力，故基本没有改动教材。 　　关于下雨的内容其他版本的美术教材中也有，比如人美版二年级上第六课《下雨了》，内容和本课相似，但人物表现更复杂。湘教版一年级下的第一课《小雨沙沙》表现大自然中下雨的情景，很有美感，教师可以把它们和人教版一年级上的《七彩飞虹》、湘教版一年级下的《软绵绵的云》结合成一个大单元进行主题教学。 　　2.在半开图画纸上添加内容的时候，可以更注重画面的游戏性，启发学生画一些有趣的内容，甚至教师可以参与其中跟着一起画。 　　3.采用这种个人与集体再创作共同完成作品的方式，不但能提高学生的学习兴趣，也能提高教师的教学兴趣，让课堂充满创造的活力，避免照本宣科。

绘画发展阶段	前样式化期
教学内容	谁画的鱼最大
教学目的和要求	鱼的外形表现，大小对比的艺术手法
重点	观察鱼的外形结构，大小对比
难点	鱼的身体结构
工具材料	全开图画纸、A3 纸、水彩笔油画棒、剪刀、胶水、水粉颜料、底纹刷
教学过程	一、出示各种鱼（鲫鱼、鲤鱼、鲨鱼、金鱼，以及各种热带鱼、深海鱼）的图片，请学生观察。以鲫鱼为例说一说鱼身上有哪些部分？（身子、鳃、眼睛、背鳍、胸鳍、腹鳍、尾鳍等） 二、出示教材中的范画，请学生说一说或指一指画上面什么鱼最大？再找一找，什么鱼最小？ 三、欣赏教材中学生的作品，他们画的鱼大不大？看看他们是如何表现鱼的大小的。 四、教师在黑板上示范画鱼的方法，故意画得很大。先画鱼的外形，然后画出鳃的位置，添加眼睛、嘴巴、鳍等。 五、学生用 A3 纸画鱼，如果学生能力较差，可以采用跟画的方法，教师画一部分，学生画一部分，逐渐完成。但一开始画的时候要故意沿着纸张的四周画鱼的外形，这样可以画得大一点。 六、画好外形后用剪刀剪下来，贴到全开图画纸上，如果学生在 A3 纸上画的不够大，可以请画得好的同学在全开图画纸上重画一条大的鱼，然后大家一起补充完善画面，添加时注意画面内容的大小对比。 七、用油画棒涂色。完成后用底纹刷沾水粉颜料刷上底色，因为油水分离的缘故，所以刷底色比较容易，无需很细致地避开画好的内容。 八、讲评、总结。

续表

教学过程	
备注	1. 以鱼为主题的内容是小学美术中的一个经典内容，在各个版本的教材中都不会缺少。由于鱼可大可小，在水中游泳十分随意，构图上可上可下，画起来十分顺手，形状也简单，便于装饰，且生活中经常接触，学生比较熟悉，所以多安排在低年级学习。如人教版一年级上第八课《鱼儿游游》，人美版一年级上第十七课《谁画的鱼最大》 　　2. 针对学生的能力，本课精简了教学目标，重点放在了鱼的外形表现和大小对比方法的学习上。 　　3. 有的同学也可以在 A3 纸上涂色，涂完再剪下来贴到大纸上，这样可以避免到大纸上涂色的同学拥挤，还可以增加画面的变化。

绘画发展阶段	前样式化期
教学内容	撕贴：过独木桥
教学目的和要求	练习贴纸的技能
重点	把纸贴在指定的位置
难点	涂抹胶水的时候量要合适，不多不少
工具材料	全开牛皮纸、彩色旧杂志、胶水、油画棒
教学过程	一、出示学生课间游戏"过独木桥"的照片，请学生说一说大家是在干什么？有哪些同学参与了这个游戏？参与的同学来说一说这个游戏的规则是什么？ 二、请学生在 A4 纸上画一画大家玩游戏的情景，看谁画得最好。 三、教师示范，选择一个学生画得好的形象放大了画在牛皮纸上。 四、请学生照教师的方法，把自己画得好的形象放大了画在牛皮纸上，组成一幅完整的画面。 五、发给学生彩色杂志纸，请学生把它们撕成小片，装在盒子里备用。 六、教师示范粘贴的方法： 1.在碎纸一面涂满胶水，注意不要涂得过多，但也不要涂漏了。 2.把涂好胶水的碎纸贴到画好的形象上面。 七、学生进行粘贴，教师在旁边指导，重点防止学生把纸贴到形象外面。同时可以让部分同学用油画棒在空白处添加一些配景。 八、完成后进行总结。

教学过程	
备注	1. 这是根据学生课间活动设计的一个课例。因为是学生的亲身经历，又看着照片画画，容易画出自然的动态来。如果学生在 A4 纸上没有表现出动态，画在牛皮纸上的时候教师也可以帮他们画出来，在后面贴纸的时候就不太枯燥了。 　2. 这幅画的画幅比较大，和学生单独小幅作业相比，有利于充分训练学生粘贴的能力。由于学生都集中在画前面，也便于教师进行指导。 　3. 现在学生的课间活动很丰富，教师平时要注意多拍一些素材备用。

绘画发展阶段	前样式化期、样式化期
教学内容	城市街道
教学目的和要求	用剪贴的方法表现城市街道的热闹，引导学生发现身边的美
重点	1.回忆、观察城市街道的景象。2.汽车和街道的制作方法
难点	汽车和街道的制作方法
工具材料	城市街道照片、剪刀、彩色卡纸、固体胶棒
教学过程	一、请学生会一并说一说学校附近有些什么街道？你家的附近有些什么街道？ 二、出示学校附近街道的图片，仔细观察街道上有些什么？哪些是你熟悉的？哪些是平时没注意到的？ 三、出示示范图，请学生仔细观察，然后说一说是怎么制作的？ 四、教师选择一辆汽车示范制作的方法：先做车身、然后做轮子，最后制作窗子。如果感兴趣还可以制作车灯等细节。 五、发给学生彩色卡纸和剪刀、胶棒，开始制作。教师巡回指导，指导时可以安排一两名学生制作道路。 六、请学生将制作好的汽车组合到一张4k卡纸上，不同的学生进行不同的组合，每组合好一次，教师都可以拍照留存。最后选择效果最好的方案进行粘贴，完成作品。 七、展示，总结。
备注	1.城市街道的主题在各个版本的小学美术教材中出现得比较多，表现的手法也各种各样，绘画、剪贴、黏土都可以，教师要注意引导学生发现身边的美，这是美术课最终要达成的一个重要目的。教师在准备素材的时候，可以亲自去拍一些照片，拍的时候就拍出它们的美感来。平时也可以多关注摄影网站，从上面收集一些可能用到的照片。 2.对智障孩子来说，城市街道是离他们最近的外在环境之一，每天都要接触，是训练和检验他们的观察能力和记忆能力的好素材。

绘画发展阶段	前样式化期
教学内容	撕贴：大象
教学目的和要求	认识大象的特点和生活习性。学习撕贴的技法，能用撕贴的方法表现大象
重点	学习撕贴的技法
难点	把撕出来的纸拼成完整有趣的形象
工具材料	大象图片、彩色卡纸、胶水
教学过程	一、出示大象的照片，请学生观察大象的外形，说一说大象的身体有哪些部分？（头、身子鼻子、耳朵、脚、尾巴） 二、观察图片中的大象不同的生活环境，非洲象生活在非洲草原、森林里，亚洲象生活在亚洲热带雨林里。介绍大象的生活习性，如喜欢群居、性情温和、喜欢吃植物（如芭蕉叶、竹子、玉米、甘蔗等）、寿命为 60-80 岁等。 三、教师示范撕贴大象的方法，先撕一大块长方形做身子，然后撕长条做鼻子，再撕粗短条做脚，最后加上尾巴。 四、教师带领学生按步骤进行制作，撕好后在桌子上摆一摆，满意后用胶水将它粘好。 五、请学生把自己的制作好的大象全部贴到一张 4k 卡纸上（贴的时候不必完全贴实只需在中间抹点胶水固定即可，这样后面增加内容的时候还可以塞到大象的下面，建立前后遮挡关系），形成一幅完整的画，然后根据画面进行完善，如制作大树、小草等，也可以制作学生自己喜欢的内容比如有的同学制作了汽车。 六、完成后进行讲评和总结。 湘教版小学美术教材一年级上第八课　　湘教版小学美术教材一年级上第九课

续表

备注	1.本课是根据小学美术教材进行改编的教学案例。所选教材为湘教版小学美术教材一年级上册第八、第九课，但是可以看出，本案例的改动相当大。原教材上有各种形象，改编后只剩下了大象。这是因为与普通学生相比，智障学生的知识量比较少，知识面比较窄，且手部精细动作能力有限。 2.撕纸的内容在小学美术教材中占课时并不多，仅一两课左右而已，一般安排在一年级，适合前样式化期的学生。年龄低的智障学生在撕纸的时候很难撕出需要连续转变方向的形状。有的甚至无法控制手部动作的行止，只能撕出一条直线，所以在撕纸这个内容上需要补充较多的课时进行练习。 3.本课设计的大象从形象上来说比较简单，可以概括为方形和长条，都是直线型的，学生比较好把控。从知识方面来说，学生对大象都比较熟悉，表现起来不会有困难，容易激发学习兴趣。作为配景的树木也具有同样的特点。 4.在第九课中要求学生进行添画，这是一个难度更高的练习，它要在想象的基础上进行再创作，需要的思维更复杂了一层，对智障学生来说是一道坎。做不了的同学会很长时间都过不了这道坎，而会做的学生似乎天生就会，这可能反映出大脑神经元"硬件"上面的区别。 5.使用彩色卡纸可以增加撕纸的阻力，避免学生使用轻薄的纸时掌控不好力度，一划而过，很容易撕成小细长条。

立体纸工

绘画发展阶段	前样式化期前期
教学内容	棒棒糖
教学目的和要求	用纸制作棒棒糖，精细动作训练
重点	裹纸的方法
难点	裹小球，扭小棒
工具材料	旧报纸八开裁好
教学过程	一、教师出示各种不同包装的棒棒糖，提起学生的兴趣，请学生说一说这些棒棒糖的颜色、形状。最后决定我们来用报纸做一做棒棒糖。 　　二、教师示范棒棒糖的制作方法：取一张纸，从中间开始揉作一团，然后用另一张纸把它包起来，边上的部分边搓边扭成棒状，即成。 　　三、学生操作，教师辅导，看谁做得又多又好。 　　四、讲评、总结。
备注	才进入前样式化期的同学有很多手上都没有多大力气，有些身材看起来比较魁梧的同学也会这样，这是因为他们的神经控制肌肉的能力较低，所以使不出力来。这个内容可以训练、增进他们手指部分的力量和灵活性。

绘画发展阶段	涂鸦期、前样式化期
教学内容	肉丸子
教学目的和要求	肉丸子的制作方法
重点	将报纸裹成圆球
难点	裹胶带（可由教师帮忙操作），刷白乳胶
工具材料	报纸撕成大约 A4 纸大小、卫生纸、餐盘、笔刷、白乳胶与水按 1:1 或 1:2 的比例兑好，装在可乐瓶子里备用
教学过程	一、出示肉丸子的图片，请学生认一认，说一说是什么？ 二、教师示范：将一张报纸揉成一个球，用力搓实。 三、学生操作裹球，教师帮助学生用胶带将圆球裹好固定（只需固定，让球不会松开即可，无需全部裹上胶带，全部裹上胶带不便于刷胶水）。 四、教师示范：在球表面刷上胶水，裹上一层卫生纸，再刷上胶水，再裹一层卫生纸，再刷上胶水。表面顺溜后放在餐盘里晾干。这时需要强调，在刷胶水的时候很容易弄得一手都是胶水，但不用担心，等弄完之后再去洗手（否则有的同学手上一沾有胶水就想洗手，把它弄干净。但事前还是需要准备一块湿毛巾，方便不时之需）。 五、学生操作，教师巡回指导。 六、总结。
备注	1. 大多数涂鸦期的同学很难把纸球揉得紧实，需要教师帮助。 2. 最后一步是在表面刷满胶水，而不是把卫生纸沾上就完了，这样干后才紧实坚硬。由于卫生纸比较吸水，需要较长时间才会干透，过一两天需要翻一个面。 3. 干后还可以用水粉或丙烯涂上颜色。

绘画发展阶段	前样式化期
教学内容	报纸圆环
教学目的和要求	学习报纸圆环的制作方法、粘卫生纸的方法
重点	报纸圆环的制作方法
难点	粘卫生纸的方法
工具材料	报纸、胶带、卫生纸、笔刷、餐盘、白乳胶加一至两倍的水兑好，装在可乐瓶子里备用
教学过程	一、教师出示制作好的圆环给学生观看，让他们猜一猜是怎么制作的。 二、教师示范制作方法：1.将报纸横着平铺，沿边裹起。2.裹好后顺着扭一遍，使报纸变得坚实，然后首尾相连，接头处用胶带裹几圈，固定好。（裹胶带可以由教师帮忙完成，这时教师可以检查一下报纸是否裹紧实了。） 三、带领学生制作报纸圆环。 四、教师示范：将圆环刷上白乳胶，刷一层胶水粘一层卫生纸，共粘两至三层，放在餐盘里晾干。 五、学生刷胶水粘卫生纸，教师巡回指导。这时仍然需要强调，在刷胶水的时候很容易弄得一手都是胶水，但不用担心，等弄完之后再去洗手。 六、总结。
备注	1.由于卫生纸比较吸水，需要较长时间才会干透，过一两天需要翻一下面。 2.干后可以用水粉画丙烯涂上各种颜色。

绘画发展阶段	前样式化期后期、样式化期
教学内容	报纸造型：长颈鹿、大象等
教学目的和要求	学习报纸立体造型的方法
重点	用报纸进行立体造型
难点	用胶带进行固定
工具材料	旧报纸四开裁好、透明胶带
教学过程	一、教师出示用报纸制作的动物的照片或实物，请学生认一认，然后猜一猜是怎么制作的。 二、教师示范用旧报纸制作长颈鹿的方法。 1.用一张报纸裹成一个椭圆形，用胶带固定住，作为身子。 2.用一张报纸沿长边裹成条状，用胶带固定住，作为脖子，固定在身子上。顶部折弯作为头。 3.用一张报纸裁成两张，沿短边裹成脚，共四条，固定在身上。 4.用一根废电线裹上报纸作尾巴。 三、出示各种动物的图片，请学生边看边思考一下自己想做哪种动物？ 四、带领学生按步骤进行制作： 五、讲评、总结。
备注	1.这个内容看起来比较容易，实际上很难。难就难在用胶带固定的这一步，很多学生只能进行简单的固定，要么身体各部分位置扭曲、要么四只脚长短不一，还有的固定不住，所以需要手部力量大一点、精细动作较强的同学才能操作。即使如此，大多仍然需要教师最后帮忙进行巩固、扶正。 2.成功的作品可以在表面贴上卫生纸，干后涂上水粉或丙烯。 3.也可以根据学生的喜好和能力制作其他动物，如大象、马等。

绘画发展阶段	前样式化期、样式化期
教学内容	空心纸球的制作
教学目的和要求	制作空心纸球
重点	刷胶水、贴卫生纸或报纸
难点	纸要贴实贴平
工具材料	气球、卫生纸或报纸、白乳胶（加一至两倍的水兑好）、排刷
教学过程	一、出示制作好的空心纸球图片，请学生猜一猜是怎么制作的？ 二、教师讲解制作方法： 1.把气球吹大，扎好口； 2.在气球上刷一层胶水，贴上卫生纸，贴好后再刷一层胶水，使卫生纸全部贴实，然后再贴一层卫生纸，注意不要有遗漏。 3.边刷胶水边贴第三层卫生纸，贴好后进行完善处理，不要有不平整的地方。 三、学生操作，教师参与并指导。 四、制作好后，用线把制作好的气球吊在空中晾干，完成。  
备注	1.本操作看起来简单，但因为贴纸和刷胶水的次数比较多，操作的时候需要有耐心。 2.纸球湿的时候会很重，要拴牢，防止掉线摔坏。干后还可以用颜料画上图案。

绘画发展阶段	前样式化期、样式化期
教学内容	纸盒建筑模型
教学目的和要求	运用纸盒创建一座建筑模型
重点	将卫生纸粘贴在搭建好的建筑物上
难点	在搭好的建筑体上粘贴卫生纸
工具材料	纤维板、废旧纸盒、白乳胶（加一至两倍的水兑好）、透明胶带、双面胶、海绵胶、排刷、卷筒纸、水粉颜料
教学过程	一、欣赏建筑物照片，包括学生熟悉的学校附近的建筑。 二、挑出学生熟悉的建筑，提议以此为参照，用各种盒子创建一座建筑模型。 三、教师进行讲解示范：取一块纤维板做基底，教师在上面用各种盒子搭建一座建筑。 四、请学生试着采取个人或合作的方式模仿教师搭建建筑，教师为他们搭建好的建筑模型拍照。 五、学生搭建完后，请学生观看所有模型照片，选取一座搭建得比较好的建筑，重新进行搭建，一边搭建你一边改进，完成后用胶带、双面胶、海绵胶等进行初步固定。 六、将卫生纸贴在盒子上，刷上兑好水的白乳胶，反复贴三层，最后在外面刷满胶水。 七、全部完成后教师进行检查，要保证卫生纸粘牢。 八、等胶干后涂上水粉或丙烯颜料，完成。
备注	1.这个内容综合性较强，需要在完成肉丸子、报纸圆环的基础上，熟悉了粘卫生纸的技能之后才能进行。 2.刷胶水的排刷使用国画用的底纹刷较好，比较宽，吸水性好，且毛比较软，便于操作。 3.刷胶水的时候要小心，尽量不要把水弄到纤维板上，纤维板如果受潮的话会翘起来。

超轻黏土

绘画发展阶段	前样式化期
教学内容	彩泥连连看
教学目的和要求	1.了解树枝、彩泥不同的材质特征。2.运用树枝和彩泥进行有趣的装饰树、太阳、人物制作，并掌握搓和插的动作。3.感受不同材质的美，感受创造美的乐趣
重点	用彩泥和树枝塑造出一组生动的作品
难点	彩泥和树枝之间的穿插连接
工具材料	树枝、彩泥（超轻黏土）
教学过程	第一课时：装饰树 一、出示教材，请学生观察书上的内容，请学生说一说看到了什么？用了什么材料？其中树枝用来干什么？ 二、带领学生到花园里采集干枯的小细枝木棍，顺便认识学校里的各种花卉植物，培养学生的观察能力。 三、教师示范搓小圆球，搓好后插在树枝上。 四、学生制作。为了防止学生无目的混色，各种颜色的黏土要先后发给学生，不能一次就全部给学生。 五、欣赏学生制作好的作品。 第二课时：太阳 一、教师介绍本课的任务是制作太阳。 二、教师示范将细枝折断成3~4厘米的小段，然后请学生操作。 三、教师示范制作太阳的方法，重点讲解树枝和黏土之间的连接方法，树枝要穿到黏土里面去。 四、教师根据制作的顺序分别先后发给学生红、黄、蓝、绿等颜色（防止学生无目的混色），然后学生进行制作。 1.制作太阳的脸部，脸上至少要有眼睛和嘴巴。 2.制作小圆球，做好后就和太阳连接。 五、展示学生作品。 第三课时：人物 一、教师介绍本课时的任务是制作人物。然后请学生观察书上的人物在干什么？ 二、请一位学生到讲台上，请其他同学观察他的身体分为哪些部分？学生说，同时教师画在黑板上。 三、教师根据黑板上的画用黏土进行示范。 四、学生按步骤制作人物。 五、展示作品，进行讲评。

续表

教学过程	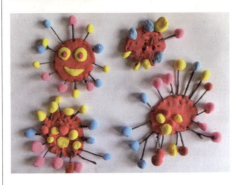
备注	1.本课例是使用小学美术教材进行改编设计的教学案例。采用的是湘版小学美术教材第一册第十三课的内容。适合才进入前样式化期的学生。本课例主要展示了采用了"任务分解"的方法处理教材，把原来一课的内容分解为彩树、太阳、人物三课，共六节课的时间完成。 2.本课内容主要是针对智龄在 4~5 岁的智障学生设计的。需要注意的是，这个智龄段的学生包括了十四五岁的中重度智障学生，他们虽然年龄比较大，但发展水平仍然相当于四五岁的普通孩子，且各方面的能力，如记忆力、观察力、动作的精细度、灵敏度都有所不如。如果把这一课的内容按一次完成的话，将会非常困难。从制作的效果来看，学生制作的人物有一些还是蝌蚪人，五官做得很大，无法再精细一点，以至于全部挤在一起（要解决这个问题，就需要把头做大些）。 3.在普通孩子的教学中注重举一反三的迁移能力和创造性，但中重度智障学生这方面的能力明显较为困难，所以教学中更注重基本认知的学习和基础能力的训练。 4.智龄在 4、5 岁的智障学生很难制作步骤更多、更精细的动态人物，所以本课内容对人物的动态不作硬性要求。 5.采集树枝需要花费较多时间，但可以让学生观察大自然，获得更多实际体验，如果有条件，甚至可以作为重点教学内容。 6.如有必要，分解的每一课内容都可以根据学生的情况，进行多次训练，充分掌握

绘画发展阶段	前样式化期
教学内容	黏土：羊肉卷
教学目的和要求	学习两种颜色的混合，训练压、卷的动作
重点	训练压、卷的动作
难点	压平
工具材料	红色和白色黏土（也可以用别的颜色试一试），空心棒（可以用 PVC 穿线管锯短了代替）
教学过程	一、出示羊肉卷的照片，请学生认一认，说一说这是什么？吃过没有？在什么地方吃过？ 二、教师示范制作方法：1.取白色、红色彩泥，稍加混合后搓圆。2.用空心棒压平。3.卷起来，即成羊肉卷。注意卷的时候不要卷得太紧，卷松一点比较好。 三、学生操作，教师巡回指导。 四、展示学生作品。 五、讲评、总结。 PVC 管制作的擀面棍、坚硬的盖子可以当做压片
备注	1.本课训练的是压、卷的动作技能，类似的还有搓、包、捏、拉等动作，都可以用黏土来进行。 2.做完后出示火锅的照片，提示后面可以制作火锅所需的豆腐、藕、肉丸、面条、蔬菜等。 3.有的同学喜欢用单色的制作，完成的作品可以当作春卷。

绘画发展阶段	前样式化期
教学内容	黏土：树
教学目的和要求	1.练习压的动作。2.学习利用模具制作树的方法
重点	学习利用模具制作树的方法
难点	1.压的时候要充分用力，使黏土充满整个模具。2.黏土的湿度要适中并偏干一点，便于从模具中取出来
工具材料	硅胶模具、黏土
教学过程	一、出示各种树的照片，请学生观察树的颜色和形状，了解树的颜色并不只有绿色，还有黄色、橙色和红色，乃至褐色。 二、教师出示并介绍模具。 三、教师示范模具的使用方法： 1.先将黏土放入叶子模具，可以每次一小块地放，直到填满，不要放多了。 2.用手指或手掌反复用力压。 3.将黏土从模具中拿出来。同样方法制作多片树叶。 4.搓一根树干和树枝 5.将树叶粘到树干上，制作成一棵树。 四、发给学生模具和黏土，学生制作树，教师巡回指导。 五、展示学生作品。 六、讲评、总结。
备注	1.硅胶模具的品种很多，可以充分训练学生压的动作，学生学会之后可以和自由造型结合在一起共同构成作品，比如自由创作的人物、动物，背景里添加一些用模具做的花或树，这样的作品更具有观赏性。 2.如果黏土偏湿的话，很难从模具中完整地取出，如果过干的话，又很难压实填满模具，所以要注意黏土的湿度，稍微偏干一点较好。

绘画发展阶段	前样式化期
教学内容	利用矿泉水瓶进行圆锥形造型练习
教学目的和要求	学习圆锥形的制作，培养学生用简单的方法美化生活的意识
重点	圆锥形的制作方法
难点	圆锥形的制作
工具材料	超轻黏土、空瓶子
教学过程	一、引入教学：今天我们要做一个很简单、但很有趣的东西，我们先做出来，然后大家再说说它是什么。 二、教师示范圆锥形的制作方法：先搓一个圆球，然后从一头把它搓尖，底部压平即成。 三、带领学生制作圆锥形，制作好后在底部涂上白乳胶，贴到空瓶子上，用力按一下周边，使之贴牢。 四、完成后展示，这时可以让学生说一说，你认为这是什么？（刺瓶、刺猬……）
备注	1.本课内容比较简单，可以用于一学期的开始，学生经过小小的努力就可以获得成功，建立新的自信，同时也增加对教师的心理认同。 2.这一课可以归类为借物塑形，即善于借助身边物品、自然物体、废弃包装等进行再创作。 3.本内容涉及最基本的黏土技能——搓圆、搓条，但要求并不严格，大小长短比较随意。

绘画发展阶段	前样式化期
教学内容	眼睛
教学目的和要求	制作眼睛并对瓶子进行装饰，培养学生用简单的方法美化生活的意识
重点	眼睛的制作（大小圆球的制作）
难点	眼睛的制作
工具材料	超轻黏土、瓶子、白乳胶
教学过程	一、出示几种常见动物（鸡、狗、猫、鱼）的头部照片，注意观察并说一说它们眼睛的形状。再出示各种动物的眼睛，说一说颜色、形状各有什么特点？ 二、教师示范眼睛的制作，先搓一个大一点的圆球，轻轻稍微压扁，然后用黑色搓一个小小的圆球，稍微压扁即可，贴到压扁大圆球中间，底部抹胶水，粘到瓶子上，用力按一下周围，使之贴牢。 三、教师带领学生制作。 四、完成后可以让能力较强的学生搓一些细线条进行装饰。 五、展示、总结。
备注	1.本课中用到的瓶子也可以用其他物品来代替。教师可以让学生自己带东西来，这样他们更有兴趣。但是学生能带什么来与多种因素相关，我在上这些课时使用的都是学生平时积累的废旧物品。因为班级学生人数少，经济条件都差不多，所以品种并不多。 2.本课涉及搓圆和压扁的基本技能，其中对搓圆的要求和前面搓圆锥一样，也不严格，大小都可以。

绘画发展阶段	前样式化期
教学内容	卡通瓶子
教学目的和要求	1.用超轻黏土搓成条状，塑造拟人化的瓶子。2.培养学生用简单的方法美化生活的意识
重点	把黏土均匀地搓成条状
难点	把条状黏土贴到瓶子上
工具材料	提前做好的示范作品、超轻黏土、饮料瓶
教学过程	一、出示教师制作的作品，请学生猜一猜是怎么制作的？然后教师出示制作过程的照片，出示的时候可以故意把照片顺序打乱，请学生把它按顺序重新排列。 二、教师示范搓长条的方法：取一块黏土，先搓成圆球，然后再慢慢搓长，尽量搓得均匀一点。搓好后裹在瓶子底部，顺着向上面累加。注意黏土要粘在瓶子上，如果黏土粘不上去的话可以在瓶子上刷一点胶水。 三、把学生分成几个小组，每组一个瓶子，开始制作。教师巡回指导帮助有困难的学生。 四、做好后，出示一些五官夸张的卡通头像，注意观察它们的五官的特点，然后给做好的瓶子添加五官。 五、展示各组的作品。 六、点评、总结。
备注	1.本课主要训练搓的基本技能，要求尽量搓得均匀一点，否则容易出现塌陷，导致失败。 2.这一课也可以使用别的物体做基底进行创作。

绘画发展阶段	前样式化期
教学内容	彩色球
教学目的和要求	练习搓圆球的技能
重点	搓圆，尽量不留裂痕
难点	搓圆，尽量不留裂痕
工具材料	彩色超轻黏土、盘子、泡沫球
教学过程	一、出示超轻粘土制作的彩色球手链，激发学生的兴趣，请学生猜一猜是怎么制作的？ 二、教师出示泡沫球，告诉学生制作这个球的关键是借助泡沫球的帮助。 三、教师介绍方法和要求： 1. 分别取三种彩色黏土，一般为浅色、深色、中间色，稍加混合。 2. 用混好的黏土包住泡沫球，放在手心里搓，搓到正圆、表面平整没有裂痕为止。 3. 放在盘子里或柔软的卫生纸上晾干。 4. 干后可以请会用针线的轻度学生将它们串在一起，成为手链或项链。如果没有学生能干的话就由教师来完成。 四、展示作品并总结。
备注	1. 本课是训练内容，教学结构比较简单，由于每次搓出来的色彩结果都不一样，学生会比较感兴趣，对能力适合的同学可以进行充分练习。如果搓出来的圆球数量比较多的话可以串在一起做成长串链珠。 2. 有的同学会无意识地混色，结果把颜色混熟，成了灰黑色，有的同学又相反混得不够，搓出来都不好看。这时可以让他们把三种颜色放在一起先横着搓一下，起到稍加混合的作用，然后再扭两下，进一步混合，最后再搓圆。

绘画发展阶段	前样式化期中后期、样式化期
教学内容	超轻黏土铅笔图腾柱造型
教学目的和要求	学习超轻黏土综合造型
重点	最上面的卡通造型制作
难点	创意想象
工具材料	铅笔、超轻黏土、泡沫板、制作工具
教学过程	一、出示图腾柱、天安门前华表的照片，给学生欣赏，简单地介绍图腾柱的文化。 二、教师出示制作好的作品，请学生说一说看到了什么？ 三、教师示范 1.将黏土裹在铅笔上，用手掌握住压紧，然后搓一下，如有多余的黏土就取下，如果不够则补上。 2.搓一些不同颜色的细线条裹上， 3.做一些大小不同的圆点贴上。3 制作一个卡通头像（学生可以制作一些简单的形状，如人头、动物、花卉等）安置在铅笔顶端。 4.做好后平放在盘子中晾干，防止黏土下坠。干后再插在泡沫板上。 四、学生操作，教师巡回指导。 五、完成后放在盘子里晾干、展示。
备注	1.前样式化期后期的同学能自己创造立体造型，前样式化期中期的同学需要教师示范之后才能打开思路，才进入前样式化期的同学则可能很难把黏土裹到铅笔上。 2.本课照片中的一些作品是在学生没有进行搓圆搓条等基础训练前制作的，形象比较草率。因为那时教师以为这个内容很简单，做过之后才发现很多学生需要更基础的训练。 3.把黏土裹到铅笔上之后，不要长时间地搓，黏土失去水分后没了粘性，反而裹不住铅笔。

绘画发展阶段	前样式化期
教学内容	葡萄
教学目的和要求	认识葡萄，训练搓圆球黏土技能，学习葡萄的制作方法
重点	学习葡萄的制作方法，叶子的制作方法
难点	叶子的制作方法
工具材料	超轻黏土、画框、垫板
教学过程	一、教师出示葡萄的照片，请学生观察葡萄的样子，说一说葡萄的颜色、形状特点，以及叶子的形状特点。 　　二、教师示范葡萄的制作方法（或者和学生一起讨论葡萄的制作方法）。 　　三、教师指导学生制作葡萄。 　　四、将做好的葡萄放在画框里面，组成一幅完整的画。要注意空出叶子的位置。 　　五、示范葡萄叶的制作方法。 　　六、指导学生制作葡萄叶，并将做好的葡萄叶放在画框内。 　　七、指导学生为葡萄添加藤条，完善画面。 　　八、总结。
备注	1.本课主要训练搓圆的技能，为了达到更好的效果，之前可以训练搓圆球制作手链。 　　2.叶子的难度较大，可以让班上能力较强的同学制作，如果没有学生能制作的话可由教师制作，还可以让学生制作成简单的一头尖的水滴形叶子，用三五片这样的叶子组成一片葡萄叶。 　　3.制作葡萄的黏土颜色可以随意，但事先要让学生掌握葡萄真实的颜色。

绘画发展阶段	前样式化期
教学内容	小鸡
教学目的和要求	学习小鸡的制作方法，进行精细动作的训练
重点	学习小鸡的制作方法
难点	小鸡的制作方法
工具材料	超轻黏土、画框
教学过程	一、出示小鸡在草丛中觅食的照片，请学生仔细看一看，见过这些小鸡没有？在哪里见过？ 二、请学生观察小鸡的身体特点，熟悉它的每一个部分。 三、教师示范小鸡的制作步骤：头、身子、眼睛、嘴、脚。 四、辅导学生制作小鸡，做好放在桌子上，请做得快的同学制作底色。做好底色后将小鸡放到上面，组成一幅画的主体部分。 五、教师示范攀缘植物的制作方法，包括细长的藤，圆形的叶子，豌豆大的果实。 六、学生制作，制作好后就放到画面中。 七、调整画面。 八、展示作品，总结。
备注	本课是利用学校里的真实情境设计的。当时曾有家长养了一窝小鸡，小鸡常在学校围墙下的灌木丛中觅食，墙上悬挂着一种攀缘植物，结满了豌豆大的绿色果实，熟了之后就变成大红色。因为当时学校小，学生经常遇到它们，故印象比较深。

绘画发展阶段	前样式化前期
教学内容	小蝌蚪找妈妈
教学目的和要求	学习小蝌蚪、荷叶、青蛙、蜻蜓的制作方法
重点	小蝌蚪的制作方法
难点	青蛙的制作
工具材料	黑色超轻黏土、金色丙烯、餐盘、水桶、油画笔
教学过程	一、教师给学生讲小蝌蚪找妈妈的故事，并在黑板上把主要的场景画下来。 二、教师示范小蝌蚪的制作方法。 三、学生制作小蝌蚪。 四、教师示范荷叶的制作方法。 五、教师辅导学生制作荷叶（中间的叶脉由教师帮助刻画出来）。 六、示范青蛙的制作方法，并辅导学生制作青蛙。（此时发现学生能力跟不上，只有一位同学制作出青蛙，故后面省了乌龟和鱼的制作，改为制作曾经画过的蜻蜓，不会制作的同学继续制作荷叶。） 七、示范蜻蜓的制作方法并辅导学生制作蜻蜓。 八、将制作好的作品贴到做好底色的餐盘内。 九、辅导学生完善画面。
备注	1.这是根据耳熟能详的传统童话设计的一个课例。 2.这里用餐盘作画框，乃是因为当时受经济条件限制，使用画框成本较高，采用的权宜之计，但效果也不错。 3.本课由于设计得较早，学生还没有经过足够的基础训练，高估了学生的能力，临时发现大多数学生没法完成教学内容，只好进行了改变。所以最后的画面无法突出故事的实际画面，成了另外的一幅画。实际上，由于经验不足，高估或者低估了学生的能力的情况会经常发生，教师要善于随机应变，改变教学。一般来说，低估之后教学比较轻松，教师很可能意识不到教学出现了问题，而高估之后教学会立刻变得比较困难，教师就会意识到教学出了问题，从而及时进行修正。所以对学生的能力宁可高估也不可低估。

绘画发展阶段	前样式化期
教学内容	城市建筑
教学目的和要求	认识城市建筑，用超轻黏土进行表现
重点	高楼、汽车的制作方法
难点	汽车的制作
工具材料	超轻黏土、画框
教学过程	一、请学生观看学生熟悉的当地城市的图片，说出是什么地方，哪座建筑是你认识的？我们一起来把它制作出来。 二、请学生尝试制作高楼，然后教师进行示范： 1.取一块稍大一点的黏土搓成圆球。 2.将圆球稍微横着搓一下，变长，然后用空心棒擀压平整。 3.用黏土刀把周围多余的黏土去掉，切成长方形，即成楼房。 4.给楼房加上窗子。 三、教师带领学生制作建筑，并将它贴在画框里。接着制作窗子，完善建筑。 四、出示汽车图片，仔细观察汽车的结构，请学生尝试制作汽车。 五、教师示范汽车的制作方法(视学生尝试制作的情况而定，也可以不再示范)。 六、辅导学生制作汽车，并将制作好的汽车贴在画框里。 七、指导学生完善画面，如：为了表现楼很高，在上面制作了白云盖住了楼顶。 八、展示作品、总结。
备注	1.表现城市建筑、城市街道是小学美术教材中经常出现的主题，教学中要根据学生的情况选择照片，智龄小就多关注身边的内容，智龄大就可以适当关注有代表性的城市建筑。但最后的落脚点尽量回到学生身边的建筑。 2.高楼的制作要用到刀具，虽然是塑料的，并不锋利，但要注意班上学生的具体情况，有的学生会很好奇，可能会故意用来截别人，观看别人的反应，所以要特别留意学生的表现。事前要特别交代安全。 3.工具的使用是黏土教学中的一个重要内容，在中重度班级中要特别注意安全问题，如有必要就先只发给少数能安全使用的同学，让其他同学逐渐适应、了解这些工具的使用方法，最后作为一种遵守纪律的"奖励"给他们使用。 4.制作汽车的时候尽量不要做示范，由学生随意发挥，既能获得一定的自由，也能使画面出现工整与随意、直线与曲线的对比效果。

绘画发展阶段	前样式化期
教学内容	超轻黏土线条人物
教学目的和要求	1.用超轻黏土线条表现人物。2.训练手部精细动作
重点	把超轻黏土线条摆放出需要的形状
难点	把超轻黏土线条摆放出需要的形状
工具材料	黑色超轻黏土、金色丙烯、餐盘、水桶、油画笔
教学过程	一、教师出示一位同学的形象，引导学生观察人物的五官和动态，教师用超轻黏土搓出线条，示范用线条塑造人物的方法。 　　二、学生进行制作，教师巡回指导，不会制作人物的同学可以尝试制作一些简单的形象。 　　三、将做好的作品贴到做好底色的画框里。 　　四、可以用海绵蘸金属丙烯色拍在线条上，进行进一步装饰。 　　五、总结。  
备注	本课可以作为超轻黏土线条训练的内容之一，难点在于把搓出来的线条摆放出自己想要的形状。因为学生习惯于绘画，但对把硬笔线条变成超轻黏土线条，虽然兴趣较高，但并不容易。同样的训练可以设计为用线条摆放学生熟悉的文字，如自己的名字、重要词语或者名言警句等。

绘画发展阶段	前样式化期
教学内容	我和同学
教学目的和要求	训练精细动作
重点	观察能力训练，人的制作方法
难点	人的制作方法
工具材料	超轻黏土、画框
教学过程	一、引导学生观察自己和同学，选择一名或多名学生进行观察，教师将其画在黑板上，以强调人体的基本结构。 二、引导学生用超轻黏土将自己或他人制作出来。 三、教师辅导学生制作，并将学生的作品根据学生的意愿添加环境，形成完整的画面。 四、辅导完善画面。 五、展示、总结
备注	1.观察并表现自己和同学是小学美术教材中的一个不可或缺的内容。这个内容可以出现在低中高年级，但要求不同。 2.本课的学生是前样式化期的四年级同学，其中有两三名同学具有一定想象力，其中一名把自己想象成孙悟空，头上插着雉鸡翎，脖子上围着红围巾，其他同学也跟着说自己是山上的什么动物甚至小妖怪，所以后面添加背景的时候就出现了花果山、人驾着云飞在空中。

绘画发展阶段	前样式化期
教学内容	秋游
教学目的和要求	学习用超轻黏土制作树木的方法，训练精细动作
重点	树干、树枝的制作方法
难点	树干的制作方法、人物的表现
工具材料	超轻黏土、画框、垫板
教学过程	一、请学生生观看秋游时的照片，回忆秋游时的情景，说一说看见了些什么？如树枝的特点、树叶的颜色。玩了些什么？ 二、教师示范树干的制作方法然后在主干上面增加枝干，甚至细枝。 三、指导学生操作，智力程度较重的学生可以制作简单的树当作背景，制作好的树放在垫板上面晾干（潮湿的时候不便于移动）。 四、示范树叶的制作方法，并指导学生为树干加上树叶（秋天树叶的颜色可以很丰富）。 五、教师将学生的成果拼在一起，组成一幅完整的画。 六、根据学生的能力，添加落叶或人物，完善画面。 七、展示作品，总结。
备注	1.秋游，愉快的暑假，手拉手活动等学生亲身经历的事件，都是学生喜欢的课题，但最好有照片作参考，在引导学生回忆的基础上进行创作。 2.有的班级学生程度较重，会胡乱混色。他们混的并没有目的，只是一种行为，使用彩色黏土就没有意义，使用单色黏土即可。 3.还可以使用模具来制作叶子，训练压、取黏土的动作。

绘画发展阶段	样式化期
教学内容	枇杷树
教学目的和要求	学习枇杷树摘枝的表现方法，训练精细动作
重点	枇杷的制作方法
难点	叶子的制作方法
工具材料	超轻黏土、黏土工具刀、枇杷图片或实物、画框
教学过程	一、带领学生观看枇杷树的实物，重点观察树枝和叶子，了解树枝的颜色、叶子上面的叶脉特点。 二、示范树枝的制作方法。 三、带领学生制作树枝，并将制作好的树枝贴在画框里，做好构图。 四、教师示范叶子的制作方法，带领学生制作叶子（可以用多种绿色来进行表现）：1.取一块较大的黏土，搓成圆球，两头稍微搓尖，成为纺锤形，然后用手或空心棒压扁，用黏土工具刀刻画出叶脉。 五、将做好的叶子贴在画面中，（因为枇杷叶子比较大，如果把树枝遮盖得较多，就需要补一下）。 六、出示枇杷的照片或实物，示范枇杷的制作方法，带领学生制作枇杷，并将它放在画框里适合的位置。 七、制作枇杷花：分别用白色、乳黄色、少量深绿色制作成大小不同的点堆积而成。 八、添加背景或点缀物，完善画面。 九、展示、总结。
备注	1.这一课的设计是因为学校里有一棵特别高大的枇杷树，每年冬春季节又是开花又是结果，学生们可以从二楼摸到它的叶子、摘到枇杷，故对它十分熟悉。 2.枇杷叶比较大，制作的时候需要使用工具，只要学生能够安全地使用工具，一般都能顺利完成制作。枇杷虽然简单，但在画面上有点睛的作用，所以需要认真对待，搓圆球的时候尽量把表面搓光洁一点。

绘画发展阶段	前样式化期
教学内容	瓶花
教学目的和要求	学习菊花制作方法
重点	搓条的黏土技法，菊花的制作方法
难点	菊花的制作
工具材料	超轻黏土、餐盘或画框
教学过程	一、教师出示菊花的图片，请学生观察菊花的特点。 二、教师示范方形和圆形花瓶的制作方法：取一大块黏土，搓成圆球，用力压扁，即成圆形花瓶。或者搓成圆球后，压成长方形，再用力压扁，即成长方形花瓶。 三、学生制作花瓶，挑选做得比较大而规矩的备用。 四、教师示范花的制作方法。取一小块橙色或黄色黏土，搓成圆形，轻轻压扁，作花蕊。然后再取另外的颜色，先搓圆，再搓长，压扁，当作花瓣，围着花蕊呈放射状贴好。 五、学生制作，教师巡回指导。同时请部分做得快的同学制作背景色，做好后先把花瓶贴上，最后贴上花。根据画面需要增加茎和叶。 六、展示作品，总结。
备注	1. 这一课应用到了搓圆、搓条、压扁的技法，有的同学无法独立完成菊花的制作，主要问题出在他们会把花瓣朝着一个方向贴，很难把花瓣围着花蕊呈放射状贴好。 2. 制作花瓶的时候，需要学生用大块的黏土进行压扁，如果学生力气小的话可以用 PVC 管制作的空心棒进行擀压。

绘画发展阶段	前样式化期
教学内容	长颈鹿
教学目的和要求	学习长颈鹿的制作方法
重点	认识长颈鹿，学习长颈鹿的制作方法
难点	长颈鹿的制作方法
工具材料	超轻黏土、餐盘
教学过程	一、请学生观看长颈鹿的图片，说一说长颈鹿的特点。图片上的长颈鹿在干什么？ 二、教师示范长颈鹿的制作方法：1.取一块大一点的黏土制作身子。2.制作脖子和头。3.制作脚和尾巴。4.添加身上的装饰花纹。 三、学生制作长颈鹿，教师巡回指导。同时让做得快的同学和老师一起制作底色。 四、将学生制作好的长颈鹿方法做好底色的餐盘里（注意塑造远近遮挡关系），形成画面主体。 五、学生说一说画面中还可以添加点什么？然后根据学生的回答带领学生添加花草或树木。 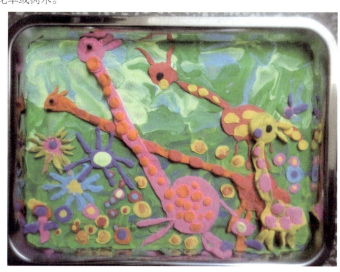
备注	认识并表现动植物、生活用品等内容是前样式化期学生的一个重要学习内容，特别是中重度智障学生。他们对事物的认识很容易有偏差，需要反复认识。同样，技能技巧也需要反复训练。在反复训练中掌握手上的力度，这样才能正确感知事物的重量。 有的中度智障学生用手和人打招呼时分不清轻重，经常无意中就把人打疼了，就是属于神经控制肌肉的功能不完善，对平衡、重量产生错误感知，进一步连带着出现认知错误，错误的认知多了，思维就很难顺利进行。所以，对中重度智障学生的精细动作训练需要用多种方式反复进行，但目标不是制作出好的美术作品，而是适应生活的需要。

绘画发展阶段	前样式化期
教学内容	艾玛捉迷藏
教学目的和要求	1.训练学生的观察能力。2.学习大象和植物的制作。
重点	大象、植物的制作
难点	画面的组合
工具材料	《艾玛捉迷藏》绘本 PPT、超轻黏土、画框、金属丙烯色、调色盘、油画笔
教学过程	一、出示《艾玛捉迷藏》的绘本 PPT，先观察封面，请学生说一说看到了什么动物？（大象）它有什么特点？（高大的身子、长长的鼻子、大大的耳朵、细细的尾巴）。出示真实大象的图片，巩固大象的真实概念。 二、逐页翻看绘本，请学生找一找，艾玛在哪里？ 三、看完一遍后再回到第一页，仔细观察每一个画面，说一说：你这一页里发现了什么动物？有几只？看到了哪些颜色的植物？这一页的天空是什么颜色的？（这部分比较耗时，可以根据学生的具体情况进行取舍。对于才从涂鸦期进入前样式化期的学生，如有必要，可以分多次教学，每次涉及一两个内容。） 四、教师示范大象的制作方法：头、眼睛、鼻子、耳朵、身子、四肢、尾巴。 五、学生制作大象，制作好之后放在一旁晾着。 六、教师示范植物的制作方法：先将黏土搓圆，然后搓成长条，粗的压扁是树干，细的压扁是树叶，组合成一株植物。做好后放一旁晾着。 七、出示画框，示范背景的制作方法，取一块黏土，搓圆后用力压扁，然后放到画框上。 八、全班同学一起合作完成背景。 九、请学生把半干的大象和植物试着组合成画面。（这时要注意如果黏土还湿着的话，就很容易粘在一起。） 十、教师指导学生进行最终组合。固定大象和植物，完成画面。如果黏土太干的话，可以用喷壶喷点水，增加黏性。 十一、指导学生刷上金属丙烯色。注意尽量朝一个方向刷，笔上的颜色要适量，宁少勿多，颜色刷多了画面缺少立体感，影响整体效果。 十二、展示整体效果，进行总结，请学生认一认哪一样是自己制作的？最后表扬认真制作的同学。 　 绘本《艾玛捉迷藏》内页　　刷金属丙烯色

续表

教学过程	 
备注	1. 本课是使用绘本设计教学的课例。教学中除了培养学生的观察能力、识别色彩的能力外，还包含数数的内容，对于数数困难的同学，可以利用本课进行补偿训练。 　　2. 本课的内容适合智龄相当于 4、5 岁的前样式化期的学生，如果学生实际年龄较大的话，比如已经到了 13、14 岁，在制作大象和植物时可以要求做得更规整、精细一点，即在细节上控制得更好。 　　3. 绘本主要是针对 3~6 岁幼儿设计的，是非常适合前样式化期学生学习的一种方式。这个阶段的智障学生占了培智学校中的很大一部分，所以开发和利用绘本开展教学是一项非常值得深入探索的内容。

绘画发展阶段	前样式化期
教学内容	绘本故事《蚂蚁和西瓜》
教学目的和要求	阅读欣赏《蚂蚁和西瓜》的故事，用黑色超轻黏土表现这个故事
重点	1. 观察绘本形象，理解故事内容。2. 蚂蚁的制作方法
难点	蚂蚁动态的制作方法
工具材料	黑色超轻黏土、金属色丙烯颜料、画框
教学过程	一、请学生观看并阅读绘本《蚂蚁和西瓜》，了解故事的情节。看绘本的时候注意观察蚂蚁的动态，形状，充分注意画面中的细节，比如第一页，文字介绍是"蚂蚁发现了西瓜"，那么"西瓜是哪里来的"就需要学生观察画面才能得出答案。再如蚂蚁窝里的全景场面也十分有趣，值得引导学生仔细观察。 二、教师示范蚂蚁的制作步骤：头（包括眼睛、触角、嘴巴，其中嘴巴可以用工具刀刻出来）、身子、手和脚。 三、学生制作蚂蚁，做好后再设计蚂蚁的动态，加上手上的东西，如铲子、西瓜等。摆放好动态后，晾在桌子上备用。同时请能力较弱的同学把黏土压成压状片，做好后教师把它们集中起来制作成西瓜。 四、请学生把制作好的蚂蚁放到西瓜上，组成一幅完整的作品。 五、带领学生刷上金属丙烯色。 六、展示、欣赏、讲评。   《蚂蚁和西瓜》内页

备注	1.《蚂蚁和西瓜》这篇绘本故事简单，文字很少，其中的道理并不重要，重要的是整个画面有很多有趣的地方，这些有趣的地方实际上是孩子的幽默感，比如一只蚂蚁不小心摔倒在吃西瓜时挖出的坑里，有的蚂蚁使出吃奶的劲儿也推不动西瓜，累得瘫倒在地上。还有吃到撑，挺着大肚子的蚂蚁，以及把西瓜皮当滑梯玩耍的蚂蚁等等。这种小孩子喜欢的幽默是夸张的动作行为引发的，和成年人的幽默不同。成年人的幽默大多是在思维出现意外的转弯之后引发的。 2.画面的幽默感还由画面对比产生，比如绘本前四页都是几只蚂蚁很安静的画面，第五页忽然出现了蚂蚁窝的全景热闹场面，顿时让人产生一个意外惊喜，这种动与静、局部与全景的对比多次出现，犹如故事伏笔与高潮的交替出现，很有戏剧性。最后出现蚂蚁用西瓜皮滑滑梯的全景十分悠闲放松，为故事做了一个非常好的结尾。 3.绘本的文字很少，它起的作用不是说明画面的内容，而是引导读者观看画面中那些丰富有趣的内容，蚂蚁活动时千变万化的动态，教师可以让学生模仿、体会。 4.制作蚂蚁动态的时候，可以先制作好蚂蚁，再来设计动态，因为这时黏土还很软，可以随意变化动作。

绘画发展阶段	前样式化期
教学内容	绘本故事《咕咚来了》
教学目的和要求	阅读欣赏《咕咚来了》的故事，用单色超轻黏土表现这个故事
重点	1.观察绘本形象，理解故事内容。2.自由表现各种动物
难点	各种动物的制作方法
工具材料	单色超轻黏土、金属色丙烯颜料、画框
教学过程	一、欣赏绘本，一边观看绘本，一边讲述咕咚来了的故事。 二、能力较强的同学用黏土制作故事中的动物，能力稍差的同学制作绘本中出现的植物。能力较差的同学制作背景。 三、将同学们制作好的形象组合成一幅完整的画。 四、根据画面需要安排同学制作动植物，添加、完善画面。 五、讲评、总结。
备注	本课只用了一种颜色的黏土，目的是避免学生使用多种颜色造成画面混乱。这是因为在一些班级，有的学生才从涂鸦期进入前样式化期。这些同学不讲究色彩，面对较多色彩的时候，常常会无目的地混色，不但给别的同学造成不便，也给教学管理造成混乱，最后在组合成画面的时候，还容易造成画面颜色杂乱无章。所以在集体合作的时候，可以采用一种颜色。在下一次课的时候再采用另一种颜色，这样就可以避免颜色单一的缺点，也有利于提高学生的新鲜感和兴趣。

绘画发展阶段	前样式化期
教学内容	超轻黏土《小羊肖恩》
教学目的和要求	根据动画片《小羊肖恩》进行集体创作
重点	小羊肖恩的制作
难点	小羊肖恩的制作
工具材料	黑色超轻黏土、丙烯金属色、画框
教学过程	一、欣赏动画片《小羊肖恩》第一季第一集，学生观看的时候教师注意观察学生是否能够理解影片内容。 二、从影片中提取小羊的形象进行仔细观察，说一说包括哪些部分？是什么形状的？同时教师用黏土示范制作的方法。这里注重的是思考的过程，这个过程是看到 – 想到 – 做到的过程。 三、学生开始制作。同时教师出示截屏获取的小羊的不同动态，学生制作好后可以调整小羊的动态，然后放一旁晾干。 四、让学生通过回忆说一说影片中出现了哪些背景，包括房子、树木等。学生说出来后教师出示截屏图片，请学生观察，然后自由制作各种背景形象。同时教师组织最先完成背景形象制作的同学为画框做底。 五、做好底后，请学生把制作好的形象放到画面中来，形成一幅完整的作品。 六、看一看作品还有什么需要添加完善的地方，继续制作，直到完成。 七、刷上金属丙烯色。 八、展示、总结。
备注	1.本课是根据学生喜欢的动画片设计的一个教学案例。这部动画片没有对话，幽默风趣，每一集都很短，仅七分钟。小羊肖恩的形象简单生动，立体感强，很适合用黏土创作。 2.《小羊肖恩》每一集都比较短，课堂上可以播放一集，如果学生比较喜欢，完成制作后有时间的话可以再看一遍，这样有利于学生深入理解故事和形象。一般不要播放新的内容给学生观看，因为这样可能会干扰课堂上学习的内容，反而起到消解记忆的作用。 3.播放给学生看的内容教师要事先看过，确定适合，因为这部动画片集数很多，有的内容没有多大意义。 4.适合用超轻黏土进行制作的动画片很多，如《海绵宝宝》《怪物史莱克》《愤怒的小鸟》《怪物公司》等，可以根据学生的能力和兴趣进行选择。

绘画发展阶段	样式化期
教学内容	敲锣打鼓过大年
教学目的和要求	1.感受传统节日的热闹氛围，了解各地不同的过年习俗。2.进行细致地观察，并塑造自己喜欢的节日形象
重点	用超轻黏土塑造自己喜欢的形象
难点	突出细节
工具材料	图片、黑色超轻黏土、丙烯金属色、画框、油画笔、调色盘、水桶
教学过程	一、采用回忆或看图片的方法引入课题，了解各地不同的过年习俗。 二、认真欣赏、观察图片或视频里的人物的动作，可以让学生模仿表演一下。 三、多出示一些不同环境下的照片，看看大家是如何过大年的。最后请学生说一说自己喜欢哪些形象。 四、教师示范人物头部的制作方法，告诉学生如何进行观察、制作的先后顺序是什么，但不要规定制作的形象必须如何，留给学生尽情发挥。 五、学生开始制作。（一般来说学生喜欢的形象往往是他的能力所及的，所以教师只需留意是否有学生需要帮助，而无需过多考虑学生选择的内容是否合适。） 六、学生制作的时候，教师巡回指导，让能力较差的和先做完的同学制作背景。 七、大家做好之后把所有形象组合成一幅完整的作品。 八、展示作品，进行点评总结。

教学过程	
备注	1. 本课是根据传统节日照片设计的教学案例。这样的课文在小学美术教材中也比较多，可以参照教材，选择合适的材料，根据本校学生的能力补充合适的内容开展教学。选择照片的时候可以根据学生的发展水平多选择一些不同地区的照片，但又要根据本课的要求有所侧重。 2. 传统节日涉及的内容比较广泛，任何发展阶段的学生都可以找到适合的内容，教学的要求不一样。本课是为样式化期的学生设计的，所以对传统文化的渗透比较多一点，画面也复杂一些。类似的内容还有闹元宵、赛龙舟、泼水节、火把节等，这些内容的共同点是不但要涉及技能技巧的学习与训练，更要注重传统文化的渗透与熏陶。 3. 本课内容表现的是春节，安排在三月份进行教学比较合适，这时过完年不久，学生的记忆还比较清晰。

绘画发展阶段	前样式化期、样式化期
教学内容	超轻黏土制作孔雀
教学目的和要求	仔细观察、认识孔雀，并用超轻黏土制作孔雀
重点	孔雀羽毛的制作
难点	孔雀头
工具材料	图片、黑色超轻黏土、丙烯金属色、画框、油画笔、调色盘、水桶
教学过程	一、出示多幅各种孔雀的照片,请学生观察,说一说孔雀的身体包括哪些部分?以及孔雀身体各部分的颜色。 二、请学生挑选一只大家都喜欢的孔雀,我们共同用超轻黏土把它做出来。 三、教师请大家做一下孔雀头,看谁做的最好,就采用他的接着做后面的身子,并让他做孔雀的翅膀。 四、教师示范孔雀羽毛的制作方法。先搓圆球,然后把圆球搓长一点,压扁,用黏土工具刀刻出羽毛。放在一边晾着。过一会儿统一交给教师贴在孔雀身上。 五、学生根据自己制作的羽毛大小,制作羽毛上的"眼睛",做好后在教师指导下,贴到孔雀羽毛上(大多数同学不太注意"眼睛"和羽毛的大小要匹配,要教师指导)。 六、能力较差的同学可以制作一些花贴在孔雀周围做搭配。 七、将制作好的各个部分组合成一幅完整的作品。 八、刷上金属丙烯色。 九、展示、总结。

教学过程	

备注	1. 本课内容根据学生熟悉的动物——孔雀的照片进行设计的教学案例。小学教材中关于鸟的内容也比较多，而孔雀是大型鸟类中很独特的一种。不但漂亮，而且体型巨大，很容易引发学生的兴趣。
	  2. 有的同学习惯上认为鸟是麻雀、燕子等一类小型动物，对鸡、鹅、孔雀这些比较大的动物也属于鸟会比较意外，但经过学习之后大多会明白。
	  3. 孔雀的形象粗看起来虽然很复杂，但是当我们仔细分析它，则会发现并不复杂。其中有的形状虽然简单却比较关键，比如头部，可以由能力较强的同学完成，也可以由教师完成，看起来比较复杂的翅膀经分解后就比较简单，可由集体完成。

绘画发展阶段	样式化期
教学内容	时装展示
教学目的和要求	观察能力训练，超轻黏土自由创作
重点	人物的表现、观察
难点	人物的表现
工具材料	超轻黏土、画框
教学过程	一、出示学生进行时装展示的照片，仔细观察，请学生说一说所看到的时装样式，请参加表演的同学介绍一下自己的角色。 二、学生自由选择自己喜欢的形象进行自由创作。 三、教师进行巡回辅导。 四、将学生制作好的作品组合成完整的画面贴在画框里。 五、展示、讲评、总结。 
备注	1.本课是根据学生日常活动设计的自由创作的教学案例。学生因为是亲身经历，制作起来十分用心，基本上制作的都是自己的角色，所以细节十分丰富。 2.也可以使用黑色黏土进行制作，做好后刷金属色丙烯颜料。

绘画发展阶段	前样式化期、样式化期
教学内容	超轻黏土：洋地黄
教学目的和要求	学习洋地黄花的制作方法，培养学生善于观察、热爱生活、热爱自然的品质
重点	学习洋地黄的制作方法，进行精细动作的训练
难点	洋地黄花的制作
工具材料	照片、超轻黏土、画框
教学过程	一、出示学生外出活动时看到的洋地黄的照片，请学生回忆是在哪里见到的？有没有谁知道它的名字？ 二、教师介绍这种花的名字叫洋地黄，是一种非常漂亮的园艺花卉。 三、引导学生观察洋地黄的颜色和形状。 四、请学生试着做一做，看谁制作得最像。 五、教师讲解并示范制作方法：取一块黏土，搓圆，再把一头搓尖，用黏土工具把圆的那一头戳个洞，把边沿捏扁，呈喇叭状即可。 六、发给学生一种颜色的黏土，学生开始制作。同时教师搓出一根花茎，准备粘花用。 七、学生将制作好的花交给老师，教师将它粘在花茎上，直到完成一枝花株。 八、发给学生其他颜色的黏土，继续制作。 九、完成花卉后，制作叶子。 十、将制作好的花组合成一幅完整的画。 十一、根据需要添加、完善画面。 十二、展示、总结。
备注	1. 本课是根据学生外出活动看到的花卉毛地黄设计的教学案例。过去大家都很少成片地见过这种花，这次在公园里见到很大的一片盛开的洋地黄，十分喜欢。当时我拍了照片，后来就设计了本次课。 2. 洋地黄形状简单，颜色虽然比较多，但每种颜色的花都是成串的，一次发给学生一种颜色，就可以较好地防止少数学生无目的地混色。

绘画发展阶段	样式化期、写实萌芽期
教学内容	绘本超轻黏土《红房子》
教学目的和要求	1. 了解我们的春节的传统文化。2. 感受传统大家庭的温馨与和谐
重点	感受春节传统文化的魅力
难点	龙的制作、人物动态的制作
工具材料	超轻粘土、画框
教学过程	一、出示绘本《红房子》，逐页欣赏、讲解。着重介绍其中代表传统文化的内容，如：封面出现的对联"一年四季行好运，八方财宝进家门"，横批"家和万事兴"，寓意着大家对一年生活的美好憧憬，这不单是一年的希望，也是我国人民千百年不间断的希望。同时它也是绘本的主题。如父母为爷爷奶奶买来了大电视，全家人聚在一起包饺子的情景，孩子们为冻僵的小野兔制作红房子、舞龙等内容，都围绕着这个主题。扉页上出现的城市高铁是整本绘本中唯一的城市景象，对比出了现代化城市快速发展导致的孤独隔离和传统乡村的热闹温馨。 　　二、组织学生分工合作：能力强的同学制作人物，其他同学制作龙的胡须和鳞片，完成后摆在垫板上晾干。 　　三、完成后大家继续合作在画框里制作背景色，然后教师把学生制作好的进行组合。 　　四、继续添加鞭炮、辣椒等自己能想起来的和春节有关系的物品，完善画面。 　　五、展示作品，总结。
备注	1. 本课内容的目的是文化体验和理解，需要学生有一定的文化理解能力，且对人物动态的制作要求较高，所以适合处于样式化期后期和写实萌芽期的学生。 　　2. 龙的制作是个难点，主要是鳞片的数量比较多，头的形象也比较复杂，但可以采取分工合作的方法完成，教师只需做好龙的鼻子和眼睛，其余的可以安排学生集体制作，然后进行组合。 　　3. 全幅作品用红色制作，一是为了突出喜庆，二是为了避免学生自主用色不好控制，产生颜色混乱，影响了整体效果。

绘　画

绘画发展阶段	样式化期、写实萌芽期
教学内容	戏剧人物
教学目的和要求	了解戏剧人物，感受我国传统艺术的魅力，通过绘画深入了解传统戏剧人物的特点
重点	用图片写生的方法细致地了解、认识、表现传统戏剧人物的造型特点
难点	用图片写生的方法表现传统戏剧人物的造型特点
工具材料	勾线笔、水彩笔、油画棒
教学过程	一、教师出示戏剧人物图片，包括青衣、武生、刀马旦、文丑等角色，请学生欣赏，然后猜一猜他们代表什么类型的人物。 二、认真观察刀马旦，介绍刀马旦的角色，从帽子（盔头）、雉尾、护背旗等到衣襟、流苏、战裙等依次进行观察，感受它们和我平平时穿的衣服的不同之处。 三、学生用勾线笔把刀马旦画下来。然后用水彩笔涂上颜色，用油画棒涂底色。（在教学中发现有个别能力较强的同学的线稿画得很好，而能力较差的同学画得很粗糙，就将他的线稿复印了给能力较差的同学涂色。） 四、展示、总结。

续表

教学过程	
备注	1.本课是根据人美版小学美术教材第十一册第三课《戏剧人物》改编设计的教学案例，教学对象是样式化期和写实萌芽期混合班的智障学生。原课文要求用水墨画来表现，但考虑到很多同学操作水墨画有困难，且本课信息量比较大，即使能够操作水墨画的同学画起来也比较困难。所以让学生集中精力观察其中的刀马旦，并把她画下来。 2.在教学过程中发现，有一名学生画的线稿很有特点，其他大多数同学画得十分粗糙概括，于是就把这位同学的线稿复印下来给其他同学涂色，结果出乎教师的预料，很多同学的颜色都涂得很好。这大概是因为这些同学的思维比较接近，很容易理解这幅底稿。另外，也看得出，轻度智障学生很喜欢这些穿着华丽色彩衣服、打扮与人格特征高度吻合且一目了然的人物，涂起色来特别用心。 经过这个案例，教师意识到平时需要留意收集学生画得好的底稿，给需要进行涂色训练的学生使用。

绘画发展阶段	前样式化期
教学内容	水墨画：瓢虫
教学目的和要求	学习水墨画的技法，进行审美熏陶
重点	瓢虫的画法
难点	构图
工具材料	国画颜料、宣纸（铺满黑板）、毛笔
教学过程	一、出示瓢虫的照片，带领学生认识瓢虫， 1.了解瓢虫的生活习性 2.通过观察了解瓢虫的身体结构。 二、教师示范用国画颜料在宣纸上画瓢虫的方法： 1.大笔蘸彩色颜料画圆形作为瓢虫的身子。 2.中楷笔蘸淡墨依次画头、触角、脚、身上的点。 三、组织学生画画。 四、添加草，完成画面。 五、讲评，通过提问学生回顾作画的步骤和技法。 六、总结。
备注	1.水墨画适合中偏轻度以上的学生，是他们十分喜欢的一种绘画方式，作画速度较快，表现力强，效果突出。 2.水墨画需要使用的材料众多，如果教师辅导不及时容易出现把纸画通、把颜料和水打翻、笔蘸色过少或者颜料太干等问题。所以采用集体作画的方式，便于及时发现问题。学生掌握了基本技法之后再进行独立创作。

绘画发展阶段	前样式化期中期
教学内容	国画：小蝌蚪
教学目的和要求	学习水墨画的技法
重点	蝌蚪，水草的画法
难点	水草的画法
工具材料	国画颜料、生宣纸（铺满黑板）、大楷毛笔
教学过程	一、出示蝌蚪图片，教师讲解蝌蚪的生活习性，介绍蝌蚪是青蛙的幼虫。 二、通过观察了解蝌蚪的外形特征。 三、教师示范蝌蚪画法：先画一个圆点作头，然后添加尾巴。 四、组织学生用浓墨画出蝌蚪。 五、教师示范水草的画法。 六、组织学生添加水草。 七、师生共同完善画面，学生签名。 八、讲评，总结。
备注	热带鱼、海底世界、秋天的风景、各种活动等等主题都可以用此模式，可扩展的内容比较丰富。

绘画发展阶段	前样式化期
教学内容	水墨画：柿子
教学目的和要求	学习水墨画的技法
重点	树干、树枝、柿子的画法
难点	柿子的用色方法
工具材料	国画颜料、宣纸（铺满黑板）、毛笔、调色盘、水桶
教学过程	一、出示秋天柿子树的图片，请学生欣赏，并观察其特点（只有树枝和果实，没有叶子或者很少）。 二、示范并指导学生用斗笔蘸浓墨，再稍微蘸点水画出树干，然后用稍小一点的笔蘸浓墨画树枝。 三、画好树后，教师示范并指导学生用毛笔蘸朱膘和藤黄或署红，稍微混合后画柿子。 四、教师指导学生完善画面。 五、讲评，用提问学生的方式回顾作画的技能。 六、总结。
备注	

绘画发展阶段	前样式化期后期
教学内容	蜡彩画花卉写生：君子兰
教学目的和要求	用油画棒进行写生练习，进行审美熏陶。
重点	观察
难点	细节刻画
工具材料	温州皮纸（裁成 45×45 大小）、油画棒、墨汁、软笔刷、热风枪
教学过程	一、带领学生观察学校里种植的正在开花的君子兰，重点观察君子兰花和叶子的形状、色彩。 二、根据自己的观察用油画棒在温州皮纸上画出来，鼓励学生大胆作画，画得和别人不一样。 三、涂完色后教师用热风枪吹画面，将油画棒热熔于纸中。 四、教师示范在画的背面刷墨汁的方法，然后由学生在背面刷上墨汁，晾干。 五、展示，总结。
备注	1.蜡彩画是一种容易出效果的绘画方式，底色也可以用其他深色。 2.在使用热风枪融化油画棒的时候需要教师操作，也可以不用融化直接涂底色。底色也可以刷在正面，由于油水分离的原因，不会影响画面，和涂在后面的效果不一样。还可以把纸揉过之后再涂底色，制造一种斑驳的效果。

绘画发展阶段	前样式化期后期
教学内容	吹塑版画 + 实物拓印：甲壳虫
教学目的和要求	学习吹塑版画的制作方法
重点	吹塑版画的绘制、拓印
难点	剪吹塑版画
工具材料	旧圆珠笔、吹塑纸、剪刀、拓包、颜料、实物草、温州皮纸
教学过程	一、出示各种甲壳虫的照片，提问学生是否知道各种甲壳虫的名字重点认识金龟子和屎壳郎。 　　二、请学生观察屎壳郎，先用铅笔画在纸上，教师辅导后将画得好的形象用圆珠笔刻画在吹塑纸上。 　　三、将画好甲壳虫的吹塑纸剪下来。 　　四、在吹塑纸上刷上颜色，印在温州皮纸上。 　　五、将新鲜的草也刷上颜色，印在纸上。 　　六、展示作品，回顾作画步骤和技法。 　　七、讲评、总结。
备注	1.吹塑版画是一种十分适合中度偏轻度以上学生进行创作的材料，一般用吹塑板画好后就涂水粉色进行拓印。由于翻转拓印的时候，吹塑上的画面和纸张的画面方向是相反的，对学生的方向感有训练作用。如果学生方向感难以跨越，总会出现问题的话，可以只用一种颜色，或者使用油墨印刷。当然还可以像本课这样剪下来拓印，这就不存在方向的问题。 　　2.画好吹塑版画后，复杂的图形可以由教师帮助剪下来。本技法可以扩展的内容比较多，对中偏轻度的学生来说难度不大。但由于制作程序较多，工具材料复杂，需要有专门的美术教室才方便操作。

参考文献

［1］埃里克·詹森. 艺术教育与脑的开发 [M]. 北京师范大学"认知神经科学与学习"国家重点实验室，脑科学与教育应用研究中心译 . 北京：中国轻工业出版社，2005.

［2］葛詹尼加，等. 认知神经科学：关于心智的生物学 [M]. 周晓林，高定国，等，译 . 北京：中国轻工业出版社，2011.

［3］李季湄，冯晓霞.《3～6岁儿童学习与发展指南》解读 [M]. 北京：人民教育出版社，2013.

［4］李金钊. 基于脑的课堂教学：框架设计与实践应用 [M]. 上海：华东师范大学出版社，2013.

［5］刘淑新. 幼儿体验式美术教育的研究和实践 [M]. 北京：北京师范大学出版社，2010.

［6］陆雅青. 艺术治疗：绘画诠释：从美术进入孩子的心灵世界 [M]. 重庆：重庆大学出版社，2009.

［7］罗恩菲德. 创造与心智的成长 [M]. 王德育，译. 长沙：湖南美术出版社，1993.

［8］马克·约翰逊. 发展认知神经科学 [M]. 徐芬，译. 北京：北京师范大学出版社，2007.

［9］玛利亚·鲁宾逊. 0 ～ 8 岁儿童的脑、认知发展与教育 [M].
　　李燕芳，等，译. 上海：上海教育出版社，2013.

［10］唐纳·科克，杰拉尔丁·道森，库尔特·W. 费希尔. 人类行为、
　　学习和脑发展：非典型发展 [M]. 董选，等，译. 北京：教育
　　科学出版社，2012.

［11］维克托·劳伦菲尔德，W. 兰博特·布瑞坦. 画画长智力——
　　在美术活动中培养孩子的创造力 [M]. 李强，姚欣植，张晓，等，
　　译. 北京：中国工人出版社，1990.

［12］杨景芝. 美术教育与人的发展：儿童美术教学法研究 [M]. 北京：
　　人民美术出版社，1999.

［13］杨景芝. 中国当代儿童绘画解析与教程 [M]. 北京：科学普及出
　　版社，1996.

［14］尹少淳. 美术教育学新编 [M]. 北京：高等教育出版社，2009.

［15］尹少淳. 小学美术教学策略 [M]. 北京：北京师范大学出版社，
　　2010.

［16］詹姆斯·卡拉特. 生物心理学 [M].10 版. 苏彦捷，等，译. 北京：
　　人民邮电出版社，2012.

［17］中华人民共和国教育部. 义务教育美术课程标准（2011 年版）
　　[M]. 北京：北京师范大学出版社，2012.

［18］钟启泉. 课程论 [M]. 北京：教育科学出版社，2007.